本书为国家社科基金项目"基于句法－语义界面的现代汉语词义研究"
（项目号：12CYY057）最终结项成果

词义球结构的理论与实践

SPHERICAL STRUCTURE OF WORD MEANING
FROM THEORY TO PRACTICE

邱庆山　著

社会科学文献出版社
SOCIAL SCIENCES ACADEMIC PRESS (CHINA)

序 一

苏新春

2010 年 5 月 30 日，在武汉大学文学院楼参加了庆山君的博士论文答辩，之后又多次见面，常听到他学术进步的好消息。这次先睹即将付印的新作《词义球结构的理论与实践》，颇多感触。

感触首先来源于庆山长期以来对词义问题的专注。词义是语言中最深奥难测的部分。"什么是词义，如何表征意义？这是词义的本质与表征问题，也是词义学的基点问题，更是语言学最难回答的问题之一。"（本书 P1）"我一直在不断地思考词汇语义学问题：词义是什么？词义蕴涵着怎样的句法信息？如何表征蕴涵句法信息的词义？如何描写与解决句法－语义界面问题？如何阐释词汇语义在语言系统中的基础性地位？如何阐释词汇语义学与知识本体建构的关系？"（本书 P303）之所以说它深奥难测，因为词汇内容繁复杂芜。语言是一个庞大的系统，词汇无疑是其中最重要的一种成分。说到语言三要素，人们总是会想到语音、语法、语义，可绕来绕去都绕不开词汇，到后来总是变成了语言四要素。其实词汇与语音、语法、语义本质上是有明显不同的。语音、语法、语义虽然自成一域，但不借助其他，自难独立。可词汇不同，它集语音、语法、语义诸要素而成后，获得了丰富的内涵、完整的词形、独立的功能，成为语言中最重要的一级能独立使用的单位。词汇在进入使用后，在更大范围的语用环境中通过与其他语言单位的组合搭配来展其意义、行其功能，同时接受其他各种要素与单位的影响。说它深奥难测的另一个原因是，它是在语言系统的最底层起着关键作用的一种成分。"语言与言语""共时与历时""能指与所指"是索绪尔理论的三大支柱，最重要的无疑是"能指与所指"。索绪尔在"能指"中分出"音响形象"与"声音"，在"所指"中分出"心理印迹"与"客观事物"，这就在最精微处凸显了"心理""认知""意义"的价值与作用。庆山把自己的学术追求瞄准了词义，是有见地也是有胆略的。我第一部书就是《汉语词义学》，作为词汇学词义学的研究同道，对庆山的选择与坚持生出认同与赞许，也就自然而然了。

这种感触还来源于对庆山在理论上的精微思辨与强大创造力的佩服。他的博士论文《基于句法－语义界面的现代汉语词义研究》完成了对"对象词""属性词""属性值词"的精细分析。这项研究很重要，因为它涉及客观世界的本体问题。事物是客观世界的本原，有了对它的认识才有了称谓，才有了对它的属性与状态、运动与变化、联系与关系的认知。"对象词""属性词""属性值词"正是对事物本体三个侧面的描绘。不立足于此来做词义研究极易笼而统之、概而化之。他在博士论文中已经提出了"词义球结构"的看法，但正如他在论证后一时期的研究与之前的博士论文区别时所说，"那时提出了词义球结构理论，但还只是一个设想"；"原博士论文只是探讨了句法－语义界面的对接原则，结项成果不仅探索了词义球结构扩展与词义活力和语法结构生成问题，明确了词义球结构与句法生成机制之间的密切关系，而且还探索了词义球结构理论与词的属性义知识本体构建问题。这些实践探索的重要性和深度都远超原博士论文"。对此，我是深以为然的。在我的笔记本上，还留有当年在博士论文答辩会上向他提出的两个问题："如何解释词义球结构中三大词类词义成分的不同分布"；"符号理论与球结构理论有无关联与对应"。庆山当时的回答已记不太确切了，只是感觉"答辩"没有"陈述"时那样侃侃而谈，这一点在后来评定成绩时还起了一点小小的作用。现在却发现《词义球结构的理论与实践》已经以清晰而明确的论述回应了这些问题。当年的"设想"现已变成了"实证"；当年的"思想"现已变成"实体"。全书九大章，首尾两章是对"词义球结构"理论的回顾与瞻望。中间七大章，从"理论与模式"到"认知组合性词义观"，从"对象词""属性词""属性值词"的描写与建模，到词义活力与语法生成，再到知识本体构建，无不围绕着"词义球结构"来展开。读《词义球结构的理论与实践》，仿佛不像是在读书，而是在读论文，读他的第二篇博士论文。当一个设想有了全面而系统的论述，自然就成理论了；当一个理论有了精论密辨，自然也就独树一帜了。现在书中的论述，比起在项目开题与结题时的论述，显然是更为精准而全面了。第 55 页作者概括了本书较博士论文取得的进展，共有七点，每一点都实实在在，每一点都令人欣喜。

把词义球理论放到学术发展史上来看，它的进步性就更明显了。在《汉语词义学》那个年代，谈词义问题主要还是从词语运用、词义内涵与功能、词义概括与释义、义项归纳与提取、词义分合与语法功能关系，词义引申与发展等角度来谈的。而词义球结构理论已明显进到了一个新阶段，直击词义表征、词义生成、词义属性，并努力吸收了各种新的语法语义学及认知学理论。正如作者所言，其理论基础主要还是在"句法－语义"上。"句法层面的'组合功能'和语义层面的'认知功能'是密不可分的一体两面的关系"（本书 P3），并形成了作者另一个重要观点："……融合了词义的指称论和概念关联论，基于句法－语义界面理论，形成了认知组合性词义观，并对词义的认知特性和组合特性以及词义结构与认知结构、信息结构、句法结构之间的关系进行了更加清晰、更加系统的理论阐释和实践探索。"（本书 P17）说到词义与语法关系这个领域，我对马庆株先生和苏宝荣先生的研究是留有深刻印象的。我曾经这样概括过二位学者的工作：庆株先生是从语法界通过词的语法义研究进入到了词汇学的词义领域，宝荣先生是从词汇界通过词的词汇义进入到了语法学的语法义领域。宝荣先生后期的重要论著大都是在这一领域，如《词的语境义与功能义》《词义研究与汉语的"语法－语义结构"》《词的功能的游移性与功能词义研究》《汉语功能词义研究》。之所以特别钦佩二位先生，还因为我在这一领域属"知难而退"了。我在《汉语词义学》中已经将所有的词义成分分出了"表层义""深层义""语法义""文化义"四大类，在后来的研究中对其他三种都有过不少的探索，唯有对"语法义"没有继续。而庆山君不仅深探至词义属性与属性值，还建构出了"词义球结构"理论，并为之持续而严密地论述，这就是我由衷感触的另一个原因。

庆山在《后记》中深情回忆了当农民的父亲和母亲。儿子"从来没有口头感谢过我的父亲母亲，也没有当面表达过对他们的爱，每到动情处，只是默然"。读完庆山的大作，对他的这种"默然"我有了新的理解，其实这正是无言的心底最深处的相通。尽管儿子在城市写作，父母在农村耕作，可儿子恰恰从父母那继承了中国农民最主要的两个本质特点，一是对大地的崇拜，二是对耕耘的执着。老父亲"每天还一如既往地劳作着，并且还多次跟我说起，他还想作一些'大事情'，比如'种几大亩果树、养一大池塘鱼、秧满坡的花生'"。庆山不也正是如此吗？他认准了词义这片大地，并毫不停息地耕耘着。常言"只事耕耘，不问收获"，而我更相信的是，"只事耕耘，必有收获"。庆山的这部新著就是一个例证。

如果说还有句期望的话，那就是词义球结构理论是一个新理论，新且重要，需要也值得去不断完善。"球结构理论"带有封闭与自足的特点，那么如何让它在面对词义这个无比复杂的世界时变得对内更有理论覆盖与包容力，对外更有弹性与理论张力，自是很值得去继续努力的。

2020 年 7 月 3 日
于厦门湾南岸海悦小区"品斋"

序 二

赵 世 举

　　邱庆山副教授早在元月5日就嘱我为他的新著《词义球结构的理论与实践》作序，但因春节前开始，就一直忙于指导今年将毕业的6名硕博士生反复修改毕业论文，同时参与《国家语言文字事业"十四五"发展规划》《国家语委"十四五"科研规划》的研制等诸多事务，加上新冠疫情突袭，很长一段时间心神不宁，因而倏忽半年过去而一直未能践诺。

　　近日稍得宽松，抽读了部分书稿，喜出望外。真没想到，短短数年，庆山就在其博士论文及著作《基于句法－词义界面的现代汉语实词词义研究》的基础上，对其提出的"词义球结构"理论有了非常深入、系统的阐发和全面的建构，并进行了成规模的语言事实验证，一种基本成形的有机贯通词义和语法的词义理论跃然纸上。其实，虽在预料之外，也在情理之中。庆山为人敦厚内敛，治事勤勉扎实，时有成果问世，也是必然之事。不过，能在不长的时间内，在极富挑战性的课题研究上取得目前的厚重成果，实属不易，因为这项研究同时涉及词汇语义问题和语义－语法接口问题这两大跨世纪难题。对于前者，连布龙菲尔德等大语言学家都颇感悲观；对于后者，虽有许多语言学家在不懈探索，但也未见大的突破，足见其难。但这两个问题，无疑是语言最为核心的问题，要真正深刻认识和把握语言，解决相关的重大问题，就必须正确解答这两大难题。这需要有志者迎难而上。庆山不畏艰辛，不惧寂寞，自读博士开始就潜心攻坚克难，在这个复杂的领域深耕细作，在广泛借鉴、吸纳国内外相关研究成果的基础上，很快推出了成体系的理论成果，令人感佩。

"词义球结构"理论作为一种新的理论建构，目前我们还难以断言它已是成熟、管用的理论，但可以肯定的是，这是非常有益的探索，其基本理念、研究路线和不少重要观点所具有的重要价值和启发意义是毋庸置疑的，客观上深化了词汇语义研究和语义－语法接口研究。据我初步抽读，如下几个方面颇具新意和特色，给我留下了深刻的印象。

其一，复合词义观——"认知组合性词义观"。我曾表达过这样的看法："传统词义观没有充分重视'词义'这个语言范畴的语言属性，偏重于对词义与客观世界的关系以及词义生成的关注，较多地局限于词汇层面就词论词，把词的意义当作静态的孤立体进行封闭式解剖，而较少注意它的多维性和外部联系，更忽视了对词的组合特征的应有关注，致使对词义缺乏整体认识，并且与运用脱节，给出的词义信息对于语言理解和运用的作用有限，无论在理论上和实践中都存在一些困惑。"① 庆山正是为了解决这一重要问题，创造性地融汇前辈学者的多种词义观的合理思想，对词义进行了全面而深入的审视，着力剖析和揭示词义的实质，从而提出了"认知组合性词义观"。他认为"词义结构是个具有显隐性的三层复合结构，第一层是由三个要素——对象、属性、属性值——构成的隐性的认知结构；第二层是由三个要素——对象义、属性义、属性值义——构成的隐性的语义结构；第三层是由三个要素——对象词，属性词、属性值词——构成的显性的句法组合结构。"进而将其概括为由"三个结构（认知结构、语义结构、句法结构）；三组要素（对象、对象义、对象词；属性、属性义、属性词；属性值、属性值义、属性值词）；两种状态（显性、隐性）"组合而成的复合体。这种认识切合词义所具有的多层次、多维向、多接口的特性，打通了词义与客观世界、主观世界、语言形式之间的内在联系。无疑深化了对词义的全面认识。

其二，词义结构化。词义的复杂性、多维性、模糊性、抽象性，决定

---

① 赵世举在中国语言学会第 15 届年会（2010 年 8 月，呼和浩特）上的发言《关于词义的再认识——基于语义－语法接口的词义观》，后来发表于《中国语言学报》第 15 辑，商务印书馆，2012。

了它难以描写和把握。这也是人们对词义望而却步，致使词义研究乃至词汇研究在语言学各部门中一直发展滞后的重要原因。这也成为制约语言学及相关领域发展的一大瓶颈。笔者也曾在词义的形式化方面做过尝试，将词义的内部结构切分为"主体意义""关系意义""功能意义"三个层次和十个要素。2004 年，在新加坡国立大学召开的第五届汉语词汇语义学研讨会上以《汉语词义微观结构的切分与描写》为题报告了初步框架，[①] 不意引起了计算语言学家董振东研究员、俞士汶教授、赖金锭教授（新加坡）的极大兴趣，并期望我细化和完善模式、描写汉语常用词，为中文信息处理提供语言资源。无奈因长期被繁杂的行政事务压身等缘故，结果不了了之，辜负了前辈的厚望，想来汗颜。而庆山则能迎难而上，不拘成说，努力发掘词义的结构特征，别开生面地勾勒出了词义的复合结构（已如上述），并进行了具体建模，为词义描写的结构化、模式化和形式化，提供了一种新范式，不仅具有理论意义，更具有广泛的应用价值。

其三，四元同构论。庆山基于系统论和信息论思想，从宏观视角对研究对象进行了全方位审视和关联性考察，发现："认知结构 = 信息结构 = 词义结构 = 句法结构。认知、信息、词义和句法四者是同构的，信息结构、词义结构和句法结构都是认知结构的投射。"这也是非常有见地的看法，揭示了语言作为认知投射和认知工具、信息载体和交际工具，以及符号系统多元交融复杂体的内在系统性和统一性。这为解释和解决诸多相关问题提供了很好的方向和思路。

其四，词义结构 - 句法结构扩展说。在一般的观念里，语义（包括词义）与语法是完全不同的两个层面，两者如何有机对接而实现表达？这是认识语言机制最为关键的问题。自 20 世纪后半叶以来，许多语言学派都从自己的立场和视角出发，对此进行了不懈的探索，取得了一定的进展，但共识有限。庆山在广泛借鉴句法 - 语义界面理论、框架语义学、认知语义学、依存语法、生成词库理论等观念和方法的基础上，就词义结构向句法

---

① 该文先后收入 *Recent Advancement In Chinese Lexical Semantics*（《汉语词汇语义学的最新进展》），published by COLIPS Publication Singapore. June 2004；《汉语研究管见录》，湖北人民出版社，2005。

结构的转化机理问题，大胆地提出了自己的见解。他指出："词义结构的要素可以赋值扩展，形成句法结构。这可以看作是词义结构向句法结构的投射，也是词义结构的句法实现，是词义结构的句法形式化表达。"这一观点的实质就是说，词义结构通过"赋值扩展"，就质变为句法结构，从而有机贯通了词义和句法两个性质不同的层面，表明两者深度交融，浑然一体。这可以看做是对语言递归性的进一步演绎，很具有启发性。也可以说，这种观点是对韩礼德所说的"词汇是最精微的语法"（庆山转换为"词义是最精密的语法"）这一"语言学家猜想"做出的具体推演和阐释。虽然还需要进一步验证和深化，也有需要商榷的地方，但无疑为最终揭示词汇语义与语法的贯通机理，开辟了一条很值得继续探索的途径。

其五，虚词意义的重构。过去普遍认为，虚词与实词性质不同，没有词汇意义（有的甚至表述为没有实在意义），只有语法意义。这就使得对词的认识缺乏一致性，无论在理论上还是实践中，都会产生一些困惑（比如，既承认虚词是词汇成员，又说它们没有词汇意义，这本身就是悖论），甚至导致对虚词的轻视。对此我也曾质疑过，认为语言是一种客观存在，也与其他事物一样具有客观性，因而虚词的意义所指也与实词的意义一样，也是"客观实在"，但并未做具体的探讨。庆山发人未发，指出"虚词也可以有词义球结构，虚词的词义球结构也可以按照实词的词义球结构模型进行描写与建构"，并对汉语介词、连词和助词的意义进行了系统描写和建模。这不仅深化了对虚词的认识，而且增强了对词汇系统整体性的认识。

此外，本书对词类体系的重新划分、对词义球结构扩展与词义活力及语法结构生成的关系的阐释、对部分实词的属性义知识本体的描写等，也不乏精彩之处。恕不赘言。

当然，书中也还有需要商榷和探讨的问题，例如关于词义的具体界定问题、词义结构描写的普适性问题、所划分的词类体系与其他层面的兼容性问题等，都有必要进一步深思、验证和完善。

总之，意义是语言的核心，语义 - 语法接口是语言运行机制的枢纽，对此我们还知之不多。无论是出于理论的追问，还是现实的需求，都亟待揭开其神秘的面纱。由此可见，庆山矢志不渝的探索，意义不言而喻。该成果不仅仅在语言理论上增添了一说，而且对于语言教学、自然语言处理和理解、机器翻译、词典尤其是学习词典的编纂等语言应用，都不无价值。"词义球结构"理论虽然目前还不尽成熟，但以庆山的勤勉和执著，一定会得到不断完善。这既是笔者深信不疑的预言，也是热切的期待。

赵世举

2020 年 6 月 12 日于武汉大学

目　录

第1章

回顾与启示

1.1 词义学的基点问题

什么是词义，如何表征词义？这是词义的本质与表征问题，也是词义学的基点（basis）问题，更是语言学最难回答的问题之一。我们知道，语言学家曾经把语言的意义比作"流沙、泥潭、黑洞"。这些比喻不但极大地诱惑了人们对意义进行无尽的探索，同时也让那些想要探索意义本质的人产生了强烈的无助感，因为既然意义是黑洞，那就富有挑战性，值得去探索；既然意义是流沙，那就稍纵即逝，难以把握；既然意义是泥潭，一旦陷入，那就无助绝望，难以自拔。有道是，困难与价值同在，最难回答的问题也是最有价值的问题。回顾语言研究的悠远历程和累累硕果，我们发现，语言学界有一个共识是逐渐形成的：词汇语义在语言系统中处于基础性的核心地位。一方面，语言的基础要素是词汇，而词汇的基础要素是词义，所以词义是语言的基础；另一方面，从语音、词汇、语法、语义、语用等五要素的角度看，语义也是语言的基础和核心，因为如果没有语义，其他要素就不能在语言中存在。因此，由以上两个方面的理由可知，词汇语义就是语言的基础。"词汇语义"既可以理解为"词汇＋语义"，也可以理解为"词义"，但无论是哪一种理解，都说明词义在语言中具有基础性的核心地位。正是因为语言研究在观念和认识上的巨大转变，导致自 21 世纪以来，词汇语义学以及词汇语法理论有了快速演进和深度发展，这也带来了词义知识资源建设的丰富和繁荣，使得知识化、结构化的新型词库在语言学习和自然语言处理中的地位和作用越来越被承认和肯定。我们把"词义是什么、词义如何表征"这个问题称为词义学的基点问题，主要是想强调：在以传递信息、交流思想、表达情感为己任的语言系统中，词义处于基础性的核心地位，是语言系统的根基，具有极为重要的作用。这也是我们把"词义是什么、词义如何表征"称为词义学的基点问题的主要原因。所谓"基点"，是指事物发展的根本和基础，是理解事物所必须把握的中心和重点。词义作为语言学的核心术语之一，无论是语言理论研究，还是语言应用研究，甚至语言工程研究，合理地把握它的本质含义都是极其重要的。

古往今来，学者们对词义学的基点问题已经做了大量的探讨研究，这些或深或浅、或直接或间接的探究，毫无疑问，已经对词义学、语义学和语言学的发展产生了根本而深远的影响，不仅影响着包括词义学和语义学在内的语言学的发展方向，也影响着语言学对人类社会发展的贡献度。尤其是在当今以知识信息为显著特征的时代，以词义学为基础的语义学和语言学研究正在发挥其应有的价值和作用。回顾语言的理论研究和应用研究的历史，我们可以毫不夸张地说，无论何人以何种方式，也不管在何种意义、何种程度上来探讨和阐释这个词义学的基点问题，都会让探究者陷入无限的沉思，同时也会让他们获得无限的启发、动力和乐趣。

历史上，对词义是什么的本质探究，也伴随着对词义如何表征的探究。因此，下文提及词义学的基点问题时，若无特别需要，不再单独指明是词义本质还是词义表征问题。因为词义本质和词义表征是一体两面的关系，对词义本质的认识是需要表征的，无法表征的词义本质是缺乏说服力的。谈词义本质时，也意味着在谈词义的表征，反之亦然。

邱庆山（2014c）把历史上对词义本质——词义是什么——的探究大致分为四个阶段，分别是：以指称功能为中心的阶段；以概念功能为中心的阶段；以组合功能为中心的阶段；以认知功能为中心的阶段。其实，"组合功能"和"认知功能"这两个阶段的区分度较小，词和词之间的组合之所以可能，是因为背后有语义匹配这样的深层次的认知语义关系存在。句法层面的"组合功能"和语义层面的"认知功能"是密不可分的一体两面的关系。有鉴于此，本书中我们把组合功能和认知功能合一叙述，统一表述为"认知组合功能"。下面分别阐释三个阶段的词义本质内容。

1.1.1　以词的指称功能为词义本质内容的阶段

以词的指称功能为词义本质内容的阶段是探索词义学基点问题的第一个阶段。我们知道，古希腊和古代中国，学者们从"词"（名称）与"物"（实体）之间的关联关系，或者说，从语言符号与社会认知活动的关联关系出发，把"词"指称"物"的功能看作词义的本质内容。这体现了古人的认知思维水平与方式的某些特点，是极为质朴和自然的一种看法，也是最为基础的一种词义观。需要特别指出的是，早期有关物（实体）的概念，是和"人"相对的，而且人也是物，只不过人是特殊之"物"。我们从人类社会认知活动的角度，把物看成一种认知范畴，在人类的社会认知活动过程中，除了物这种认知范畴以外，还有动作（比如吃、推翻、感谢等）、属性（比如颜色、价格、速度等）以及属性的值（比如红色、便宜、高速等）等，都可以成为认知范畴。我们用认知范畴这个新术语来替换物（实体）这一旧术语，并且扩大认知范畴的外延，把物（实体）也包括在认知范畴之中。邱庆山（2014c）曾把认知范畴分为两大类：一类是独立型认知范畴（也可以叫作实体认知范畴），比如石头、梦想、吃、睡觉，等等；一类是依附型认知范畴（也可以叫作非实体认知范畴），比如颜色、美丽、三斤，等等。这样一来，我们就把词和物之间的认知关联关系，转化为词和认知范畴之间的认知关联关系，于是"词标记指称物"就自然转化为"词标记指称认知范畴"。但是，为了论述词义学史的方便，本节仍然使用词（名称）和物（实体）这一对术语。

我们知道，语言作为符号系统，首先是以人类社会最重要的交际工具的身份出现的。因此，语言符号首先必须有用，才能存在并逐渐发展演变下去。由于词是众多语言符号中最重要、最基础的一种语言符号，因此语言符号的用途就会首先体现在词上。词有用，就说明语言有用，而词的最主要、最具前提性的用途就是标记指称认知范畴。因此，用词"标记指称"人类社会实践活动的认知范畴，也就自然成了作为交际工具的语言符号的最主要、最具前提性的功能，也是包括词在内的语言符号的最核心、最基础的功用。因为在认知实践活动过程中，确定认知范畴，把不同的认知范畴互相区别开来，这是认知活动过程得以进行的前提和基础。没有确定的认知范畴，认知活动就无法进行。实际上，人类社会的发展历程就是人类不断进行认知实践活动的一个过程。在这个认知实践活动过程中，人们首先需要确定认知范畴，这是一切认知实践活动正常进行的前提。而确定认知范畴最简单、最自然的办法就是用语言符号，尤其是"词"这种语言符号来给认知范畴命名，就是用"词"来确定（指称）认知范畴，让认知范畴和词之间有一种约定俗成（人为规定）的认知投射关系。总之，在人类认知实践活动过程中，词"标记指称"物的这种标签功能起着至关重要的确定认知范畴的作用。词的这种"标记指称认知范畴"的功用，学界一般称为词（词义）的指称功能。

在以指称功能为词义本质内容的早期历史阶段，有关词和物之间的标记指称关系到底是一种什么性质的关系，曾经引起过学者们的激烈争论，这种争论体现了认知能力和认知思维方式在不同的人之间存在差异。现代语言学一般都认为二者之间是约定俗成的关系。除了词和物之间的指称关系的性质是什么这个问题之外，在词义学的基点问题上，笔者更关心另外一个问题，那就是，无论是以柏拉图为代表的"决定论"者，还是以亚里士多德和荀子为代表的"规定论"者，他们有一点是共同的，那就是双方都认可词对物的"标记指称功能"是词义的本质内容。可以说，这一共同的看法是词义学基点问题中极为重要的一个观念：把词的标记指称功能看作词义的本质内容，而且认为任何词都是有所指的（《荀子·正名》"制名以指实"），任何物（认知范畴）都是被指的（《公孙龙·指物论》"物莫非指"）。按照现代语言学的观念来看，这实际上就是说，一个物（认知范畴）如果没有词（语言符号）来标记它，那么它就不能进入语言符号系统，就不能进入交际领域，因而也就不能被人们掌握。而要让一个"物"进入语言符号系统，方法就是用词给其命名，而给物命名在本质上就体现为对物的范畴化，因为范畴化的基本特征就是给认知范畴命名，尤其是用词这种语言符号给其命名。之所以说用词来"标记指称"物，是一种最基本、最重要的范畴化,是因为给物命名,是人类范畴化的认知活动得以持续进行的基本前提。因此,掌握词和物之间的这种"标记指称"关系,并且把这种关系看成词义的本质内容,就自然地成为人们理解、掌握一个"词"的前提和基础。

在认知实践过程中,人们用词来标记指称物,这本身就是范畴化的认知行为。物(认知范畴)之所以各有其词(名称),实际上是人类范畴化的认知结果。我们知道,范畴的本质是意义的类,而范畴名称的本质实际上就是意义类别的名称。比如,"馒头"一词可以用来标记指称一种物,这种"物"在意义上可以归为"食品"类。这样我们就可以说,标记指称某种属于食品类意义的"物"的词是"馒头",该词的意义就是标记指称(表示)一种食品。总之,人类把词和物之间的认知关联关系——词标记指称物——看成词义的本质内容,这是人类范畴化能力的一个重要体现,这为理解和把握意义尤其是语言的意义奠定了基础。

在词与物之间建立具有认知关联作用的"标记指称"关系,这不仅体现了人类语言符号的工具性这一根本特征,而且也是人类范畴化能力的重要体现。任何一个认知范畴都有(而且必须有)一个可以和其他对象相区别的词(名称),而且任何一个词都投射关联(而且必须投射关联)一个认知范畴,这是人们在认知活动过程中得到的最基础、最自然的认知结果。由这种认知结果可知,词对物的"标记指称功能"是词的灵魂。此外,我们也知道,词义也是词的灵魂,这样一来,词的意义就直观地等同于词的标记指称功能,因为词的两个灵魂显然具有一致性。因此,把词的标记指称功能看作"词义的本质内容"是学者们在词义学史上迈出的尽管很小却很关键、很基础、很自然的一步,显然,这一步也是正确的。

早期词义研究者从"词"与"物"的"标记指称"关系出发,认为词的标记指称功能和词的意义内容之间存在一种认知关联关系,并把这种"标记指称功能"看成词义的本质内容。这是有关词义学基点问题的一个基本结论。在今天看来,这显然比较浅显,也有浓厚的自然主义色彩,而且这种词义信息描写的颗粒度太大,对当今时代需要细颗粒度的自然语言信息处理帮助较小,但是我们却不能抛弃它,因为它不仅有助于解决词义学的基点问题，而且学者们思考问题的路径以及得出的基本结论都是正确的。在本书中，基于"指称"和"指示"这两个术语的含义相区别的原则，笔者把词的这种"标记指称功能"看成词义的基础和前提，并划归词的指示义部分。

笔者认为，把词义的本质界定为词的指称功能，这是二元思维的体现，旨在把词（名）和物（实）联系起来，认为词义的本质由二元要素——词（名）与物（实）——共同决定，词义就是由二元要素共同构成的。将"指称功能"界定为词义本质的二元思维实际上也是一种"加合"思维。在这种思维看来，词"有意义"是因为词"能够指称"，而能够指称的前提是"词义是二元加合的"（"词＋物"或者"名＋实"），能够指称是二元加合的结果。这种对词义本质的看法极为质朴，是其后新的词义观形成的基础，对词义本质问题的探讨影响深远。

1.1.2 以词的概念功能为词义本质内容的阶段

我们知道，词作为一种"标签"，对其所"标记指称"的物来说是高度抽象、高度概括的。而要使认知活动能够持续进行，能够向深度和广度发展，以便取得更多的认知结果来满足人类社会发展的需要，人们自然就会对词的"标记指称功能"进行认知细化。基于这种认知驱动，以前获取的认知结果——"词义的本质内容"是对物的"标记指称功能"（或者说，"词"对"物"的"标记指称功能"是词的灵魂）——已经不能满足需要，人们更想知道的是，词的"标记指称功能"在认知思维过程中如何运作，"词（名称）"和"物（认知范畴）"之间的认知关联机制是什么，词义的本质内容如何进行细致化的认知获取。总之，人们需要对物（认知范畴）的掌握进行认知细化，以便从物上获取更多、更确定的知识信息。而对物（认知范畴）的认知细化，本质上就是要掌握物的更多属性特征。这样一来，对物的属性特征的认知细化，实际上就可以转换为对标记指称物的"词"的意义内容的认知细化。这种转换之所以可能，是因为在物的属性特性和词的意义内容之间存在一种认知投射关系。这是在第一阶段取得的认知成果的基础上的一种进步，彰显了人们对语义知识信息的认知需求。我们知道，用词义的本质内容标记指称"物"还是标记指称"物的属性特性",这是有很大差异的,因为后者(把词义的本质内容看成对物的属性特征的一种标记指称功能)会比前者(把词义的本质内容看成对物的一种标记指称功能)获得更多、更具体的语义知识信息。从信息论的角度来说,对物的属性特征理解得越多,人们对物的认识就越清楚,从物上获得的知识信息就越多。总之,把词标记指称物的功能看成词义的本质内容标记指称物的属性特征的功能,这既是对物的认知深化,也是对词义的认知深化,显然是一种进步。可见,人类的认知在意义生成和丰富的过程中具有重要作用,离开认知来谈意义实际上是没有意义的。笔者把标记指称物的属性特征的词的意义内容看成词的蕴涵义部分,并且认为词的蕴涵义部分是对词的指示义部分进行认知细化的结果,蕴涵义和指示义是表和里或者外和内的认知关联关系(邱庆山,2014c)。

在对物的属性特征的认知细化过程中,依然是基于认知驱动,学者们把"概念"引入了词义研究之中,认为概念意义是词义的前提和基础,一个词除了概念意义(核心意义)以外,还有非概念意义(非核心意义)。彼时,学者们逐渐认识到,以标记指称功能为核心内容的词并非直接标记指称"物",而是以概念(或意识)为中介来间接标记指称"物"的。词是表达概念的,词的概念功能被凸显,这就进入了以概念功能为中心来探讨阐释词义本质内容的阶段。很显然,概念功能引入词义研究,使得词义内容由单一走向复杂,由平面走向立体,由点线走向网状,也使得物(认知范畴)的属性特征更多地被人类所认知,有关物的知识信息更多地被人类获取。必须承认的是,词义研究引入概念是词义学的一件大事,这是人们的认知思维水平向纵深和宽广层面发展的必然结果,而且为后来渐成热潮的语言学及相关学科的词义(语义)知识本体建设奠定了基础。

我们知道,概念(Concept, Idea, Notion)是认知过程中存在的反映认知范畴本质属性的一种思维形式,是一个有层次结构的体系。在认知思维活动过程中,作为认知思维活动主体的人把所感知到的认知范畴具有的共同特点和本质属性抽象出来,并从感性认识上升到理性认识,最后加以概括就形成了概念。概念都有内涵和外延,内涵即其含义,外延即其适用范围,而且概念的内涵和外延会随着主观、客观世界的发展变化而变化。

概念是人们认知理解复杂的认知范畴的基本单位，人们对概念的发掘和认知探索，体现了人类对知识的渴求。概念既是人类创造知识的基本思维形式，也是人类构建和表达知识体系的基本模型，概念的变化是知识更新的一个体现，概念以及概念之间的关联是人类以语义为载体的知识本体构建的基本要素。因此，概念的层次结构、语义的层次结构和知识信息的层次结构三者应该是同构的。人们试图通过概念来把握词义（语义），是因为人们感知到概念的内涵和外延与词义的内涵和外延之间存在某种内在的认知投射关联关系。

概念的分类和概念之间的关系是概念认知细致化的主要内容。对概念及其相关问题的认知思考，是人类知识生产的智力动因，因此，概念就成为构建人类知识信息网的重要因素，而知识信息网的关键是语义知识信息网。由此可见，当人们把对概念的细致化和多样化的认知理解运用到词义（语义）研究中时，概念意义就顺理成章、水到渠成地成了词义的本质内容。作为我国汉语语言学的基础教材之一的《现代汉语》在词义结构描写问题上，都把概念意义（后来有学者为了摆脱逻辑学的影响，改称为理性意义）作为词义的核心和基础，把与之相对的意义部分看成词的附属义（黄伯荣、廖序东，2007：230；邢福义、汪国胜，2003：186～187）。《现代汉语》教材关于词义结构的描写尽管比较粗浅，但是毕竟构建了词义结构的基本模型，即词义是一个由核心和外围成分构成的双层结构。词义结构模型构建具有的结构化、层次化意识已经初步显现。这些研究成果都是概念引入词义学并发挥作用的重要体现。

实际上，从学科发展史角度而言，无论坚持认为词义二分为概念意义和附属意义[①]，还是坚持认为词义是由概念、词、物三要素构成的复合体[②]，

---

① 萨丕尔（Sapir Edward）曾把一个词义分为"概念内容"（实在内容）和"情调"。20 世纪 40 年代中期，吕叔湘把词义分为核心的"概念的意义"和外围的"联想的意义"。1953 年，吕叔湘和朱德熙又二分词义为"基本意义"和"附带的感情色彩"。

② 艾尔德曼把词义分为"概念内容""附带的意思"和感情因素或情绪相关的内容"。我国学者高继平把词义分为词汇义、语法义、修辞义，词语的修辞义是在概念义的基础上形成的，它表现为概念义所指事物或现象的形象特征，感情评价和心理联想以及对环境的态度等的形象或艺术的表现义。

甚至坚持认为词义是由词的物质外壳、词的音响形象、对物的反映、客观事物四要素构成的复合体①，现在，这些看法本身已经不重要了，重要的是学者们在思考词义学的基点问题时的路径、方法和价值取向，这才是语言研究最宝贵的财富。例如，著名的词义三角模型构建，就是值得学习的重要的词义研究范式，这种词义的模型化研究思维范式就是语言研究的宝贵财富。

1923 年，美国学者奥格登（C. K. Ogden）和瑞恰慈（I. A. Richards）在《意义的意义》（*The Meaning of Meaning*）这本专著中完整而深入地阐明了词义的三要素词、概念、物之间的关系，明确了词义三要素之间的关系是词通过"概念"来指示物的，指号和概念之间存在因果关系，概念和"指示的东西"之间存在或直接或间接的关系，而指号和"被指示的东西"之间仅存在间接的关系。奥格登和瑞恰慈在上述观念的基础上，构建了著名的词义（语义）三角。符淮青先生（1996：3～6）指出：语义三角对词义三要素（词、概念、物）之间的关系的说明在今天看来尽管不够科学、不够确切，但是，在其后的很长时间里，这些阐释都是说明词义问题的权威见解。尤其是他们明确了词义是表达概念（Idea，Notion，Concept）的，概念是词义的核心，这对后来的词义研究影响至深。总之，从某种意义上可以说，词义（语义）三角就是早期学者构建的词义（语义）知识图谱，词义（语义）知识是以网状的知识图谱的形式存在的。由此可见，具有现代科学意义上的词义（语义）观念早在 20 世纪 20 年代就已经初露端倪。我们知道，在自然语言处理领域，正是从概念入手，黄曾阳（1998）创建了面向自然语言理解与处理的概念层次网络（HNC）理论，提出了自然语言语义信息处理的新理论和新方法，取得了可喜的成绩。可见，概念在构建词义知识图谱（词义知识网）方面有极为重要的价值。因此，20 世纪 20 年代开始的以概念功能为切入点研究词义本质内容的思路和价值取向，延续至今，只是由于受到各种因素的制约和局限，人们并没有很好地解决

---

① 符淮青指出，词义（狭义用法，指概念义）从构成上说，是词的语音形式（必要时可区分为"词的物质外壳"和"词的音响形象"）所联系的概念内容，从概念内容的本性上讲，是对客观事物的反映。

词义学的这个基点问题。尽管这样，词义（语义）研究尤其是 21 世纪的词义（语义）研究，势头强劲，成绩可喜，主要体现在下面四个方面。第一，学界在"词义是一个有层次的网状结构的知识体系"这一观念上逐渐形成共识。第二，词义研究从单一、平面性研究转向复杂、立体性研究。第三，既研究人对词义（语义）的理解，又研究计算机对自然语言（核心是语义）的处理。第四，既描写词义个体，又关注词义（语义）知识网的构建。概念是知识网构建的基本单元，其对词义（语义）知识网构建的重要性是不言而喻的。在中华人民共和国国家标准（标准号：GB/T 15237.1 - 2000）中，"概念"一词的含义就被解释为：概念是对特征的独特组合而形成的知识单元。可见，从概念入手，寻找概念之间的关联关系，构建词义（语义）知识网，这对发掘词义（语义）的本质内涵、展现词义（语义）知识的应用价值，意义重大。

需要指出的是，在以概念功能为词义的本质内容的早期研究阶段，人们对概念的特征把握不全面，对概念的网络性也没有足够的认识，对概念的形成过程也没有系统性、科学性的认知，因而对物（认知范畴）的属性特征的挖掘也不系统、不全面，总的原因可以归结为人类的认知系统不发达，处于水平相对较低的阶段。这体现在词义学上，就导致了词义研究过于抽象、词义描写的颗粒度过粗等弊端，而且过度关注词义的本质内容，带有明显的就词义本质而研究词义本质的倾向。可以说，这个阶段最主要的缺陷是对概念的网络结构认识不足，单一、点状、线状是这个阶段思维的突出特征，总体上缺乏复杂、平面、网状、立体这样的研究意识，没有认识到概念生成的组合特征和聚合特征。总之，这个阶段对词义要素之间的组合关系关注不够，对词义要素的切分没有考虑到切分出来的各要素之间是否存在组合关系，因此对词义要素的切分不深刻，对词义要素间的认知组合关系也没有科学的认识。以上遗憾可以归结为一点，就是对词义的本质内容和词义要素之间的关系理解不深刻。本书中，笔者把词义结构切分为三个要素（对象义、属性义、属性值），两个层次（指示义层、蕴涵义层）。这三个要素之间具有配价依存关系，因此可以互相组合，而且这三个要素和两个层次之间都存在认知关系。笔者从认知结构、词义结构、句法组合结构等方面全方位构建了词义的球形结构模型，形成了一个词义知识网。本质上，笔者的这种描写和构建，也是词义概念的网络化、立体化、系统化的一个体现。

此外，笔者认为，在以概念为切入点探究词义本质的过程中，把概念义作为词义的基础，认为词义的主要功能是表达概念（实在内容）的，次要功能是表达概念以外的意义内容（非实在内容）的，这依然是概念义（实在义、理性义）与非概念义（非实在义、附属义）的二元思维的体现。例如，萨丕尔曾把一个词义分为"概念内容"（实在内容）和"情调"两部分，吕叔湘曾经把词义分为核心的"概念的意义"和外围的"联想的意义"，朱德熙和吕叔湘也曾二分词义为"基本意义"和"附带的感情色彩"。总之，以概念义为词义主要内容的二元思维的词义观，认为词义的内容是分层次的，不同层次的内容在词义结构中的地位和功用不同。概念义是基础，在词义结构中处于核心地位；非概念义是外围，在词义结构中处于附属（非核心）地位。这种词义内容有主次之分的观念，对词义（语义）学研究影响深远，例如被学界广泛熟知和运用的词的本义－引申义理论、基本词汇－非基本词汇（一般词汇）理论、核心义项－非核心义项理论、语义特征理论等都体现了两种要素在一个结构体中的地位和功用有别的二元思维观念。例如，语义特征理论中，只有那些对句法有影响的词义要素才被称为语义特征。这就意味着，词义要素可以二分为语义特征性质的要素和非语义特征性质的要素。语义特征性质的要素和非语义特征性质的要素在词义结构中的功能和地位是不同的。只是这种功能与地位有别的二元思维观念和早期的功能地位对等的二元思维观念有所不同，前者区别主次，后者不区别主次。因为早期的二元思维认为，词和物（或者名和实）在词义结构中功能地位对等，二元同样重要，不分主次。我们认为，为了回答"词义是什么、词义如何表征"这个词义学的基点问题，词义内容是需要分割的。但是，在分割的过程中，有三个问题需要深思。第一，分割出的不同内容是否有主次之分；第二，区分主次的标准、目的和意义是什么；第三，即使词义内容的不同部分有主次之分，那是只在词义结构中（静态情况下）有主次之分呢，还是在词义运用中（动态情况下）也有主次之分。总之，为了推进词义学研究，科学地解决词义学的基点问题，这些都是值得思考的问题。在本书中，我们也尝试对这些问题做出了回答。

1.1.3 以词的认知组合功能为词义本质内容的阶段

我们知道，组合关系和聚合关系是语言运转的两大根本关系，这是肇始于索绪尔的现代语言学的基本理念。因此，把组合关系或者聚合关系贯彻到词义层或者更小的层面才是真正把现代语言学的核心理念在语言学中贯彻到底的表现。既然认可组合关系和聚合关系是语言运转的两大根本关系，那么这两大根本关系也必然会体现在词义层面。我们知道，词义作为语言的基础性核心要素，其形成原本就是聚合的结果。词义的抽象概括性、词的多义性、同义义场、反义义场等，都是聚合关系在词义层面的具体体现。而组合关系在词义层面的体现，就是词与词的具体组合运用。因为词义的内容要体现出来，就只有通过具体的运用，而运用一个词就是将其跟其他词进行组合，就是根据一个词的意义特点将其跟合适的词组合。一个词 A 可以跟什么样的词组合，是由词 A 的意义内涵决定的，或者说，跟词 A 组合的词，是词 A 的意义内涵的体现。例如，"馒头"为什么可以跟"白"组合，这是由馒头的意义内涵决定的。因为在馒头的意义内涵之中，隐含着"颜色"这一属性，而"白"正好是颜色属性的一个具体类别或者说是一个认知结果。反过来说，"白"为什么可以跟"馒头"组合呢，这是由白的意义内涵决定的。因为在白的意义内涵之中，隐含着"实体对象"这一属性，而馒头正好是"实体对象"的一个具体类别或者说是一个认知结果。因为在人类的认知世界里，颜色这一属性不可能独立存在，它必须依附于"馒头、包子、萝卜、衣服"等具体的实体对象。日常生活中使用"颜色"的时候，都是跟其他具体的实体对象比如衣服、房屋、飞机、桌子等结合使用的。我们在商店买衣服，说买红色的，实际上是买红色的衣服，而不是只买红色，衣服就是红色这一属性的宿主。

笔者认为，基于具体用法的词的组合功能，是词的语法特征的具体体现，也是词义制约甚至决定句法结构组合的体现。因此，从词的组合来识解词的意义，是符合语言运用的具体实践和认知规律的。英国著名的现代语言学家 J. R. Firth（1957）在总结 1930～1955 年的语言学理论时指出，理解一个词，一定要注意这个词出现的上下文语境，要从一个词的组合伴侣出发来认识一个词的意义。比如，Firth 认为，词项（lexical items）习惯性地进入的横组合关系就是该词项意义的一部分，搭配关系对词义的识解非常重要。"dark night" 的搭配组合之所以可能，是因为 night（夜）的一种意义是它与 dark（黑/暗）的搭配性，同样，dark（黑/暗）的一种意义是它与 night（夜）的搭配性。后来，在词义识解方面被学界普遍遵从的著名原则 "You shall know a word by the company it keeps"（观其伴，可知其义。知其义，须观其伴）就是在此时提出的。J. R. Firth 在 1957 年提出的这个观点，可以看作组合性词义观的典型表达，具有承前启后的作用。因为这个观点不仅总结了此前有关的从句法组合看词义的思想，也启示后来的学者对词义和句法的关系进行了深广的探索。越来越多的学者都逐渐认识到，把词和词的组合功能看作词义本质内涵的某种呈现，从基于用法的词的组合功能这个角度把握词义的本质内涵，是一个跨句法 - 语义领域来审视词义的新视角，具有极大的理论意义和实践价值。实际上，兴起于 20 世纪 70 年代的句法 - 语义界面理论和兴起于 20 世纪 90 年代的生成词库理论，都是受到 Firth 的 "You shall know a word by the company it keeps"（观其伴，可知其义。知其义，须观其伴）这一词义观的影响。Firth 是现代语言学伦敦学派的创始人，他的后继者韩礼德把 "Lexis as most delicate grammar"（词汇是最精密的语法）当成 "the Grammarian's Dream"（语法家之梦），这就把 Firth 的词义识解的著名原则发挥到了极致。我们认为，"词汇是最精密的语法"，实际上是指 "词义是最精密的语法"。受此影响，我们提出的词义球结构理论（Spherical Structure of Word Meaning，SSWM），也旨在表明一个观念，那就是：词义以组合的形式存在，以组合的形式被理解，同时也以组合的形式被传播。总之，以组合功能特性来看待词义的本质内涵，是有扎实的认知基础和广泛的用例基础的，也易于词义的接受和传播。

　　笔者认为，通过词的组合功能来看待词义的生成和理解以及词义的本质内涵等问题，这就不可避免地涉及认知词义的问题。词和词的组合搭配不仅仅是约定俗成的问题，甚至不是约定俗成的问题，而是认知和语义问题。坚持"观其伴、知其义"的组合词义识解观，不可避免地需要认知能力来支撑。我们以汉语"量＋名"组合为例，来说明组合搭配背后的认知动因。

我们知道，量词是表计量单位的词，一般分为物量词和动量词。一般来说，量词在现代汉语的句法结构生成上是必不可少的组成要素。单就物量词来说，量词与前置的数词及量词修饰的名词构成"数＋量＋名"短语，比如"一张纸""三部电影""五条鱼"，等等。早期的研究者，比如朱德熙（1982）等大都认为"量＋名"搭配组合是"约定俗成"的。直到20世纪90年代后期，伴随着语义语法学和认知语言学等新兴理论的出现，研究者们逐渐认识到"量＋名"组合是有规律可循的，于是就开始在认知和语义两个层面上寻找隐藏在"量＋名"搭配组合背后的认知语义规律。我们知道，量词和名词之间的组合选择关系并非任意的，而是具有一定的认知理据，这是量词的认知语言学研究得出的基本结论。认知语言学认为，量词尤其是名量词具有"凸显"名词属性的功能，而名词的属性可以看作认知该名词的视角，这样一来，量词和认知名词的视角（或者名词的属性）具有"互显"和"互选"的关系。一方面，量词所修饰的名词通常是有选择的，某些量词只能与某些特定类别的名词搭配组合。而这一特定类别之中的名词通常都会有一些相近的特点。比如，量词"条"，可以说"一条路、一条绳、一条街、一条裤子、一条山脉、一条小溪、一条河、一条鱼"等，量词"条"隐含了其修饰的名词必定具备"长"以及"像绳子一样"等特征的物体，从认知的角度来看，这些特征的认知获取是从此类物体（路、绳、街、裤子、山脉、小溪、河流、鱼）的"形状"属性出发得到的认知结果。物体的属性"形状"是人们认知该物体的角度，这些包含认知属性选择和认知结果获取的认知过程都会在语言词语的组合搭配中体现出来。同理，量词"张"蕴涵着物体有延展的平面，比如"一张桌子""一张纸""一张床单""一张草席"以及"一张床"等。"物体有延展的平面"是从物体的"形状"这一属性出发得出的一个认知结果，这一结果和"张"在内涵上具有认知层面的一致性，这就是"张"和"桌子、纸、床单、草席、床"等可以进行句法组合的认知原因。另一方面，由于可以从多种视角认知名词、理解名词，名词就能够跟不同性质的量词搭配使用。实际上，由于量词和名词之间存在属性互显关系和组合互选关系，不同的量词本身就已经反映了与其搭配组合的名词应该具有某些方面的属性和特征。例如"布"这个名词，既可以用量词"块"来搭配组合，因为布可以裁剪成不同的部分，具有可分性，这是从整体与部分的构成角度来认知布，体现了布具有"整体－局部"关系的特征；又可以用"匹"来搭配组合，这是从布的一般存在形态来认知布，体现了布具有较大整体的"卷状形态"这一属性及认知结果。总之，学界已经得出基本的结论：在"量＋名"搭配组合中，名词跟量词搭配组合是一种基于认知的双向选择关系。在这种组合搭配中，名词总是处于主导地位，决定了与其搭配的量词的选择，但是量词在选择上也不是完全被动的，它可以通过其隐含的语义信息，对名词进行选择限制，在一定程度上制约着名词的选择。语用事实告诉我们，"量＋名"搭配组合中的这种双向选择关系的前提和基础是"量＋名"之间具有某种认知语义关系。这种认知语义关系也是"量＋名"搭配组合存活的认知动因。

周启强、谢晓明（2009：52）指出，认知词汇语义学是认知语言学的基础和最重要的组成部分，认知词汇语义学关注的不是对语言内部的词义特征做出孤立的解释，而是力图通过词义分析以揭示和解释人类认知活动的本质与机制。问题是，如何分析词义，如何获取词义，这是一个大问题。笔者认为，在如何分析词义这个问题上，学界已经逐渐形成一个重要理念，那就是考察词与词的搭配组合，基于词的实际用法，在词的实际运用中分析词义。因为词义具有强大的组合功能。词义的这种组合功能具有较强的认知语义计算特性，词义信息的产生和理解本质上是语义认知计算的结果。越来越多的学者认识到，基于计算和认知来构建自然语言的意义模型意义重大，注重探究词义结构、信息结构、认知结构三者之间的内在关系，关注词义的认知计算，这将有助于推进词义的深度研究，更有助于自然语言处理取得理想的实绩。周光庆（2003：100～106）曾经指出，召唤性是词义的重要特性之一。而所谓的词义的召唤性，是指词义由于其结构中义素的空缺因而对运用者和解释者能够形成一种吸引力、激发力使之填充其空缺义素的基本特性。譬如动词"约"有"约束"一义，指称"限制使不越出范围"的行为。从一方面来看，其词义是实在的，指称特定的行为；其词义是明确的，所指称的行为不同于其他任何一种行为；其词义结构包含"限制""使不越出范围"等义素。但从另一方面看，其词义又是有空缺的。因为作为一种行为，"约"必有其对象、方式、程度等，故而其词义结构中缺少"限制的对象、限制的方式、使对象不越出的范围"等必要的义素，只有将它们填充出来，动词"约"的词义才是具体的、完整的，才是可以用于具体表述、可以给出具体解释的。也就是说，一旦运用，就能发现动词"约"的词义其实是一种半实半空的"实空结构"，它具有促使运用者和解释者填充其义素空缺的基本特性，亦即召唤性。当人们在特定语境里运用动词"约"时，心目中自然有一种具体的"约"，它自有其特定的对象、方式、程度等，并且总要将这些要素填充到"约"的词义结构之中，并运用种种表达手段将它们或直接或间接地表达出来。周光庆（2003）提出词义具有召唤性特征，显然也是基于搭配组合的理念。对词义召唤结构的填充，就是词义结构的组合性扩展，就会导致句法结构的生成。由此也可以看出，词义结构和句法结构具有内在的一致性。董为光（2004：1~2）三分词义结构为指称意义、理解意义和用法意义。很显然，董为光提出的"理解意义"跟认知能力和认知角度关系密切，这也是词义具有认知特性的体现。而"用法意义"则是词义特征的句法表现的结果，具有句法组合性质。赵世举（2005：92）三分词义结构为主体意义、关系意义和功能意义。赵世举先生指出，词作为基本的也是最重要的语言成分，它所承载的语言信息并不仅仅是词汇层面的，也有语法层面的、语用层面的；它不仅仅有作为独立体的"主体意义"，也有作为系统成分和组合体成分的"关系意义"，还有包括配价特征、选择特征、分布特征、语域特征和格式意义在内的功能意义。从赵世举先生的这些论述中可以看出，其中蕴含着的词义理念也具有组合和认知特性。

以上我们分别阐释了词义本质问题研究的三个发展阶段，指出了各个阶段的基本特征。我们在吸取三个阶段有关词义本质的合理思想的基础上，融合了词义的指称论和概念关联论，基于句法－语义界面理论，形成了认知组合性词义观（Cognition-Combinatory Meaning Outlook，CCMO），并对词义的认知特性和组合特性以及词义结构与认知结构、信息结构、句法结构之间的关系进行了更加清晰、更加系统的理论阐释和实践探索。但愿我们对词义学基点（basis）问题所做的探索，能在词义研究的历史长河中激起一朵美丽的浪花。

1.2 相关语言学理论的词义知识与启示

一个基本的事实是，哲学和语言学界的前贤时俊在探究词义及其相关问题时的智慧结晶毫无疑问地成就了我们提出的认知组合性词义观（CCMO）和词义球结构理论（SSWM）。这些智慧的结晶包括各种富有创见的词义及其相关理论。较早的理论如"指示论""证实论""意义行为理论""使用论""言语行为理论""分析论""符号论"等，晚近的理论如"句法－语义界面理论""框架语义学"（格语法）"生成语法的管约论""题元理论""依存（配价）语法""词汇－语法理论""认知词义（语义）学""词汇函项语法""广义短语结构语法"等，这些有关词义本质的理论以及词义与句法、词义与语用、词义与认知等的界面关系理论，对词义研究影响深远。尤其是词义（特别是动词词义）与句法结构关系的理论，也就是词义对句法的影响以及从词义推导出句法结构的理论，对我们形成认知组合性词义观（CCMO）和词义球结构理论（SSWM）有基础性的重要作用。词义本质及其相关问题的研究所取得的这些成果启示我们思考：词义是否有结构，词义结构和句法结构之间是否有关系，二者之间是什么关系，人们理解词义的能力和其运用词义的能力是否正相关，人们对词义的理解程度和其运用词义的娴熟程度是否正相关，等等，对这些问题的思考与回答，促使笔者提出了认知组合性词义观（CCMO）和词义球结构理论（SSWM）。依照笔者的想法，实际上不仅是动词词义，从句子中的任何一个词出发，都可以推导出句子的结构，只不过从动词出发分析起来更为便捷和直观一些。

下面，我们着重述评跟词义球结构理论和认知组合性词义观紧密度较

高的语言学理论在词义知识方面的成就与启示。这些理论主要包括句法 –
语义界面理论、框架语义学（格语法）、认知语义学、依存（配价）语法、
形式句法理论、生成词库理论等 6 种。

1.2.1　句法 – 语义界面理论

1.2.1.1　句法 – 语义界面理论的词义切分与表征

从 20 世纪 70 年代开始，语言学家们逐渐观察到动词的词汇语义和句法
之间存在规律性的联系，动词的词汇语义对句法形式具有决定作用，"论元
的句法实现——其句法范畴和语法作用——经证明在很大程度上可以从动词
的意义中预测出来"（Levin、Rappaport，1996），但并不是动词意义的所有
方面都可以决定动词论元的句法实现。Pesetsky（1995）以表示"说话"
的动词为例，指出表示"说话方式"的动词如 bellow（吼叫）、whisper
（轻声说）和表示"说话内容"的动词如 say（说）、propose（建议）在论
元实现上有区别。但同样是表示"说话"的动词，动词意义中表示"声音
大小"的那部分意义则不会影响动词论元的句法实现，比如表示"小声说
话"的 murmur（小声说）、whisper（轻声说）和表示"大声说话"的 bel-
low（吼叫）、shout（叫喊）在论元实现上就没有什么差别。再比如，我们
可以说"I will tell you why this is wrong"这样的英文句子，却不能说"I will
explain you why this is wrong"这样的句子。原因就是动词"tell"和"ex-
plain"的词汇语义不同，因而这两个动词的句法结构形式就不同。总之，
动词的词汇语义影响句法，动词的词汇语义和句法结构形式之间有界面（有
学者把 interface 译作"接口"），这是学界都认可的事实。但是，动词的词汇
语义如何影响句法，它的哪一部分词汇语义影响句法，它的词汇语义在多大
程度上影响句法以及如何描写和表征动词的词汇语义等问题，一时并不容易
说清楚。换句话说，针对上文所举的两个英文句子，动词"tell"和"ex-
plain"的词汇语义的具体内容各是什么，二者的词汇语义到底有什么不同，
到底如何表征这些动词的词汇语义。这些问题就成为句法 – 语义界面关注
的核心问题，即句法 – 语义界面研究主要关注动词的词汇语义和句法结构
之间的关系。这里的句法结构也可以理解为句法表现、句法实现、句法形

式。从 20 世纪 70 年代兴起开始，句法 – 语义界面研究就呈现一个理念性的倾向：动词的某些语义特征跟动词的句法表现相关；理解动词的词汇语义，需要关注动词的句法结构表现；关注动词的句法结构表现，可以获得动词的词汇语义。简言之，经过十多年的努力，动词的词汇语义在很大程度上决定句法结构的观点，在 20 世纪 80 年代中期已经得到了学界的广泛认可。这种共识，是句法 – 语义界面研究取得的第一项成果。

第二项成果，句法 – 语义界面研究者逐渐对动词的词汇语义的具体内容按照功能的不同进行了卓有成效的切分与描写，获得了有关动词词义的新知识和新资源。比如 Grimshaw（1993）提出了 "语义结构"（semantic structure）和 "语义内容"（semantic content）两个重要概念。语义结构是指在句法层面上表现活跃的那部分词汇语义，语义内容是指在句法层面上表现不活跃的那部分词汇语义。Levin and Rappaport（1995，1998）将语义结构改称为 "语义变量"，将语义内容改称为 "语义常量"。语义结构（或者语义变量）是动词的词汇语义中影响句法结构实现的语义部分，语义内容（或者语义常量）在不同的语义表征中保持不变，也被称为词根（root）。Pinker（1989）认为，动词的语义结构是建立在一组和运动、处所、力量、致使性等概念对应并且反复出现的语义成分上的，和语法密切相关，其他语义信息虽然也能够在语义结构中占一席之地，但是那些语义信息属于在句法上 "不可见" 的信息。Pinker 把和论元实现相关的意义部分称为 "和语法相关的子系统"（grammatically relevant subsystem），认为其包含的语义成分和关系组成的集合应该比 "认知上存在的、文化上具有显著性的那些区分组成的集合" 要小很多。也就是说，Pinker 认为动词的影响句法的那部分词汇语义不会太多。

第三项成果，掌握了一些表征动词词汇语义的方法。在切分出动词的影响论元句法实现的词义部分以后，如何表征这一部分和句法密切相关的动词语义，就成为句法 – 语义界面研究的重要课题。正如沈园（2007：24）所言，如何表征这一部分动词语义，在很大程度上反映了我们对决定句法的语义因素的认识。动词词汇语义表征的主要方法有语义角色表表征法（也叫框架格、题元栅）、特征分析表征法、事件结构表征法。

（1）语义角色表表征法。语义角色是指论元（论元是动词事件要求必须出现的成分）在动词所指事件中担任的角色，这些角色是动词语义跟句法相关的那一部分。语义角色主要有施事、受事、客体、经验者、受益者、工具、处所、目标、来源等。语义角色表就是指一系列的语义角色，每个动词都和一定的语义角色表相联系。Fillmore（1968）把语义角色表称为框架格（case frame）。语义角色表一般具有三个特点：第一，语义角色在语义上不可再分解；第二，语义角色的定义都独立于动词的意义；第三，语义角色的数量都不大（Croft，1991：156）。描写出动词的语义角色表，首要的就是要确定哪些参与者角色是动词所指的事件必须包括的。例如，put 的语义角色表是 put：〈施事，客体，处所〉。施事、客体、处所等语义角色都是动词 put 所指的事件必须要求的语义角色。假如 "Pat put the book on the table"（帕特把书放在桌子上）这一句省略了施事角色 Pat，或者省略了客体角色 the book，或者省略了处所角色 on the table，句子都将变得不合语法。基于句法 - 语义界面，利用语义角色表来表征动词的词汇语义跟句法相关的那一部分语义时，需要考虑三个表征层面：词汇语义结构层面、论元结构层面、句法结构层面。而且每一种结构都向后一种结构进行投射。

语义角色表作为一种描写工具，有助于发现不同动词的词汇语义的异同，反映跟句法实现相联系的动词语义类，因此可以借此给动词分类。例如 "break" 和 "hit" 类动词，两者在句法表现上既相似又有不同，在语义方面，Fillmore（1970）认为 break 类动词的语义角色表可以描述为动词：〈实施，工具，物体〉，而 hit 类动词的语义角色表可以描述为动词：〈施事，工具，地点〉。这两个语义角色表既归纳了同一个语义类动词在语义上的相似之处，又体现了两类动词在语义上的差异。再比如 give（给）、lend（借）、throw（扔）的语义角色表都是 "动词：〈施事，接受者，客体〉"，break（打破）、open（打开）、sink（沉）的语义角色表都是 "动词：〈施事，受事〉" 或者 "动词：〈受事〉"。语义角色表中出现的论元的数量称为动词的价（valence）。根据动词价的不同，又可以将动词分为一价不及物动词（比如 trip：〈客体〉）、二价及物动词（比如 kick：〈施事，受事〉）、三价双及物动词（比如 give：〈施事，接受者，客体〉）和零价非及物动词（比如 rain：〈 〉）。不同的语义角色表区别不同语义类的动词，不同语义类的动词区别不同的句法结构。由此可见，动词的词汇语义对句法有决定性的影响和制约。

（2）特征分析表征法。语义角色表的一个最大问题是，无法解释语义角色和句法位置之间的联系，其中包括多个语义角色映射到一个句法位置的现象。对这个问题，特征分析法不再将语义角色看作不可再分的原始概念，而是把它们看作语义特征的集合。在特征分析法看来，由于语义角色可以定义为语义特征的集合，语义角色和句法的联系从本质上就可以理解为语义特征和句法的联系。这样一来，不同的语义角色有相同的句法表现，很可能就意味着这些语义角色共同拥有某一语义特征。因此，特征分析表征法实际上是把影响句法的动词语义进行了细化，打破了语义角色不能再分的看法。Rozwadowska（1988）最早运用语义特征分析法。他认为跟句法相关的语义特征主要有三个，分别是［＋/－感知］、［＋/－使因］、［＋/－变化］。［＋/－感知］用来确认人的参与，［＋/－使因］用来确认致使事件，［＋/－变化］用来确认"受事"（受影响的事件参与者），利用这三个语义特征就可以区别题元关系。例如在句子"John rolled down the hill"（约翰滚下了山）中，不及物动词 roll 的外部语义角色（论元）John 兼具施事语义角色和客体语义角色的特点，如果用特征分析表征法进一步细化分解的话，那么 John 的语义特征就可以表示为 John：〈［＋感知］、［＋使因］、［＋变化］〉。再比如，施事－受事动词 destroy（毁坏）、break（打破）的施事 A 的语义特征可以表示为 A：〈［＋感知］、［＋使因］、［－变化］〉；受事 B 的语义特征可以表示为 B：〈［－感知］、［－使因］、［＋变化］〉；经验者 C 的语义特征可以表示为 C：〈［＋感知］、［－使因］、［＋变化］〉；工具 D 的语义特征可以表示为 D：〈［－感知］、［＋使因］、［－变化］〉（A、B、C、D 分别代表某种具体的施事、受事、经验者、工具等）。用特征分析法可以清楚地看到一些语义角色在分类上的交叉和区别，比如受事和经验者共享［＋变化］的语义特征，而在［＋感知］这一特征上有区别。语义特征分析法有很多功能，其中一个功能就是可以较好地描述由及物动词派生的名词短语在语义角色类型上受到的限制：在派生名词带一个论元的前提下，为什么两种不同的语义角色——"经验者"和"受事"都可以出现在派生名词前的位置，而另外两种不同的语义角色"刺激物"或"施事"就不可以？对此，Rozwadowska（1988：147~165）解释说，经验者和受事之所以有相似的句法表现，是因为二者共享语义特征 [+变化]，而这一语义特征是"刺激物"和施事都不具备的。具体的例子是，在"John's love"（约翰的爱）中，John 必须被解释为经验者，这和"John loves Mary"（约翰爱玛丽）一句中 John 被赋予的语义角色相似，而且在这两例中，John 都具有 [+变化] 的语义特征。当 John 被赋予"刺激物"角色，由"John shocked the audience"（约翰使观众震惊）派生出"John's shock"（约翰的震惊）就是不合语法的结构。在"the barbarians' destruction"（外邦人的毁灭）中，the barbarians 只能理解为受事，不能被理解为施事，因为 barbarians 在该句中具有 [+变化] 的语义特征。

（3）事件结构表征法。语义角色表表征法和特征分析表征法主要是围绕论元（语义角色）提出的，而不是动词语义本身。后来，研究者们逐渐注意到，决定论元实现的语义因素应该是从动词的语义中直接派生出来的，因此需要对动词的语义进行直接分解，而不能只关注动词的论元。动词是对外部世界发生的事件的词汇化和概念化表达，因此动词的语义可以分析为动词所指事件的结构表征，对动词的词汇语义结构进行分解，实际上也就是对动词所表达的事件结构进行分解。因此，语言学界把对动词的词汇语义进行分解的表征方法称为事件结构表征法。Levin and Rappaport（1995，1998）提出的事件结构表征主要包括两部分内容：一是动词的词根意义，二是动词的结构意义。前者以常量的形式出现，词根（root）按照本体类型的不同可以表示活动的方式、工具、地点和状态等，后者由 Act、Cause、Become、State 等基本谓词和谓词的论元构成的词汇语义模板（也称为事件结构模板）来体现。动词词汇语义结构和属于某种本体类型的词根的结合，就是动词词汇语义"和句法相关的子系统"，也是影响句法的动词语义。目前，事件结构表征法主要有三种具体的表征方式：处所分析法、使因分析法、体分析法。这三种方式也叫事件概念化表征方式，可以用来凸显和句法相关的事件的语义特点。处所分析的事件结构表征法的核心概念是"处所"，其基本假设是所有动词都可以看作关于运动或者处所的动词，最早由 Gruber（1965）提出，后经 Jackendoff 发展完善。根据处所分析法，事件可以分为两大类：运动类和处所类。"运动"事件（例如 He went to school）的参与者是事物和（事物运动的）路径，"处所"事件（例如 The book is on the shelf）的参与者则是事物和处所。按照处所分析法，看上去和"运动"或"处所"无关的动词也要理解为表示抽象意义的"运动"和"处所"，这是因为这些动词属于不同的语义场而已。最基本的表示物理运动和处所的动词属于位置义场，其他表示抽象运动和处所的动词属于领属义场、状态义场或者时间义场。这四类义场都可以看作关于运动和处所的语义场，相互之间存在系统的对应。处所分析法的问题是很难对一些动词进行分析，比如表示活动的动词 cry（哭）、play（玩）、laugh（笑）等要被分析成运动或处所动词，这显然是很牵强的。因此，处所分析法对句法 - 语义界面研究的贡献比较小。如果说处所分析法是将所有的事件都看作涉及运动和处所的话，那么使因分析法则是将所有的事件都分析成使因链（causal chains）。使因链由一系列环节组成，每个环节联系事件的两个参与者，一个参与者可以同时在多个环节中扮演角色。Croft（1991：173）提出的使因分析法的基本假设有：①简单事件是使因链网络中的一个环节。②简单事件是单一方向发展的使因链。③简单事件涉及力量的传输。④力量的传输是不对称的，不同的参与者则分别担任启动者（initiator）和终点（endpoint），等等。根据 Croft（1991），典型的使因链事件类型是具有意志性、不通过中介物引起事物发生变化的致使事件。例如："Harry broke the window"（哈里打破了窗户）这个句子描述的是一个典型的使因链事件。这个事件包含三个部分的使因链：第一部分是 Harry 作用于窗户，第二部分是窗户改变了状态，第三部分是窗户最终处于破的结果状态。这个句子描述的事件是一个单一方向发展的使因链，也就是说，这个使因链只有一个单一的结果（破了）。从启动者 Harry 到终点 window，力量的传输是不对称的。使因分析法的一个重要的概念是"截取"（profile）。Croft（1998：21～63）把动词在不同句子中使用时保持恒定的那一部分意义称作框架（frame），这部分意义是句子的先设部分。相对于"先设"部分，句子的"断言"部分（也就是从使因链上截取的部分）则具有较大的灵活性。同一个使因链可以做不同的"截取"，意味着动词可以和不同的句法形态相联系。句子"Harry broke the window"可以看作截取了致使事件的全部三个使因链——致使主语（Harry）、改变状态（变化）、结果宾语（破了）——以后生成的。如果句子是"The window broke"，那么它就是由截取整个使因链的最后两个环节而生成的。使因分析法赋予事件以内在结构，事件中的参与者通过使因链被联系起来，在使因链上先出现的参与者在"力量传输"的重要性上要高于处于使因链后端的参与者。因此，用使因链中参与者所处的位置就可以解释论元的句法实现问题。不同的论元实现形式和不同的截取方式有关。句子的主语和宾语就是使因链中被截取环节两端的事件参与者。截取方式的不同会导致主语和宾语改变，但是主语论元和宾语论元的选择严格遵循事件参与者在使因链上的先后次序，施事位于工具前，工具位于受事前。在事件结构表征方法中，体分析法也相当重要。所谓"体"（aspect）指的是事件内部的时间特征，例如延续体、重复性、终结性等。Vendler（1957：143~160）根据体特征将动词分为四种类别：指称具有持续性的静止状态的"状态"动词（如 know the answer、be tall、own the house 等）；指称没有自然终结点的持续性动作的"活动"动词（如 walk、swim、ride a bike 等）；指称有自然终结点的持续性动作的"完成"动词（如 build a house、eat an apple、run to the school 等）；指称有自然终结点的瞬时动作的"达成"动词（如 die、arrive、reach the top 等）。其中，由完成动词和达成动词构成的谓语被称为"终结性"谓语，因为它们表示的事件都有自然终结点，也就是有内在的时间终点（事件发展的目标）。由活动动词构成的谓语被称为"非终结性"谓语，因为它们表示的事件没有自然的终结点。终结性和非终结性是关于体特征和论元实现关系的研究中一组非常重要的概念。终结性、非终结性和其他体特征一样，实际上是有关整个谓语的语义特征，是由整个谓语中的成分决定的，是谓语语义组合的结果。区别终结性和非终结性的一个重要测试手段是用 in 和 for 引导的状语进行修饰：和 in 引导的状语能够相容的是终结性谓语，和 for 引导的状语能够相容的是非终结性谓语。但是，终结性和非终结性也会受到句子中有无直接宾语、直接宾语的性质、谓语中的其他成分如目标和结果状语等因素的影响。例如（ ＊表示结构不合格）：

（1）John drank for an hour/ ＊ in an hour.（约翰喝了一个小时）

（2）John drank lemonade for an hour/ ＊ in an hour.（约翰喝柠檬汽水喝了一个小时）

（3）John drank three glasses of lemonade in an hour/ ＊ for an hour.（约翰一个小时之内喝了三杯柠檬汽水）

从上面的例（1）~（3）可以看出，如果加上的直接宾语是物质名词 lemonade，谓语 drink 依然是非终结性的，但当直接宾语表示具体的数量时，句子的谓语 drink 就有了终结性，可以被 in 引导的状语修饰。但是，研究者也指出，直接宾语的数量性质对谓语的终结性和非终结性的影响并不具有普遍性，有些动词像 push，无论直接宾语在数量上有无具体化，谓语的体特征都不会产生变化，都只能表示"非终结性"的体特征。只是这些例外并不影响谓语的体特征在语义向句法的投射过程中所起的决定作用。

最后需要特别指出的是，管辖－约束理论、词汇－函项语法、广义短语结构语法等都对动词词义与句法结构关系问题进行了合理的阐释，论证了从动词词义推导出句法结构的可能性和操作过程。尽管这些理论也都有一些不足，但是它们和句法－语义界面理论一起，证实了词义对句法有决定作用，为我们提供了认识词义问题和句法问题的新视角、新思想。

1.2.1.2　句法－语义界面理论的启示

句法－语义界面理论的相关词义知识给笔者的启示主要有以下五点。

第一，句法－语义界面研究只关注动词的词义对句法的影响，这显然是不够的。基于句法－语义界面，吸收学界在动词的词汇语义描写方面的相关成果，我们也可以描写动词以外的名词、形容词、数量词等实词甚至介词、助词和连词等虚词的词义内容。因为笔者相信，词义对句法有影响，不仅仅指动词的词义对句法有影响，其他词类的词义对句法也应该有影响，而且不同词类的词义对句法的影响有其内在的一致性，不会因为词类不同，这种影响的一致性就会发生根本改变。我们构建的词义球结构理论（SSWM）模型，就认为不同词类的词的意义对句法都有影响和制约，而且遵循共同的影响和制约机制。

第二，句法－语义界面研究把动词的词义组成部分二分为语义结构（语义变量）和语义内容（语义常量），并且认为语义结构（语义变量）那一部分词义是活跃的，对句法有影响，语义内容（语义常量）那一部分词义是不活跃的，对句法没有影响。从符号学的角度来看，这种词义内容的二分观念是有认知基础的。我们知道，符号的两个基本特征是能指和所指，能指是一个符号外在的形式部分，所指是内在的意义部分。外在的形式部分是固定不变的，内在的意义部分因为不同人的认知能力和认知心理差异会有一些不同。本书中，我们受此启发，认为词义结构也可以二分为指示义层和蕴涵义层，蕴涵义层（词义变量）是活跃的，对句法有直接的影响，指示义层（词义常量）是不活跃的，对句法有间接的影响，指示义层要通过蕴涵义层来实现其功能。人们对词义的理解是认知行为，主要是对蕴涵义的认知理解，而对相对固定的指示义的掌握一般只需要识记。

第三，动词的论元结构思想对我们的启发很大，我们认为句子的生成实际上就是动词（或者名词等其他词类的词）的论元结构不断实现（语言符号化）的结果。论元结构的要素被赋值（语言符号化）以后，就会导致结构扩展，扩展的结果就导致了句子的生成。因此，如果把动词的论元结构看成动词的词义结构，那么句子的生成实际上就可以看作词义结构的实现，也就是词义结构要素的具体赋值。词义结构要素的具体赋值，导致词义结构的扩展，词义结构的扩展导致句法结构的生成和实现。总之，需要思考的是，基于新的认知组合性词义观（CCMO），动词的论元结构能不能看成动词的词义结构。本书对此问题给予了肯定回答，我们认为动词的论元结构能看成动词的词义结构。另外，我们还认为充当动词论元的语义角色，比如施事、受事、工具、地点、方式等，完全有理由纳入词义结构之中，成为词义的组成部分，成为词义结构的组成要素。在本书构建的词义球结构理论（SSWM）中，我们把这些语义角色重新定性，统一称为词义结构的属性义要素，而且这些属性义要素是可以具体赋值的。比如，"施事"属性义的具体赋值可以是"张三、李四、阿Q"等，"工具"属性义的具体赋值可以是"筷子、自行车、大碗"等。其他属性义要素的具体赋值可以以此类推。

第四，基于句法 - 语义界面，语义角色表、特征分析、事件结构等表征动词的影响句法的词汇语义的方法都可以用来给动词分类。这启发我们，可以根据词义在句法实现过程中的性质和作用来给词分出异于传统词类划分的词类结果。我们知道，根据不同的研究目的和分类标准，词类当然可以做不同的划分。本书即坚持认知组合性词义观（CCMO），在句法 - 语义界面理论的基础上，划分出对象义词、属性义词、属性值义词等不同的词类。后续我们将进一步完善这种词类新体系的构建。

第五，笔者认为，词汇在语言运作（句子生成）中的地位是基础性的，应该看作语言的核心单位，而词义又是词汇的核心和基础，因此，词义在语言运作（句子生成）中处于基础性的核心地位。句法研究中的强词汇主义，实质上是强词义主义，这在语言学研究尤其是句法学研究中有其特别的价值。Halliday（1961：241～292）在其论文《语法理论的范畴》中提出"词汇是最精密的语法"（lexis as most delicate grammar）的观点，并且认为这是"语法家之梦"（the Grammarian's Dream），是语法家梦寐以求想要证明的猜想。该猜想实质上也是强词汇主义的观点。基于本书的研究，我们认为，"词汇是最精密的语法"也可以细化转述为"词义是最精密的语法"。总之，笔者认为，以词义为中心，深入挖掘词义蕴涵的句法属性、句法信息和句法个性是一条可取的道路。本书中，我们坚持"词义是最精密的语法"的理念，对相关问题进行了阐释说明。

1.2.2 框架语义学（格语法）

1.2.2.1 框架语义学（格语法）的语义框架思想

20 世纪 70 年代末期，语言学家 Charles J. Fillmore 在其著名的格语法（Case Grammar）理论的基础上提出并且发展了框架语义学（Frame Semantics）。框架语义学被认为是格语法思想的系统化、具体化、升级版，是在初期和二期格语法理论的基础上形成的三期理论。

框架语义学的哲学基础是经验主义哲学家皮亚杰（J. Piaget）的建构

论。经验主义特别强调经验在人们的认知以及语言形成与发展中有重要的基础作用。当然，这里所说的"经验"不是指个体的自我经验，不是指因为自己的经历而获得的一些偶然性的经验，而是指整个人类在地球上共同生活所获得的共同经验。这些经验就是人类思维中意义产生的理据，因此，在经验主义者看来，语言的意义正是基于经验感知而产生的。Lakoff & Johnson（1980：497）指出："概念是通过身体、大脑和对世界的体验而形成，并只有通过它们才能被理解。概念是通过体验（embodiment），特别是通过感知和肌肉运动能力而得到的。"这就说明，认知和意义的产生归根结底是基于身体经验的。赫尔德（1772/1998）在《论语言的起源》一书中就曾说道："语言是通过人的感官和知觉形成的。有无数的事实证明，在所有的民族、国度和环境里，语言都萌芽于理性之中并随着理性的成长而成熟起来。"他强调说："语言并不是先验之物，而是感性活动的产物。一切观念都只能通过感觉形成，不可能存在任何独立并先于感觉的观念。语言是理性的映像。"由此可见，语言主要是人们通过感觉器官在对世界体验的基础上经过认知加工逐步形成的，是主客观互动的结果。

框架语义学的基本思想是为了理解和掌握语言中的词语的意义，人们的头脑中需要先具备一定的概念结构。概念结构就是指语义框架的相关知识，概念结构能够为人们提供理解掌握词语的意义所需的背景知识，能够帮助人们理解和掌握基于语法句式的词语表达（即词语在话语中使用）的认知动因。框架语义学作为认知语义学发展的一个重要分支，把"框架"这一认知性的概念结构引入了语义学，为人们理解和描写语言中词语和语法结构的意义提供了一个全新的视角，为人们认识词汇语义和语法句式提供了一种认知层面的新解释，同时也描写了一种语义框架原则。这种原则在语言产生新词、新语以及向已有的词语里增加新的意义时必须被遵守，在将一段文章中各成分的意义装配到一起从而形成整篇文章的全部意义时也必须被遵守。框架可以是任何一个概念体系，人们通过"框架"这个术语建立起了所有的概念系统。因为概念系统中的概念之间是互相关联的，所以要理解一个概念系统中的任何一个概念，必须以理解这个概念所适应的整个结构为前提。因此，当这样一个概念结构中的诸多概念中的一个被运用到一个文本或者一次交谈之中时，该概念结构中其他所有的概念都会自动被激活。比如"商业交易框架"，该框架涉及的概念包括 possession（领有）、change of possession（领有的变化）、交易以及钱（指"用于交易目的的人工制品"，除此之外没有其他功能）等；该框架的基本框架元素包括 Money、Goods、Buyer、Seller 等；该框架的外围术语还包括 Price、时间特征、Change（指"找钱"，即在偿付与价格之间的差）以及其他一些可以进一步阐释的术语（比如商品的真正主人、钱的真正主人以及他们跟参与交易协议的参加者之间的差别）。因此，基于上述概念的结构化的组织，人们能够对一系列词语的意义、用法和语法结构进行对比描述。例如，buy、sell、pay、spend、cost、charge、price、change、debt、credit、owe、merchant、clerk、broker、shop、merchandise 等词语的意义和用法以及相关词语可能有的语法结构，都可以通过上述概念的结构化组织得到对比描写。另外，人们还可以通过把商业交易框架跟其他框架混合，使文本不断丰富，从而进一步深入描述诸如 tip、bribe、fee、honorarium（酬金）、taxes（税费）、tuition（学费）以及其他许多词语的意义、用法和语法结构的意义。

需要指出的是，在 Fillmore 看来，"框架"这个词是一个覆盖面很广的术语，以至于这个术语可以用来涵盖诸如图式（schema）、情景（scenario）、脚本（script）、认知模式（cognitive model）、观念框架（ideational scaffolding）、民俗理论（folk theory）等一系列与自然语言理解相关的文献中的概念。

框架语义学的相关研究指出，一个语言社团创造了由词（词项）所代表的范畴，并且懂得用范畴进行词义描写（菲尔墨，1982/2003）。在框架语义学看来，一个词（词项）就代表一个经验范畴，而且该范畴能够在许多不同的语境中使用，这些语境由一个"典型用法"（背景情境跟原型范畴的匹配）的多个方面所决定。背景情境和原型范畴的匹配，最终要通过词项的匹配组合（组织编排）得以体现。实质上，框架语义学的词项匹配组合（词汇组织编排）是将"词条"定义从单一的词汇层转到框架语义学层面，使字典使用者可以通过理解该词汇的知识结构背景，更好地理解这一框架内词与词之间的关系。因为框架作为人类认知构建的一种手段，为词（词项）在语言中的存在及话语的使用提供了背景和动因。因此，框架语义学对单个词项意义的理解能促进人们更直接地理解所有属于该框架的词项。

框架语义学对词汇结构和小句组织结构的关系的论述也很有见地。Fillmore 认为，简单句的命题核心由一个述谓成分（predicator）跟一个或几个实体（entity）结合而成。述谓成分可以是动词、形容词或名词等实词，也可以是连词。每一个实体都跟该述谓成分有一种叫作"深层结构格"（deep structure case）的语义关系。深层结构格确定了实体在表述（predication）之中的作用（菲尔墨，1968/1979：26~27）。语言中可用作述谓成分的词项不仅可以按照跟它连用的各种格阵列（array）来分类，还可以根据它在句中引起语法变化的能力进一步分类（Fillmore，1968：27~29）。Fillmore 提出深层结构格概念的优越之处就在于为词和句子的格结构描写提供了一个语言组织平面。基于这个平面，词汇结构（lexical structure）和小句组织（clause organization）两方面的普遍性质很容易被发现。而且在某种程度上，基于这个语言组织平面的格结构描写直接联系着人们对自己的语言中的句子所能表达的那些经历和事件的思考方式。深层结构语义格是格语法解释语义和句法现象的基本工具，然而要想确定一张完整的格清单却是头等难题。Fillmore 从来不曾列出明确的格清单，在不同的文章中，不仅深层结构格的数目不同，连名称也经常变动，而且总是语焉不详甚至隐而不说。他列出的格一般包括施事、感受、客体、工具、源点、终点、处所、时间、行径、与格、受益、伴随、永存/转变，等等。

1.2.2.2　语义框架思想的启示

框架语义学（格语法）的相关词义知识给笔者的启示主要有以下两点。

第一，框架元素（或称语义角色、论元）在一个词语的意义生成和理解过程中的作用应该有新的性质界定。比如我们理解"交易"这个框架，从语言的角度来说，实际上就是理解语言符号"交易"这个动词的意义结构，这就涉及对动词"交易"一词的意义识解问题。我们的问题是，"交易"这个框架的框架元素 Money（钱）、Goods（商品）、Buyer（买主）、Seller（卖主）等，跟"交易"这个词语的意义之间是一种怎样的关系？我们能否用这些框架元素来表示"交易"这个词的意义？如果可以，那么这些框架元素是包含在这个词的词义之中呢，还是游离于这个词的词义？如果可以，那么该如何用这些框架元素来表征"交易"这个词的意义？对此问题，笔者的思考是："交易"框架的存在，是人类社会认知发展的结果，人脑中的概念框架结构是一种认知结构，这种认知结构首先向语言符号——词语——投射，就形成了词语的意义结构。因此，认知框架的框架元素就是内涵于词义结构的，我们完全可以用这些框架元素来表征词义，这些认知框架的框架元素以一种精密的机制系联起来，就成为整个框架的意义。简而言之，如果一个认知框架以语言符号"交易"命名，那么这些框架元素系联起来就是"交易"这个词的意义。至此，还有最后的一个问题就是这种精密的系联框架元素的机制是什么？笔者认为，Money（钱）可以看作交易的"媒介"或交易的"契约"，Goods（商品）可以看作交易的"使用价值"（通俗地说就是"东西"），Buyer（买主）可以看作交易的"买方"，Seller（卖主）可以看作交易的"卖方"。这样一来，"媒介、东西、买方、卖方"等都是"交易"的属性，一个"交易"应该具备这些属性，这些属性也是人们认知这个"交易"事件的视角。人们从这些属性出发，可以得到很多不同的认知结果，比如从"媒介"这个属性出发，我们会追问交易的媒介具体是什么、有哪些？回答交易的"媒介"可以是"绵羊、贝壳、纸币、贵金属、英镑、美元、人民币"等，当然也可以统一给这些具体媒介一个俗名"钱"。这样一来，"认知范畴（交易）——认知范畴的属性（属性之一为'媒介'）——属性的认知结果（结果之一可以是'绵羊、贝壳、纸币、贵金属、英镑、美元、人民币'等其中的一个）"就是一个精密的系联认知框架元素的认知机制，也是系联词义结构要素的精密机制。简言之，"认知范畴——范畴的属性——属性的值"就是我们所说的词义生成和理解的精密机制。很显然，这个精密机制跟框架语义学（格语法）的基本思想有深度的一致性，框架语义学（格语法）也因此成为本书词义球结构理论（SSWM）的背景基础。

第二，框架语义学（格语法）的基本思想启发笔者，词义的生成和理解跟词语的组合运用关系密切。词义的生成和理解不是抽象的，是基于普遍性的经验建构的，是可以由具体的语言形式感知到的。而对词语这样一个语言符号来说，它的组合运用就是具体的有语法结构形式可以感知到的，而且这种组合运用跟这个词的意义之间不可能没有内在的联系。本书坚持认知组合性词义观（CCMO），就是基于词语的具体用法跟词语的意义之间有认知投射关系，词语的语法组合形式实际上是词义结构扩展的结果。词的属性的具体赋值以及属性值的具体赋值必将导致词义结构的扩展，词义结构扩展的结果就是句子的生成。

1.2.3　认知语义学

1.2.3.1　认知语义学的词义知识

认知语义学主要着眼于人类的经验、概念系统和语言所编码的语义结构之间的关系研究，旨在通过对语言或语义结构的研究来了解概念系统是如何运作的。认知语义学是认知语言学的核心部分，秉承认知语言学基于用途/用法的语言观，认为语言知识起源于语言的使用。基于用途/用法的认知语言观之所以具有重要影响，就在于它考虑到了三个方面的问题。第一，低层图式在与高层图式竞争中具有优先性；第二，使用背景和具体的使用事件对意义建构具有很大的作用；第三，标记、类型频率、语言使用的实际语料（比如语料库）等对语言的认知研究来说很重要。认知语义学用语言作为透视镜，来关注概念结构（知识表征）和概念形成（意义建构），并通过这个透视镜来研究认知现象。对认知语义学研究者来说，语言是他们探索概念组织的工具，他们研究语言的意义并不是因为语言本身有意义，也不是为了探究语言意义本身，而是想通过对语言意义的研究揭示更多的人类概念系统的本质。

认知语义学开始于20世纪70年代，肇始于语言学家对英美哲学中传统的客观主义世界观（objectivist world-view）和以此为基础的真值条件语义学的反思。Sweetser（1990/2002：4）是这样评价真值条件语义学的："通过把意义看作词与世界之间的关系，真值条件语义学从语言系统中删掉了认知的层面。"与真值条件语义学相对的是，认知语义学把语言的意义看作概念结构的体现，关注人类的概念系统、意义和推理认知。我们知道，结构主义语言学和转换生成语言学的价值取向是只重视抽象的语言系统研究，消解掉语境对语言意义的影响。认知语言学认为，语言的意义不等于传统的结构主义所说的真值条件，而等于认知操作，即用约定俗成的意象图式来解释客观世界，语言的意义是一个认知结构，人们只有在其对应的认知结构中才能理解一个语言形式的意义。语义结构与概念结构相对应，而概念结构的形成与人们在实践中的身体经验、认知策略以及文化规约等因素有关，因此，语义结构的形成也受到百科知识的影响。

Talmy（2000：13~14）指出，认知语义学研究的重点是概念内容以及概念内容在语言中是如何组织的。认知语义学遵循四个指导性原则：①概念结构是体验性的；②语义结构就是概念结构；③意义表征是百科全书式的；④意义建构就是概念化。

认知语义学的第一个指导原则，概念结构是体验性的。这是认知语义学的一个根本问题，该问题旨在研究概念结构与感知经验的外在世界之间的关系。认知语义学探索人类与外在世界的相互作用以及人类对外在世界的意识，旨在建立与我们所感知的世界相吻合的概念结构理论。认知语义学提出的体验认知假设就是试图在人与物理世界相互作用的基础上解释概念组织的本质。这一假设认为，概念结构组织的本质来自人的身体经验。在此原则指导下进行的认知语义学研究主要有原型理论、家族相似性理论、Johnson的意象图式理论以及Lakoff的隐喻和转喻理论。

认知语义学的第二个指导原则，语义结构就是概念结构。这个原则旨在表明语言指的是说话人头脑中的概念而不是外在世界的物质。认知语义学强调指出，概念结构和语义结构不是一样的事物，与词语相关联的那部分意义（语义结构）仅仅是概念结构的部分内容。我们对世界上万事万物的理解比语言中编码的意义要丰富和复杂得多。在认知语义学家看来，词义结构仅仅是概念结构的部分内容，词义结构是概念结构，但是概念结构却不全是词义结构，概念结构的外延要比词义结构的外延大。在此原则指导下进行的认知语义学研究主要有Talmy的概念结构理论。

认知语义学的第三个指导原则，意义表征是百科全书式的。这个原则旨在说明语义结构从本质上讲是百科知识。词语本身并不表征界限分明的一组意义，并非"携带"了先前包装好的意义，词语只是意义建构的触发点，是作为与某一概念域相关的通达点，本身并不编码意义，仅仅提供一个通往百科知识和概念系统的接入点。认知语义学坚持"意义的百科观"，这同传统的"意义的字典观"存在根本区别。传统的语义观认为，意义可以分成两个部分："字典"部分和"百科知识"部分。根据这一观点，词汇语义学（lexical semantics）研究的对象应该是"字典"部分的意义，而百科知识属于一种世界知识，是外在于语言知识的，因此它不应该是词汇语义学所关注的对象。词的语义成分分析法（也被称为义素分析法、语义特征分析法）是这种"意义的字典观"的典型表现。这种方法把词语的意义分成一系列的语义特征（语义成分、义素），例如"MAN"的概念被认为是由下列语义特征组成的：＋HUMAN，＋ADULT，＋ANIMATE，＋MALE。根据"意义的字典观"，一个词的中心意义就是指这个词的定义中所包含的信息，例如 bachelor 的中心意义是词典中的定义"unmarried adult male"所包含的意义，这也正是词汇语义学研究的领域。从纯语言或狭义语言的角度而言，百科知识会被认为是非语言的知识。基于这种认知理念，那些坚持"意义的字典观"的词汇语义学家就把他们的研究对象或领域限定在内在的意义或非语境的意义上，而把外在的世界如何与语言意义交互作用的问题划归语用学的研究领域。然而，与此相反，"意义的百科观"则认为自然语言的语义并不能单独脱离其他形式的知识，因此，语义知识（knowledge of what words mean）和语用知识（knowledge about how words are used）之间并没有严格的区别，二者实质上都是语义知识。有一个很简单的例子可以说明"意义的百科观"的合理性所在。我们知道，一般人见到的香蕉都是成熟的香蕉，而成熟的香蕉是黄色的，这是人们的百科知识。这一百科知识逐渐融入"香蕉"的词义中，也就是说"黄色"变成了"香蕉"词义的一部分，而实际上"香蕉"这个词本来是不含有"黄色"这一意义的。Fillmore 的框架语义学（frame semantics）和 Langacker 的认知域理论（theory of domains）是"意义的百科观"的两个典型体现。例如，Langacker（1999：4）就曾详细阐述过认知语法的一个基本原则："词汇意义无法与关于词语所指事物的一般知识截然分开。我们对某一给定类别事物的知识经常是丰富且多层面的，涉及许多经验和观念领域，其显著程度、详细程度和复杂程度各不相同。……不应该把一个词语看作体现了一个固定的、有限制的和独特的语言学上的语义表征，相反，应将其视为提供了进入不确定多个观念和概念系统的通道，该词语以一种灵活的、开放的和依赖语境的方式引发了这些观念和概念系统。"他以"树"这个词为例进一步指出，我们关于树的知识包括其物理性质，如形状、高度、颜色，也包括其生物属性，如生长速度、根系、再生、光合作用、落叶，还包括其用途，如木材、树荫、食物来源，以及大量其他刻画，如森林、动物家园、如何砍伐，等等。在原则上，所有这些刻画都在某种程度上进入"树"的意义中。

认知语义学的第四个指导原则，意义建构就是概念化，或者说概念化与意义建构实质等同。这个指导原则认为，语言单位本身并不编码意义，词或其他语言单位仅仅是意义建构的提示，意义编码需要概念化才能完成。语义的形成是意义被编码的结果，此时的语义等同于概念化、心智结构和象征结构。根据这一观点，意义是在概念层面上建构的，意义建构等同于概念化。因此，意义是一个过程而不是可以被语言所包装（packaged）的离散的事物，意义建构需要运用人们的百科知识，还要运用到推理策略。福康涅（Fauconnier）的概念整合理论是这个原则指导下的认知语义学研究的主要体现。

1.2.3.2 认知语义学的启示

认知语义学的相关词义知识给笔者的启示主要有以下四点。

第一，词义在语言研究中处于基础性的核心地位。词义在认知语言学甚至认知语义学研究中都处于核心地位。因为就某种意义而言，在语言使用中，词都处于核心地位。不管是句子层面的语言现象，还是语篇层面的语言现象，都离不开词的运用。而词的分析和研究，从认知科学的角度来说，主要是指词的意义的研究。

第二，就词义来说，词本身并不直接显示意义，词本身只是意义建构的提示符号。词义是建构的，词义建构是概念化的建构，词义的概念化的建构是一个动态的过程。词义结构和概念结构具有内在的一致性映射关系。

第三，把百科知识排除在词义结构（词义内容）之外是不现实的，既不符合人们的直觉，也不符合人类的认知体验和实践经验。词义知识来自经验知识，是对人们的语言实践的归纳与总结。百科知识是包含于词义结构（词义内容）的，词义结构（词义内容）的所谓"词典部分"和"百科知识部分"在概念化的词义生成过程中有内在的一致性，二者各自细化以后都可以通过同样的认知机制进入词义结构。本书中，笔者提出的"词义＝对象义＋属性义＋属性值义"这样的接受模式，可以看作词义概念化生成的认知机制。在这个词义的接受模式中，一个词的百科知识和词典知识都可以按照不同的属性义和属性值义亲密地融入词义结构（词义内容）之中。比如《现代汉语词典》（第5版，后同）对动物名词"牛"的释义内容很多，这些释义都是在不断寻找牛的属性及其属性值的过程中形成的。具体而言，"哺乳动物，反刍类"是说明牛的生物学类属及其属性值；"身体大，肢端有蹄，头上长有一对角，尾巴尖端有长毛"是说明牛的形状及其属性值；"力气大"是说明牛的力气属性及其属性值；"供役使、乳用或乳肉两用，皮、毛、骨等都有用处"是说明牛的用途属性及其属性值；"我国常见的有黄牛、水牛、牦牛等"是说明牛在中国的种类及其属性值。所有这些都是关于"牛"的经验知识，列在权威词典内就变身为关于"牛"的词义知识。

第四，词义知识的柏拉图问题。词义的理解和生成（也即人们对词义的获取和运用），不可能是单个进行的，从效度来说，应该是模式化识别和模式化生成的。该模式应该是集结构化、机制化、能产性于一体的高效度的认知模式。这种模式也可以解释"语言知识的柏拉图问题"。所谓"柏拉图问题"是指人与世界的接触是那么短暂、狭隘、有限，为什么人能知道那么多的事情呢？所谓"语言知识的柏拉图问题"是指人类语言知识的来源问题：为什么人类儿童在较少直接语言经验的情况下，能够快速一致地学会语言？对此，乔姆斯基给出了自己的解释。他认为，在人类成员的心智/大脑中，存在由生物遗传和天赋决定的认知机制系统。在适当的经验引发或一定的经验环境下，这些认知系统得以正常生长和成熟。这些认知系统叫作"心智器官"。决定构成人类语言知识的是心智器官中的一个系统，叫作"语言机能"。这个语言机能在经验环境引发下的生长和成熟，决定着人类语言知识的获得。语言机能有初始状态和获得状态。初始状态是人类共同的、普遍一致的；获得状态是具体的、个别的。语言机能的初始状态叫作"普遍语法"（universal grammar，UG），语言机能的获得状态叫作"具体语法"（personal grammar，PG）。对普遍语法的本质特征及其与具体语法的关系的研究和确定，是解决关于"语言知识的柏拉图问题"的关键。乔姆斯基的这些论述，实质上是把洪堡特的名言"语言是有限手段的无限运用"发扬光大了。本书中，笔者从词义的角度，尝试回答"词义知识的柏拉图问题"。所谓"词义知识的柏拉图问题"是指一个人在认识一个词以后，为什么在较少识记这个词的具体用例的情况下，能够在语言交际中娴熟而深度地使用这个词。另外，在运用一个词的灵活度上，为什么成年人普遍高于幼儿。对此，我们认为，在没有识记一个词的众多具体用例的情况下，一个人之所以还能够运用这个词造句，是因为这个人具有认知能力，可以对词义结构的要素进行不同的语义赋值。由于成年人对一个词的词义结构要素的赋值能力普遍比幼儿强，所以成年人对一个词的运用灵活度普遍高于幼儿。语言知识的柏拉图问题和词义知识的柏拉图问题，二者应该遵循同样的机制，因为词义知识是语言知识的核心和基础。我们知道，认知实践是有对象的，认知对象是有属性的，属性就是人们对认知对象进行认知把握的视角，而要取得认知实践的成功，就必须从至少一个属性出发，得到与该属性相匹配的至少一个认知结果，也就是属性的值。认知实践是一个不断发展的过程，这个过程包括三个步骤，分别是确定认知对象，找到属性，得到与属性相匹配的属性值。这三个要素构成认知过程的结构，于是认知结构可以公式化为：认知结构＝对象＋属性＋属性值。认知结构向词义的投射，就形成了词义结构。于是，词义结构可以公式化为：词义结构＝对象义＋属性义＋属性值义。之所以能把"词义结构＝对象义＋属性义＋属性值义"看作解释"词义知识的柏拉图问题"，是因为这个模式具有结构化、机制化和能产性的特征，而且结构的每一个要素都可以具体赋值，比如，"对象"可以是"馒头、石头、大学、电脑、爱情"等，"属性"可以是"颜色、价格、产地、性别、年龄、功用、洁净度"等，"属性值"可以是"红色、高价、武汉、男、40 岁、保健、干净"等。这就是说，人们只需要在一定实践的基础上，掌握这个认知结构和词义结构，然后我们就可以利用具体的参数不断地给这些结构要素赋值，赋值的能力和丰富程度，决定我们对周围世界认知的深度和广度，也标志着我们获取的世界知识和词义知识的多寡。陆俭明（2009：105）曾经认为构式的生成过程：首先，客观存在的事件通过感官感知而形成认知图式。其次，认知图式投射到人类语言层面形成意义框架。再次，意义框架投射到一个具体语言。最后，根据构式意义的需要在词库中物色具体词语来构成具体的句子。我们认为，陆俭明指出的这个构式的生成过程的实质是一个结构化的过程，而且语法结构式、词义结构式、认知世界的概念结构式等都是一个结构化的过程，并且这几种结构式的结构化具有内在的一致性。结构式之所以对人类很重要，是因为结构式中的要素可以具体赋值，具有能产性，省力高效。因此，基于语言表达是结构化的总原则和语法结构式、词义结构式、概念结构式三者同构的总特征以及各结构的要素都可以具体赋值的总方法，我们也许就可以尝试解释"柏拉图问题"、"语言知识的柏拉图问题"以及"词义知识的柏拉图问题"。

1.2.4　依存（配价）语法

1.2.4.1　依存（配价）语法的词义知识

目前，对配价语法和依存语法的关系，国内学者大致有三种看法。①配价语法隶属依存语法，配价语法是依存语法的一个重要组成部分。持此种看法的有陆俭明、王宗炎、金立鑫、刘海涛等学者。②配价语法与依存语法有关联，但二者相对独立。袁毓林持此种看法。③配价语法等于依存语法。《大辞海·语言学卷》和《新编英汉语言学词典》等持此种看法。笔者更倾向于第一种观点，把配价语法看成依存语法的一个重要而特别的组成部分可能更符合语言事实。

从理论上讲，配价针对的是词汇层面，而依存是句法层面。配价指的是词（动词、名词、形容词）进入句法结构时跟句子其他成分组配的能力，也指一个词项（主要是动词、名词、形容词）携带的论元的数量（价语或价值）。关于依存的含义，泰尼埃尔认为，依存是句法结构联系建立起词与词之间的从属关系。每项联系原则上将一个上项和一个下项联结起来。上项叫支配词，下项叫从属词。在"Alfred parle"（阿尔弗雷德说话）这个句子中，parle（说话）是支配词，Alfred（阿尔弗雷德）是从属词。关于依存的定义，塔弗伦（Tarvainen）认为："依存是一种将句子描写为层级结构的语言学方法。在这个层级里，动词是最高的支配成分，它有一些诸如主语、宾语、状语的下属成分，这些从属成分也可以有自己的下属成分。"本质上，在一个句子里，某些词与另一些词借助依存关系，无论是连续或非连续的，联系在一起（刘海涛，2009：13、4、20）。人们认为依存和配价之间有关系主要是因为法国语言学家泰尼埃尔在其著作中同时使用了这两个术语，而泰尼埃尔一般又被人们认为是现代依存语法的奠基人。后来，配价的概念脱离词汇层面进入句法层面，于是人们也将建立在配价基础上的语法体系称为配价语法。为了论述方便，我们对依存语法和配价语法有关词义结构和词义性质等方面的观点进行述评时不严格区分"依存"和"配价"这对术语。

泰尼埃尔1959年出版的《句法结构基础》是依存（配价）语法理论的重要著作，代表了依存（配价）语法理论的主要观点。泰尼埃尔认为，句子是一个有机（有组织）的整体，它的构成成分是词（1.2，11）[1]。任何一个词一旦成为句子的一部分，就不再像在词典中那样孤立存在了。一个词和邻近的词之间就会产生一种联系，这些联系的全部就构成了句子框架（1.3，33）。联系对于思想的表述是必不可少的。没有联系，我们不能表达任何连贯的思想，而只能说出一些孤立的、互不相关的形象和概念（1.7，12）。因此，是联系赋予句子以有机（组织）性和生命力，联系是句子的根本成分（1.8，12）。造句，就是在一堆不定型的词之间建立起成为一个整体的各种联系，从而赋予这一堆不定型的词以生命（1.9，12）。

---

[1] 括号里的前一数字是引文所在的《句法结构基础》的章节，后一数字是引文所在的页码。本节其他括号里的数标含义与此相同。

反之，理解一个句子，就是要找出连接句子中各个不同的词之间的所有联系（1.10，12）。所以，联系这一概念是整个结构句法的基础，其重要性怎么强调都不过分（1.11，12）。结构联系建立起词与词之间的依存关系。每项联系原则上将一个上项和一个下项联结起来（2.1，13）。上项叫支配词，下项叫从属词（2.2，13）。一个词可以同时是某个上项词的从属词和另一个下项词的支配词（2.4，13）。因此，句子里的全部词构成一个真正的分层次的体系（2.5，14）。句子研究是结构句法的主要对象，其本质就是句子结构的研究，所谓结构就是各种联系的层次体系（2.6，14）。

泰尼埃尔进一步指出，原则上，一个从属词只能有一个支配词。而一个支配词可以控制多个从属词（3.1，14）。控制一个或多个从属词的所有支配成分构成了我们称为"结"的单位（3.2，14）。我们将"结"定义为由支配词和它的所有的从属词构成的集合（3.3，14）。与联系相同，"结"也可以进行叠加。这样，就像存在一个联系的层次结构一样，"结"也有一个层次结构（3.5，15）。由可以控制句中所有从属词的支配词构成的结，我们称为结中结或中心结。这个结是句子的中心，把不同的单元归结到一个结，可保证结构的统一（3.6，15）。一般而言，中心结是动词结。但是，这并不排斥句中的中心结也可以由名词、形容词和副词来担当。后一种情况，在会话和文学作品的标题中较为常见（3.7，15）。（表示）联系的所有连线构成句子的图式。图式清楚地表明了联系的层次结构，它不但用图式的形式揭示了各结之间的关系，同时也使得句子的结构成为有形的表示（3.9，15）。图式是一种抽象概念的形象表示，这种抽象的概念不外乎就是句子的结构图解（3.10，16）。

从泰尼埃尔的《句法结构基础》我们可以看出，词（其实是词义）在句法结构生成和理解中是最为关键的核心要素。因此，对词义结构的分析成为句法结构分析的立足点和关键点。在谈到泰尼埃尔的《句法结构基础》的理论思想时，刘海涛（2009）曾自问自答：为什么一个合格的句子里，一个位置可以允许某个词出现，却不允许另一种词出现？落实到句子的依存句法树表示上，我们也会好奇：为什么一个词和另一个词在一起时，它就会处于从属地位，而这个支配它的词却又有可能受到另外一个词的支配呢？建立这种词与词之间关系的依据是什么？刘海涛从词的结合能力来回答这些疑问。他指出："语言中的绝大多数词都有一种潜在的与其他词结合的能力，尽管这种能力的大小因词而异，但这种语言单位的组合潜力是一种普遍存在的现象。词的这种潜在的能力在语言运用时被激活，于是就形成了与具体语境相关的词间句法关系，就形成了一定的句法结构模式，也就形成了依存结构树。"关于如何进行自然语言的句法分析，从泰尼埃尔的话语中，刘海涛（2009：7～9）指出了这样一种句子分析过程："寻求句中各词之间的关系，按照层次用图式将句中的所有联系表示出来，如此，便完成了句子结构的分析和理解。"自然语言的句法分析，首要的任务就是将每一个词的这种潜力描述出来，也就是构造一个词表。词表和词典是有区别的：词表是语法的一部分，词典是独立的产品；词表的对象是语言学家，词典的对象是一般读者；词表反映的是语言能力，词典则重在语言运用。在词表里，每一个词与其他词结合的可能性都被显示标记出来。配价就是一种重要的构造词表的方法。刘海涛（2009：4）进一步解释了配价的性质："价"是词的一种根本属性。语言中的绝大多数词在自己的周围都有一些空位，词处于孤立状态时，这些空位是潜在的，但是当这些孤立的词进入句子和实际的语境时，空位的作用就显现了。

1.2.4.2 依存（配价）语法的启示

依存（配价）语法的相关词义知识给笔者的启示主要有以下四点。

第一，如何获取词的结合能力的知识问题。受依存（配价）语法的启示，我们认为有关词的结合能力的知识，实际上可以通过人工或自动的方式从文本和语料中提取出来。一个词的"价"，实际上反映了一个词的结合能力。而词的"价"是一种可以从过去或已有经验中学来的东西，这样依据"价"来理解或生成语言的过程也是一种基于经验的方法。因此，通过具有语言使用经验的语料库，来提取一个词的价的知识（一个词的结合能力的知识），构建这个词的价（结合能力）的知识本体，这有助于构建高质量的词表，从而推进自然语言处理。

第二，依存关系也应该存在于词义结构之中。我们知道，以表示成分关系见长的依存理论，除用于词法、句法层，还用于形态学。哈特曼

（1981：94）解释依存的含义时有个例子："house"和"‑s"这两个词素也可以说分别是独立的（自由形式）和依存的（黏附形式）。此外，依存也用于语音学和音系学中（Matthews，2006：113～114，485）。可见，依存关系是语言学中一种普遍存在的关系。我们把依存关系用于词义结构之中，认为词义结构的三要素之间也存在依存关系，词的指示义层是中心，蕴涵义层依存于指示义层。

第三，词语的配价和句子的结构之间应该有某种对应关系。尽管一些学者在理论上指出，配价针对的是词汇层面，而依存针对的是句法层面，但是多年来，在实践上并没有区分得很清晰，而且越来越多的学者逐渐认识到，词汇结构（主要指词义结构）和句法结构之间存在界面关系，以词的配价能力为着力点的配价语法显然是以句子成分的结构关系为着力点的依存语法的基础和核心，配价（所谓的关注词的配价能力）和依存（所谓的关注句子结构）之间显然也有这种界面关系。由于词的配价能力决定词的意义结构，因此可以推知，词的意义结构和句子的依存结构之间有内在的一致性的界面关系。或许可以这样说，也许就是词义结构和句子结构之间有内在的一致性的投射关系，所以多年来学界才难以区分配价（配价语法）和依存（依存语法）。袁毓林（1998a：11～13）说："依存语法旨在揭示句子的各种构成成分之间的分层次的依存关系，依存关系又分为上项词对下项词的支配关系和下项词对上项词的从属关系两种。……配价语法旨在揭示动词对名词性成分的支配能力，反映动词在句子中所能支配的人物语的数目。……配价语法和依存语法既有密切的联系，又有显著的区别。配价语法侧重研究动词对名词性成分的支配能力，并作出数量化的表述。依存语法侧重研究句子中各构成成分之间的支配和从属关系，并以此作为句子结构的主要方面。配价语法研究动词的句法功能……依存语法研究句子成分之间的从属关系，并不一定要以配价语法为理论前提。"对此论述，笔者只想问一个问题：假如证实了"词汇（词义）是最精密的语法"这一语法家之梦，那么是否可以说，以词的句法功能为研究对象的配价语法，和以句子成分之间的从属关系为研究对象的依存语法，难道不能内在地统一起来吗？笔者认为，词汇（词义）主义思想（甚至强词汇主义思想）尽管有一些不足，但是从词汇在语言系统中的地位——语言的基础性的核心单位——这一性质而言，词汇（词义）对句法的决定作用是不言而喻的。这一点也被越来越多的学者所认可。因此，配价语法隶属依存语法，甚至配价语法就是依存语法的观点得到大多数学者的支持。

第四，针对有学者提出的"无依存必无配价，有依存未必有配价"的看法（张爱朴，2011），笔者认为，如果着眼于整个句子结构的生成问题，那么就没有必要把依存看作配价成立的必要条件。依存和配价在句子结构生成的问题上具有一致性。从学者们对配价的行动元和状态元的区分看，把行动元充当的看作"必有价"，而把状态元充当的看作"可有价"，这种区分在整个句子构建上也是没有多大意义的。因为在日常交际中使用的句子，动词（名词或形容词等）的"价语"不全是只有行动元（所谓的必有价），还有状态元（所谓的可有价）。我们也知道，动词可以支配副词，二者有依存关系，也可以说动词的这种能力和配价无关（不把"可有价"看作动词的配价），但是如果从实际的句子生成和结构的饱满度而言，"可有价"看似可有可无，其实是不能少的。所以说，在句子结构生成和句子信息的饱满度上，配价和依存具有内在的一致性，只是"依存"的表述更显适用性和基础性。尽管狭义的配价观认为，配价关系本质上属于一对多的关系，即支配词开出的空位可能不止一个。对此笔者认为，不管支配词开出的空位有多少个，每一个空位和支配词的关系首先还是依存关系，因此可以说，句子结构的生成实际上是依存的结果，一个句子就是一个依存链（dependency chain）。配价关系和依存关系，本质上都是语义关系。专注于词间配价和依存关系的探讨，有助于句法－语义界面问题的解决。

1.2.5　形式句法理论

1.2.5.1　形式句法理论的特征结构描写

20 世纪 50 年代，乔姆斯基（Chomsky）的转换－生成语法理论横空出世，掀起了一场持久的革命，使得形式句法理论广为传播、广为人知。但在转换－生成语法里，句法部分的转换规则承担了大量的语言描写任务，造成转换－生成语法的生成能力过于强大。面对此问题，Chomsky 提出不能让转换规则承担太多的语言描写任务，语言学的各个组成部分应该有合理的分工，有些语言事实应该放到词库里去描写。这是 Chomsky 对转换 – 生成语法的修正，也被学界称为 Chomsky 的词汇主义假设：转换规则部分不能承担太多的语言描写任务，应该削弱甚至放弃转换规则，把一些语言事实放到词库中去描写。词与规则之间的关系是词选择规则，因此，如果一个词的词条已经记录了该词的搭配关系等句法信息，那么句法学的短语规则就不需要了。

后来，同属于形式句法理论的中心语驱动短语结构语法（Head-driven Phrase Structure Grammar，HPSG），就是一种遵循"小句法、大词库"原则精神的语言理论它不只是研究句子，也研究小于句子的短语和词，以及大于句子的话语。其创始人是美国俄亥俄州立大学的 Carl Pollard 和斯坦福大学的 Ivan A. Sag。HPSG 跟词汇 – 功能语法（Lexical-Functional Grammar，LFG）、广义短语结构语法（Generalized Phrase Structure Grammar，GPSG）一样，它们的形成都源自 Chomsky 的词汇主义假设。HPSG 中，词条记录的信息比 LFG 和 GPSG 中的记录都要丰富，而且 HPSG 中的短语结构规则并非传统意义上的短语结构规则，而是采用了"特征结构"来描写语言符号以及词库中的词条信息，因此尽管短语结构规则数量少，但其概括力却很强。汉语的"特征结构"术语，既有学者把其对应于英语的 Attribute Structure（属性结构），也有学者把其对应于英语的 Feature Structure（特征结构）。这是由人们对"属性"和"特征"的内涵理解不同造成的。比如，"白色"有人认为是"馒头"的特征，有人却认为是其"属性"；也有人认为"白色"是"馒头"的属性值（或特征值），"颜色"则是"馒头"的属性（或特征）；还有人认为只有"白"是"馒头"的属性值，"颜色"是与该属性值相对应的"属性"（或特征）。本书中，我们认为，"白"是"馒头"的属性值（或特征值），"颜色"是其"属性"。

用"特征结构"来描写语言的做法最早见于音位学，后扩展到句法学以及计算语言学领域，最典型的莫过于 GPSG（广义短语结构语法）和 HPSG（中心语驱动短语结构语法）。GPSG 把句法范畴定义为：从"特征"到"值"的函数。HPSG 继承了 GPSG 中的不少特征结构描写手段。比如，对语言符号 she（她）的特征结构描写就可以是：〈SHE（她），PHON（音位），she〉，〈SHE（她），SYN-SEM（句法语义），syn-sem〉等。其中，SHE（她）是一个词项，音位和句法意义分别是指这个词项的两个特征，小写的 she 和 syn-sem 分别表示与这两个特征相匹配的值。特征结构（Attribute Structure）描写甚至可以用在比具体词项更抽象的上位概念的语言符号描写上，比如对"名词"的特征结构描写，就可以是：〈NOUN（名词），CSAE（格），主格〉；〈NOUN（名词），CSAE（格），宾格〉；〈NOUN（名词），CSAE（格），所有格〉。这三种具体特征结构可以合起来，集中表示为：〈NOUN（名词），CSAE（格），主格/宾格/所有格〉。实际上，有关"名词"的词项信息的特征结构还有很多，这也说明一个词项的总的特征结构是由多个层层内嵌的特征结构组成的，特征结构具有递归性，特征结构中的函数项还可以有下位层级的特征结构，可以层层嵌套。

特征结构的理念与描写方法在现代汉语语言学及其相关领域都有广泛的应用。近年来，姬东鸿利用特征结构的方法，以汉语的 5 万个句子和 10 万个复杂名词短语的特征结构标注为基础，把概念关联和关联种类作为主要的语义信息进行抽取，构建基于特征结构表示的汉语概念关联语义资源。姬东鸿认为，概念是最小的自然语义单位，一个概念直观上相当于一个词，任何关系都可通过概念关联和关联种类得以表示。我们把姬东鸿用特征结构进行语义描述及语义分析的基本情况简述如下。姬东鸿把特征结构表示为三元组：〈实体、特征、特征值〉。实体和特征值是两个概念，特征表现为概念的关联种类。例如，"黑色皮鞋"，其特征结构是〈皮鞋，颜色，黑〉，其中，"皮鞋"为实体，"颜色"为特征，"黑"为特征的"值"。"黑"和"皮鞋"是两个概念，"颜色"是这两个概念的关联种类。再如"从北京飞到上海"，这个短语的特征结构是〈飞，从，北京〉〈飞，到，上海〉。这里可以认定"飞"有一个特征为"从"，其值为"北京"；"飞"另有一个特征为"到"，其值为"上海"（冯文贺、姬东鸿，2010：31）。姬东鸿的这种分析思路，对我们探讨句法结构的生成和词汇语义的句法信息有很大的启发，这也有助于早日实现"词义是最精密的语法"这一语法家之梦。

1.2.5.2　特征结构描写的启示

形式句法理论的特征结构描写及其相关的词义知识给笔者的启示主要有以下两点。

第一，"小句法、大词库"的理念充分肯定了词汇的重要性，尤其是肯定了词义对句法具有决定作用。笔者认为，一些语言事实之所以可以放到词库中去描写，是因为词语本身携带了丰富的句法信息和句法个性特征，这种句法信息和句法个性不是人为地外加于词语的，而是内在地蕴涵于词的意义之中。词义的形成是抽象概括的结构，这种抽象概括不仅体现在词的语义信息上，也体现在词的句法信息上，既是对词的语义信息的抽象概括，也是对词的句法信息的抽象概括。这种抽象概括是在认知的指导下完成的，带有认知结构投射的本质特性。比如，假如一个小孩刚出生的时候，家里的一条小狗正好进门来，孩子的父母亲人看见以后，很可能就地取材，给孩子取名"狗来"。从语言的符号理论来看，这个名字不仅抽象概括了这个小孩的名字的语义信息（概念意义和附属色彩意义），更为重要的是抽象概括了一个句子的句法信息，这个句子就是"一条狗来了"。"狗来"和"一条狗来了"，从语法结构上看，二者都是主谓结构，只不过一个是词，一个是句子。通过这个例子，笔者意在说明，作为符号的词语的产生，不仅抽象概括了词语所指的语义信息，而且抽象概括了词语运用时的相关句法信息。一些学者如袁毓林研究指出的"谓词隐含"（名词蕴涵动词）理论也都说明，词语的语义信息中蕴涵着句法信息，词义和句法之间、词义结构和句法结构之间，都天然地存在一种内在的一致性关联关系。简言之，词语的生成是句子浓缩的结果，词义结构内蕴着句法结构，词义结构扩展可以生成句子。我们应该从新的角度和新的思维出发，去描写这种关联关系。笔者认为，词汇（词义）在语言中处于核心的关键地位，它们在语言交际中的信息传递和情感表达的作用应该得到深度发掘。

第二，用三元组的特征结构来表征词义结构（词义内容）应该也是一个可取的方法。姬东鸿用三元组的特征结构来描写短语和句子，就是一个成功的探索。但是，我们觉得，这种三元组的特征结构描写法，不能仅仅停留在短语级和句子级的语言单位上，更应该用在词汇级的语言单位上。

对词汇级的语言单位的三元组特征结构描写，将从深层次上推进形式句法的发展和完善，也必将对语言系统的词义特性有一个清晰的呈现，必将加速韩礼德的语法家之梦——词汇是最精密的语法——的实现。一个显然的事实是，词汇级的语言单位的三元组特征结构描写，其难度会超过短语级和句子级的语言单位，而且在理论阐述上也更加棘手，尤其是在虚词的三元组特征结构描写方面，需要更周密的结构描写和理论阐释。受形式句法的特征结构的影响，我们吸取其精华，以新的认知组合性词义观（CCMO）为基础，立足于句法－语义界面，对实词和虚词的词义结构进行了统一的三元组词义球结构描写。

1.2.6　生成词库理论

1.2.6.1　生成词库理论的词义知识

生成词库（generative lexicon，GL，又译为衍生词汇）理论是语义学的分支。以 Pustejovsky（1995）的 *The Generative Lexicon* 出版为标志，GL 被正式提出。该书的出版引起了学界很大的反响。Fellbaum（1997）曾给出了正面肯定的评价："自从 Chomsky 出版《句法结构》以来，语法的生成性已得到认可。但是只有到 Pustejovsky 提出 GL，人们才意识到词汇也有生成性。"此后，针对 GL 的肯定和批评一直不断，围绕 GL 出现了一系列评论。

GL 的核心思想是，词汇学的重点有二，一个是研究词语指谓什么，一个是研究它如何指谓。这二者本质上是一体两面的关系，不能割裂开来，但是以往的理论语言学家和计算语言学家在很大程度上只满足于对"指谓什么"的研究，对"如何指谓"研究不够，只把词库当作静态的词义集，没有深入研究词义的生成和语境实现问题。这样，词语在新语境下的创新用法就无法得到解释，也无法反映出多义词义项间的联系，对自然语言处理和人工智能的价值和作用不大。GL 则是在研究了词的创新性用法的基础上建立起了表征词义的新方法，关注词义的形式化和计算问题，是基于计算和认知的自然语言意义模型，该理论模型试图解释词语的不同用法以及在上下文中的创新性用法。和传统的意义列举词库相比，生成词库（GL）具有生成性，词库中词条的意义具有更强的概括性，新语境下词语的具体意义就是这些"概括"与其他因素互动的结果，这种互动可以说明句法层面的语义生成问题。GL 认为，一个词项的意义是相对稳定的，但是到了上下文中的句子层面时，词项通过一些生成机制可以获得延伸意义。GL 持强组合性的观点，认为语言的意义是组合性的（compositional），是动态的、生成的。传统的静态词义描写用的是分义项的列举法，这种方法不仅阻止了词义的渗透性，而且也不能说明词语在上下文中的创新性用法以及词义在上下文的变化。

GL 着眼于语言中的多义、意义模糊和意义变化等现象，主要研究目标是通过对词语的语义结构做多层面的详尽描写和建构数量有限的语义运作机制，最终解释词义的语境实现。为了实现这一目标，GL 采用的方法就是将部分百科知识和逻辑推理关系写入词义或词法，这样既能限制词库中储存的意义数量，又能实现句法和语义的最大同构。

GL 的主要内容包括两大部分，一是词项的词汇语义表达，二是句法层面的语义生成机制。一个词项的词汇语义表达包括四个层面：论元结构、事件结构、物性结构和词汇类型结构。论元结构确认事件参与者的语义角色。包括语义角色（论元）的具体数目、类型以及如何实现到句法层面。事件结构则将事件分成状态（state）、过程（process）和转变（transition）等三类，例如 like、run 和 build 就分别属于这三种事件类型。另外，该部分还说明了核心事件、子事件、事件的组合规则等。

物性结构则描写词项所指事物由什么构成、指向什么、是怎样产生的以及有何用途或功能，指词汇的相关解释状态，包括构成角色（constitutive role）、形式角色（formal role）、功用角色（telic role）和施成角色（agentive role）。构成角色旨在描写对象与其组成部分之间的关系，包括材料（material）、重量（weight）、部件和组成成分等。形式角色旨在描写对象在更大的认知域内区别于其他对象的属性，包括方位（orientation）、大小（magnitude）、形状（shape）和维度（dimensionality）等。功用角色旨在描写对象的用途（purpose）和功能（function）。施成角色旨在描写对象是怎样形成或产生的，如创造、因果关系等。功用角色有两种，一种是直接功用角色，人可以与某物发生直接联系，如 beer 的功用角色是 drink；另一种是间接功用角色，指某个事物可以用来协助完成某个活动，如 knife 的功用角色是 cut。比如"小说"一词的物性结构可以分析为：构成角色是"故事"等，形式角色是"书"，功用角色是"读"，施成角色是"写"。"物性结构"旨在说明与一个词项相关的事物、事件和关系，表达的是一个词项中典型的谓词和关系，是范畴交叉的表征工具。物性结构为词提供功能标签，把词与概念网络联系起来，是概念逻辑的组织原则。再比如，Pustejovsky（1995）举例说，book（书）有两个论元，一个指物质实体，一个指信息。book 是二者合并的一个词汇概念范式。book 的形式角色是 hold，表达的是物质实体里装载着信息，功用角色是 read，施成角色是 write。kill 有两个论元，一个指个体的物质实体，一个指有生命的物质实体。kill 包括两个子事件，一个表过程 KILL（杀），一个表状态 DEAD（死）。第一个子事件是整个事件的核心。kill 是个表致使的词汇概念范式，其施成角色是 KILL 这个动作，其形式角色是 DEAD 这个状态。

词汇类型结构旨在说明一个词项在一个类型系统中的位置，即一个词项的类。这决定了此词项与其他词项的关联方式，也就是继承关系。这个层面的词义与常识直接相关。这一层面在早期的理论框架中（Pustejovsky，1995）叫词汇继承结构（lexical inheritance structure）。一个词可以从多个上层继承特征，例如 dictionary（词典）从 reference（参考书）继承功用角色 consult（参考），从 compiled-matter（编纂物）继承施成角色 compile（编纂），从 book 继承形式角色 hold（容纳）。GL 假设人类的认知能力反映在语言中，尤其反映在心理词典（mental lexicon）中，这个词典是复杂、动态（dynamic）而又连贯的知识系统，是结构化的语言学操作（structural linguistic operations）和生成意义的组合规则之间的界面（interface）。词汇按其所代表的意义内容分为自然类、人造类和合成类三种类型。自然类（natural types）的词汇表示的是与物性结构中的形式角色和/或构成角色相关的原子概念，该类词汇从上位类继承形式角色，是其他类的基础，谓词来自物质域。例如 rabbit（兔子）就是自然类名词。人造类（artifactual types）的词汇在自然类的基础上增加了功能概念，该类词汇从上位类继承功用角色，是结合了物性结构中施成角色和/或功用角色信息的基础类型，谓词也与这两个角色相联系。自然类和人造类词汇之间最大的区别是后者有"意图",而前者没有"意图"。例如,good 是评价性的,与"意图"相关,chair(椅子)是人造类名词而 rock(岩石)是自然类名词,所以句子"This is a good chair"成立而句子"This is a good rock"就不成立。后来 Pustejovsky 补充说明,如果增加某种意图或者功能,句子"This is a good rock"就可以成立了,比如这块岩石很适合攀爬,对于"攀爬"这个功能来讲,这是一块好的岩石。对此,宋作艳(2011)评论指出:应该进一步区分两种人造类,一种指人造物,如 chair、book,是人类为了某种目的而造的,必定有某种功能;一种原本指自然物,但为人类所用,因而具有了某种特定的意图、功能,从而成为人造类。比如"鸡肉""猪肉"本来指自然物,是自然类,但因为通常供人食用,是一种常见的食物,在这个意义上是人造类,有好坏之分。另如 weather 本无所谓好坏,但可以说good weather,之所以有好坏之分取决于这种天气是否对人类有利,包含了人的主观意愿。笔者认为:宋作艳(2011)区分两种人造物的意义不大,因为在这个"人化"的自然界,世界上的一切自然物其实都已经在实际上或观念上"人化"了,自然的人化使得一切自然物都在实际上或观念上具备了为人所用的显在或潜在的功能。我们没有必要再为句子"This is a good rock"的成立寻找各种条件和理由,因为出现这种局面和状况只能说明 GL 有关词汇类型的划分标准和划分出的三种类型存在问题,需要系统性地改进甚至改革。

词项的词汇语义表达作为 GL 的第一个主要内容,其特色就是在词汇语义表征中引入了物性结构,尤其是功用角色(telic role)的引入,直接影响了整个语义类型体系的构建。特别值得称道的是,GL 提出的物性结构是一种语言知识的表达结构。袁毓林(2014)综合了张秀松等(2009)、宋作艳(2011)和 Pustejovsky(1995)等的相关论述后指出,物性结构是 GL 的四个语义表达结构(论元结构、事件结构、物性结构、词汇类型结构)中最具特色的一个,该结构通过描写词项所指的对象由什么构成、指向什么、怎样产生以及有何用途和功能等,旨在给出一个词项的述谓意义的结构差别及该差别的组合性解释。物性结构是词库中生成属性的核心,它为造成带有连接性质的越来越特定的概念提供一般的策略和机制。GL的四个语义结构构成一个静态的语义结构系统，该系统为动态的语义运作系统服务。一组生成机制连接四个结构，为语境中的词提供了组合性的解释，这便是GL的特色和魅力所在。GL通过为词项建立多层面的语义表达和分类系统，旨在回答三个经验上的难题：①词怎样能够在不同的语境中具有不同的意义；②词的新义项怎样能够在组合时呈现出来；③语义类型怎样可预测地映射到语言的句法形式上。笔者认为，在GL看来，词汇语义结构的要素之间存在关联机制，是高度系统化的结构，该结构和句法组合结构之间存在映射关系。描写出这种关联机制和映射关系，构建词汇语义的知识本体，并且对静态的词汇语义的生成、接受和运用特点做出组合性和动态性的解释，这是非常有价值的工作。

GL认为，词汇的意义是相对稳定的，只是在组合中发生变化，这种变化是由语义生成机制来实现的。语义生成机制是GL的两大主要内容之一，Pustejovsky（1995）把这一机制分成了三类：类型强迫（type coercion）、选择约束（selective binding）和协同组合（co-composition）。近年来，这一机制有了很大改变，主要是把类型强迫纳入了语法上的论元选择机制，这样，根据论元选择的具体情况，就有三种论元选择生成机制可以解释词项在组合中的句法和语用表现。①纯粹类型选择（pure selection）：函项（function）要求的类型能被论元直接满足。②类型调节（type accommodation）：函项要求的类型是论元从其上位类继承来的。③类型强迫（type coercion）：函项要求的类型被强加到论元上，通过"选用"和"引入"两种方式来实现。选用（exploitation）：选择论元类型结构的一部分来满足函项的要求。引入（introduction）：用函项要求的类型来包装论元。只有当论元类型（argument type）与要求的类型（type selected）匹配时，才可能是纯粹类型选择。同样的，类型调节也只用于相同的类型域（type domain）。如果类型域不一样，类型强迫就会起作用。当论元类型比要求的类型复杂时，是类型利用，反之则是类型引入（Pustejovsky，2006）。

1.2.6.2　生成词库理论的启示

生成词库理论的相关词义知识给笔者的启示主要有以下四点。

第一，物性结构和物性关系分析是一种很好的深度识解词义的方法。物性结构分析至少具有三个方面的特点，即认知性、计算性、动态性。物性结构分析具有较强的认知特性，这就导致了分析词汇所得的认知结果具有较强的可感知性，易于被人们接受。物性结构分析把与语言相关的日常知识引入名词的语义描写中，旨在说明与一个事物相关的事物、事件和关系，并且把词项与所指事物联系起来，通过分析所指事物的物性特征来把握事物，最终通过把握事物的物性特征来理解词项的意义。这种词义识解方法具有很强的认知体验性，更加符合词项的日常语言使用实际和人们的心理感觉。物性结构分析的形式化程度较高，具有较强的可计算特性，这就使得抽象的词义识解变得有章可循，可以通过描写词项所指的事物由什么构成、指向什么、如何产生以及有何用途或功能等这样的词义识解机制，通过自我计算就可以获取词项的意义。这种具有较强的计算性的词义识解机制，可操作性强，词义识解的效率和准确度都有保障。但是需要指出的是，GL 的物性结构分析依然存在很多问题。比如，物性结构的组成成分如何设定，设定多少个构成角色才算合理，只设定"构成角色、形式角色、目的角色、施成角色"这四个角色合理吗，这些问题都需要进一步的研究。此外，汉语词项的物性结构的角色设定和英语的词项有没有区别，如何把物性结构理论引入汉语词项的词义识解之中，这些问题也都需要结合汉语进行深入研究。物性结构分析还具有动态性，也就是具有语境性。在物性结构分析看来，一个词项的意义识解，必须考虑到与其相关联的上下文的修饰成分。所以笔者认为，物性结构分析这种词义识解的方法，本质上依然属于"知其义，须观其伴"以及"观其伴，可知其义"的动态语境性词义识解范畴。

第二，Pustejovsky 在论述 GL 的物性结构时指出，并非每个词都具有"构成角色、形式角色、功用角色、施成角色"等所有这些角色。这也就意味着，有些词可能没有"构成角色"，有些词则可能没有"形式角色"，而有些词则可能既没有"施成角色"也没有"功用角色"，等等，不一而足。笔者对此颇感困惑。这种情况是否说明物性结构的角色设置不合理呢？或者说，这种情况是否说明词的物性角色存在显性和隐性之别，只是人们没有能力识别出潜在的隐性物性角色罢了。总之，如果每个词的物性角色的差异这么大，那么通过物性结构建构起来的认知机制对词义（词汇）的统一解释力就小。对此笔者认为，词的物性角色在整体设置上其实应该也可以完全一致，只是各个角色的存在状态（显性和隐性）和各个角色的具体赋值（比如"功用角色"的具体功用是什么）可以而且必须不同。这样一来，不同词之间的认知机制在整体上就具有了一致性，同时也保证了这种整体上的认知机制在不同的词之间体现出局部的不同特征。这样就很好地处理了不同词之间的认知机制的共性和差异。经过这样的思考，笔者在构建本书的词义球结构理论（SSWM）时，就认为所有的词都具有对象义、属性义、属性值义，或者说这三个词义要素所有的词义都具备。对任何一个词的词义结构来说，这三个要素缺一不可，三者共同从整体上构成了认知词义的抽象的上位机制。但是，针对不同的具体的词，这三个词义要素在词义结构中的存在状态是不同的，而且针对不同的词，这三个词义要素的具体语义赋值也可以是不同的。这就从局部出发，很好地说明了认知词义的具体的下位机制。总之，在词义球结构理论（SSWM）看来，词义结构的抽象层都是一样的，三个要素缺一不可，这就构成了词义认知机制的抽象的上位概念机制；但是词义结构的具体层却是不一样的，不一样体现在三要素在不同词义结构中的显隐性存在状态和具体的语义赋值不一样，这就构成了词义认知机制的具体的下位概念机制。上位概念的机制和下位概念的机制共同构成了抽象性与具体性有机统一的词义生成与接受机制——词义球结构理论（SSWM）。

第三，物性结构和物性关系分析有助于词类新体系的建立。在词义识解上，GL 打破了以动词为中心的理论模式，特别强调名词在语义组合中的重要作用，认为应该像描写动词的语义结构一样去描写名词的语义结构，发掘出了一个名词中典型的谓词和关系。这样的思想有助于人们深入认识动词和名词的内在关系。笔者认为，在词义识解中，动词和名词尤其是普通的事物名词，都是独立型的认知范畴，它们和形容词、副词、数词、介词、连词等表示依附型认知范畴的词在语义生成和理解的过程中所起的作用显然是不同的。因此，对指称依附型认知范畴的词项的物性结构如何分析，需要进一步研究。我们提出的词义结构分析理论，就是对物性结构分析只关注"事物名词"的一个改进和完善。实际上，生成词库理论的词项物性结构和物性关系分析，有助于我们深入认识词类划分问题，因为物性关系是一种语义关系，而根据物性结构关系区分出自然类名词、人造类名词与合成类名词，也体现了认知语义、概念体系中非常根本的分类。同样，这样的物性关系和物性结构分析思路如果运用到动词、形容词、副词、介词、助词、数词等词类上，也必将对这些词类的词有一个新的根本性的再分类。此外，词汇语义识解，到底是以动词为中心，还是以名词为中心，这也是一个问题。笔者认为，把"动词中心论"和"名词中心论"结合起来，打破动词和事物名词的界限，这也是值得探索的语义识解思路。本书中，笔者就认为事物名词的词义结构和动词的词义结构是一致的。

第四，无论是词汇语义研究还是句法语义研究，都要充分考虑词义和句法之间的界面关系。这是一个双赢的策略，对词义研究和句法研究都有好处。生成词库理论尽量保持了词项语义的单一性，把意义的延伸放到句子层面去解决，并提出了相应的语义生成规则，不仅避免了不合理的多义处理，而且把词义与句子的意义联系在一起，有助于句法－语义界面问题的解决。我们知道，词汇在语言中很重要，处于基础性地位，是静态的语言系统的重要单位；而句子是动态的语言系统的重要的交际单位，在语言信息生成和传递的过程中处于重要的位置。词和句子这两个不同层级的重要的语言单位之间的关系，不可能只是组合单位层级的不同那么简单，词也不仅仅只是句子的组成成分，二者之间肯定还有更为复杂更为重要的关系。笔者也相信，词汇（词义）是最精密的语法。只是如何证实韩礼德的这个梦幻般的猜想，才是一个真的问题。生成词库理论把词义放在句子层面去理解，这也就意味着词义（词义结构）和句子（句法结构）之间有某种关系。这种关系我们认为就是二者同构关系。我们提出的词义球结构理论（SSWM）即坚持词义结构与句法结构同构的思想。

1.3 本书的主要工作

2014 年 7 月，笔者在博士学位论文的基础上修订出版了《基于句法 –

词义界面的现代汉语实词词义研究》一书。该书以句法－词义界面理论为基础，对汉语的动词、非属性名词、属性名词、形容词、数量词等部分实词的词义结构做了新的切分与描写，把实词词义结构看作一个由对象义、属性义、特征值义等三个紧密关联且互相依存的要素组成的球形结构，初步构建了词义球结构理论（SSWM）。笔者指出，词义球结构中的这三个要素总是以或显或隐的状态存在，由此可以把整个词义球结构分为指示义层和蕴涵义层两个义层，显性存在的归属指示义层，隐性存在的归属蕴涵义层。词义球结构具有基础性、抽象性、动态性、模糊性、多样性、递归性、简约性和显隐性等众多特性，这在句法结构组合和语义信息生成的过程中有充分的体现。词义球结构理论（SSWM）与模型，为深度理解和认识词义在句法结构中的地位和作用提供了一个新的视角。

在上述研究的基础上，本书的主要工作如下。①进一步深度阐释词义球结构理论（SSWM）的内涵。②扩大词义球结构描写涉及的词类范围，从只对实词词义结构的描写，到覆盖整个实词和全部虚词。同时，对汉语词类体系进行了新的初步构建。③增加词义球结构模型的表示法，使其更加具体形象，同时对词义结构命名为球形结构的理据给予认知说明。④从模式识别的思路出发，对词义球结构的模式识别的性质进行阐释。⑤提出认知组合性词义观（CCMO）并阐释其内涵、具体运用和价值。⑥阐释词义球结构理论与句法结构生成的关系，说明词义球结构理论在句法分析和句子生成方面的作用，描写基于词义球结构理论（SSWM）的句子生成机制。⑦开拓词义球结构理论的实践应用范围，以个案的方式构建事物名词和动词的属性义知识本体，从实践和应用价值上进一步深化词义球结构理论。

第 2 章

词义球结构理论模型与模式识别

2.1　词义球结构理论的基本内容

通过对词义知识和价值的深度挖掘，学者们逐渐认识到词汇语义在语言研究尤其是句法研究和自然语言处理中越来越重要。如果没有对词义结构的符合语言实际的认知，那么有关词义的知识和价值就很难被发掘出来，词汇语义在语言研究中的地位就会很低。本书对词义结构的切分与描写，以及由此构建的词义球结构理论（SSWM）与模型，就是笔者对"什么是词义、如何表征词义"这个词义学基点问题的回答，也是笔者对词义知识和价值深度挖掘的一个尝试，旨在肯定词汇语义在语言系统中的基础性地位和关键性作用。关于词义球结构的基本理论内涵，笔者（2014c）已经做过相关论述，但是为了本书理论论述的完整性和系统性，有些内容我们稍做修订以后融入本节的叙述之中，而且增加了需要补充和完善的内容。

2.1.1　独立型和依附型认知范畴

我们认为，语言中的每一个词都至少标记指示一个认知范畴。比如，"葡萄"既可以标记指示客观世界中的一种水果树，也可以标记指示这种水果树的果实，无论是葡萄树还是葡萄果实，都是人们认知实践的一个认知范畴。再比如，连词"和"标记指示客观世界中的一种并列关系。我们也可以把这种并列关系命名为"和"关系或者"同"关系、"跟"关系、"与"关系，等等。作为连词，"和、跟、同、与"等标记指示的这种并列关系，也是人们认知实践的认知范畴。再比如，"颜色"一词标记指示一种事物的属性，也是人们认知事物的一个角度，这种属性也是人们认知实践的一个认知范畴。同样的道理，"美丽"一词标记指示一种认知结果，这是从事物的某种属性出发得到的认知结果，这种认知结果也是人们认知实践的一个认知范畴。总之，每一个词都至少标记指示一个认知范畴。根据认知范畴能否独立存在，我们把认知范畴分为独立型认知范畴和依附型认知范畴。前者如"葡萄、石头、教材、衣服"等标记指示的认知范畴，这些范畴可以相对独立存在。另外，所有"动词"标记指示的"动作行为"也是人们的认知实践范畴，本书也将其归为独立型认知范畴。后者如"颜色、形式、味道、用途、'和'关系、数量"等标记指示的认知范畴，这些范畴不能独立存在，必须依附于独立型认知范畴才能存在。比如"颜色"在这个世界上不能独立存在，只能依附于"桌子、鱼、鲜花、电脑"等。"美丽"也同样不能独立存在，作为一种认知结果，"美丽"必须依附于独立型认知范畴的某种属性而存在。虚词表示的是一种语义计算关系，这种关系也是依附型的认知范畴。

需要特别说明的是，所有"动词"标记指示的"动作行为"也是人们的认知实践范畴，本书也将其归为独立型认知范畴。当然，也可以把"动作行为"归为依附型认知范畴，这样的归类并不影响我们的词义球结构描写机制。之所以把"动作行为"归为独立型认知范畴，是因为运动和物质是不可分割的。物质是不依赖于人的意识并能为人的意识所反映的客观实在，是运动的主体和承担者，是独立型认知范畴。物质是运动的物质，物质离不开运动；运动是物质的运动，运动也离不开物质，运动是物质自身固有的属性和存在方式。物质世界中的一切运动都是物质的运动，世界上没有脱离运动的物质。没有运动的物质和没有物质的运动都是不可想象的。基于马克思主义哲学的物质观、运动观，本书中我们把"物质"引申表述为"事物"，把"运动"引申表述为"动作行为"，把表事物的"名词"和表动作行为的"动词"都看作独立型认知范畴。

2.1.2 认知、信息、词义和句法结构四者同构

2.1.2.1 认知结构

我们知道，世界上的认知范畴首先要跟一个语言符号关联起来，取得一个名称，才能进入语言交际并获得语言意义。简言之，范畴和范畴名称（词），范畴的意义和范畴名称（词）的意义，是对应的。因此，在语言世界中掌握一个认知范畴的意义实际上就可以转化为通过人的认知实践活动来把握指示这个认知范畴的语言符号的意义。这里的"语言符号的意义"就是我们所说的词义。词汇（主要指词义）本身既是人们认知活动的产物，又是保存人们认知成果的载体，同时也是人们的认知活动继续进行的工具。所以说，认知结构和词义结构之间有本质的内在联系。由此笔者认为，从认知结构的组成要素出发来认识词义结构的组成要素是一条便捷而有效的途径。我们知道，圆满完成一个认知活动需要把握"对象、对象的属性、属性的值"等三个要素，这也是完成一个认知过程所必需的要素。

我们还知道，人与世界的关系是一种认知实践关系，人的一生都处在认知实践过程之中，不断地进行认知实践活动，而认知实践活动的顺利进行离不开三个要素：确定对象，寻找认知该对象的属性，得到与该属性相匹配的属性值（认知结果）。比如"吃"是一种常见的动作，这个动作跟"打"的动作是完全不一样的，但是人们要进一步认识"吃"，就要从不同的角度出发，就是要找到"吃"的属性，像"时间、地点、施事、受事、工具"等，都是人们认识"吃"的角度（即属性）。找到了"吃"的属性以后，认知活动还没有结束，还必须找到与这些属性相匹配的属性值，像"下午、家里、张三、馒头、筷子"等都可以成为与这些属性相匹配的属性值，只有当我们找到了"吃"的全部属性，并且得到了与这些属性相匹配的所有的属性值，才算彻底掌握了"吃"这个动作。总之，"对象、对象的属性、属性的值"，这三个要素缺一不可，缺少任何一个要素，认知活动都不可能顺利进行，都是无效的。我们知道，没有确定对象的实践活动是不可想象的；尽管有了确定的对象，但

是找不到这个对象的任何一个属性，我们不知道从哪个角度（即属性）去认识这个对象，认知活动也是没有效果的，我们依然无法认识这个对象；即便找到了一个角度，但是从这个角度出发却得不到任何结果，认知活动依然无效，我们依然无法认识这个对象。总之，要完成一个最小的认知实践过程，需要确定一个对象，需要寻找到这个对象的一个属性，还要得到与这个属性相匹配的一个属性值。用公式表示这个最小的认知过程就是：【最小认知过程 =（一个）对象 +（一个）属性 +（一个）属性值】。

面对一个新生事物，如果只是给它一个名称去简单地标记一下，这只是表明在人类的认知实践活动中，我们又寻找到了一个认知范畴而已，并不代表我们就完全掌握了这个新生事物的特性，更不代表我们真正认识了它。要想在认知实践过程中真正地、全面地认知这个新生的对象，我们还必需把握这个新生对象的属性，以及与新生事物的属性相匹配的属性值，只有更多地把握事物的属性和属性值，我们才能越深入地认知这个新生事物。例如，"艾"作为一种植物，《现代汉语词典》解释为：

多年生草本植物，叶子有香气，可入药，内服可做止血剂，又供灸法上用。也叫艾蒿。

互联网解释为：

一般指艾草，菊科蒿属植物。艾草，别名：萧茅、冰台、遏草、香艾、蕲艾、艾萧、艾蒿、蓬藁、艾、灸草、医草、黄草、艾绒等。多年生草本或略呈半灌木状，植株有浓烈香气。茎单生或少数，褐色或灰黄褐色，基部稍木质化，上部草质，并有少数短的分枝，叶厚纸质，上面被灰白色短柔毛，基部通常无假托叶或极小的假托叶；上部叶与苞片叶羽状半裂，头状花序椭圆形，花冠管状或高脚杯状，外面有腺点，花药狭线形，花柱与花冠近等长或略长于花冠。瘦果长卵形或长圆形。花果期 9～10 月。全草入药，有温经、去湿、散寒、止血、消炎、平喘、止咳、安胎、抗过敏等作用。艾叶晒干捣碎得"艾绒"，制艾条供艾灸用，又可作"印泥"的原料。分布于亚洲及欧洲地区。[①]

以上这些解释看似详细丰富，但依然只是"艾"（草）知识的一部分，随着实践的深入，人们会发现艾草的更多特性，关于艾草的知识也会不断丰富。笔者感兴趣的是，这些解释是怎么来的？人们是怎么想到这样来解释艾草的？人们在认知艾草的实践过程中，有没有一个内在的认知规律或认知机制在起作用？我们认为，实际上是有的，也应该有。比如"艾草"的别名，解释中就提到了 13 个之多，每一个别名其实都反映了艾草的某一个或某一些特别的性质。"艾草的别名是什么"，这句话稍做转换，就可以变成"艾草别名（萧茅、冰台、遏草、香艾、蕲艾、艾萧、艾蒿……）"这样的一句话，进一步抽象以后，这句话最终会变成：对象（艾草）＋对象的属性（别名）＋属性的值（萧茅、冰台、遏草、香艾、蕲艾、艾萧、艾蒿……）。这就是一个最简单的认知机制或者认知规律，也是一个认知结构式。据此，我们把认知结构概括成三个要素：对象、属性、属性值。首先，确定一个对象，这是认知活动能够开展的前提；其次，要寻找对象的属性，以便人们以此属性为角度去认知该对象；最后，要得出与属性相匹配的认知结果，这些认知结果也就是属性的值。缺少任何一个环节，认知过程就不完整，认知实践活动就不可能成功。我们可以用一个公式来表示这种"认知过程的结构"（简称为认知结构）：【认知结构 = 对象 + 属性 + 属性值】。这种认知结构也就是认知机制，也是人们的认知模式。

《现代汉语词典》和互联网对"艾"的解释，实际上都是由一条一条的小知识构成的，这些小知识都是根据这个公式得出的。例如"多年生草本植物"这条知识，实际上包括三条最小的知识：①艾是植物。②艾是多年生的。③艾是草本的。第一条知识可以公式化为：［艾是植物 = 对象（艾）＋属性（生物类别）＋属性值（植物）］。第二条知识可以公式化为：［艾是多

---

① http://baike.baidu.com/subview/36870/12227117.htm? fromtitle = % E8% 89% BE&fromid = 3650277&type = syn. http://360doc.com/content/17/0205/07/28447710_626604232.shtml.

年生的 = 对象（艾）+ 属性（连续生活的年限）+ 属性值（多年）]。第三条知识可以公式化为：[艾是草本的 = 对象（艾）+ 属性（茎的品质）+ 属性值（草质）]。再比如"全草入药，有温经、去湿、散寒、止血、消炎、平喘、止咳、安胎、抗过敏等作用"这条知识，就可以分为更小的知识，分别是：艾草可以入药，整株艾草都可以入药，艾草有温经的作用，艾草有去湿的作用，艾草有散寒的作用，艾草有止血的作用，艾草有消炎的作用，艾草有平喘的作用，艾草有止咳的作用，艾草有安胎的作用，艾草有抗过敏的作用等 11 条更小的知识。这 11 条更小知识的获取都要经历同样的认知结构（认知机制）——"对象 + 属性 + 属性值"。这个认知机制要运转 11 次来分别完成这 11 条知识的获取。以上这 11 条知识可以分别公式化如表 2 - 1 所示。

表 2 - 1　获取"艾（草）"的 11 条知识的认知结构（认知机制）分析

知识内容	认知结构（认知机制）		
	对象	属性	属性值
1. 艾草可以入药	艾草	能否入药	可以
2. 艾草全身都可入药		入药的部分	全身
3. 艾草有温经的作用		作用	温经
4. 艾草有去湿的作用			去湿
5. 艾草有散寒的作用			散寒
6. 艾草有止血的作用			止血
7. 艾草有消炎的作用			消炎
8. 艾草有平喘的作用			平喘
9. 艾草有止咳的作用			止咳
10. 艾草有安胎的作用			安胎
11. 艾草有抗过敏的作用			抗过敏

表 2 - 1 中的每一条知识都可以看作由一个最小认知结构呈现的。这每一条知识的产生事实上都是认知结构——"对象 + 属性 + 属性值"——的三个要素各自具体的一次赋值形成的。根据【认知结构 = 对象 + 属性 + 属性值】这样的认知机制，我们首先要确定一个对象，这就是要给"对象"

要素赋值，"艾草"就是"对象"的具体值；然后要给"属性"要素赋值，"作用"就是"艾草"这个对象众多属性当中的一个属性；最后要给"属性值"赋值，"温经"就是"作用"这个属性的众多属性值当中的一个。经过对认知结构三要素的一次赋值，就得到了这样的一个结构式：对象（艾草）＋属性1（作用）＋属性值1（温经）。我们把这个认知结构称为最小认知结构，所谓最小认知结构就是指认知结构三要素各自具体赋值一次所形成的结构。每一条最小知识的获取也都是认知机制起作用的结果。表2－1中的11条知识，就是艾草的11个最小认知结构。以"艾草"的属性"作用"为例，与"作用"相匹配的属性值有9种，这其实就意味着有9个最小认知结构来呈现从艾草的"作用"这个角度出发来认知艾草时得到的知识。下面就是与艾草的"作用"相关的9个最小认知结构（JG表示"结构"）：

$$JG1 = 对象（艾草）＋属性1（作用）＋属性值1（温经）$$
$$JG2 = 对象（艾草）＋属性2（作用）＋属性值2（去湿）$$
$$JG3 = 对象（艾草）＋属性3（作用）＋属性值3（散寒）$$
$$JG4 = 对象（艾草）＋属性4（作用）＋属性值4（止血）$$
$$JG5 = 对象（艾草）＋属性5（作用）＋属性值5（消炎）$$
$$JG6 = 对象（艾草）＋属性6（作用）＋属性值6（平喘）$$
$$JG7 = 对象（艾草）＋属性7（作用）＋属性值7（止咳）$$
$$JG8 = 对象（艾草）＋属性8（作用）＋属性值8（安胎）$$
$$JG9 = 对象（艾草）＋属性9（作用）＋属性值9（抗过敏）$$

我们知道，如果把艾草的所有属性数目设定为 X，把与 X 相匹配的所有属性值的数目设定为 Y，那么艾草的全部知识的认知结构可以公式化表示为：

$$【艾草的全部知识 = 对象（艾草）＋属性（X）＋属性值（Y）】$$

但是，日常的语言交际中，我们一般只需要用最小的认知结构来呈现交际所需的艾草的一部分或全部知识。

总之，根据切身的感受，人们的认知过程结构由三个要素构成，分别是：选定一个对象，然后找到对象的一个属性，最后找到与这个属性相匹配的属性值。世界上的认知范畴很多，人们对每一个认知范畴的认知都要经过这种模式。这种模式也有层级的不同，但这种模式不管是什么层级的，都是这三个要素的一种匹配。因为只有这三个要素互相匹配构成的模式，才可以产生认知结果和词义内容，也才可以产生认知语义信息。

认知结构由"对象、属性、属性值"三个要素构成，最小认知结构则是指认知结构要素各自具体赋值一次生成的结构。分别用公式表示就是：

【认知结构 = 对象 + 属性 + 属性值】

【最小认知结构 = 对象 1 + 属性 1 + 属性值 1 ［或者写成：最小认知结构 =（一个）对象 +（一个）属性 +（一个）属性值］】

最小认知结构可以而且必须生成一条相对完整的知识。一个认知范畴所有的最小认知结构集合起来，就是这个认知范畴总的认知结构。一个认知范畴所有的最小认知结构呈现的知识集合起来，就是这个认知范畴的所有的知识。以上所列的《现代汉语词典》和互联网对"艾（草）"的全部解释都是关于艾草的知识，这都是由一个一个的最小认知结构按照一个先后顺序呈现出来的，也是由最小的一条一条相对完整的知识集合而成的。

2.1.2.2 信息结构

一个认知对象确定以后，寻找这个对象的属性以及和这个属性相匹配的属性值的过程，也符合信息论（Information Theory）。

关于信息的本质，信息论的奠基人香农（Claude Elwood Shannon）曾说："信息是用以消除不确定性的东西。"鲁川（2001：1 ~ 3）也说，信息的作用就是消除不确定性，消除人类在认识和改造客观世界中必然要遇到的大量的不确定性。人们传递信息（说话）的过程很能说明这个问题。人在说话时，总是首先说出一个话题（topic），然后再对这个话题加以说明

（comment）。这就是说，说话者先用话题来提出一个不确定性，以引起听话者的悬念，然后再用说明去消除这个不确定性，从而解除听话者的悬念。因此，从信息论的角度来说，在语言交际的过程中，为了消除不确定性因素，词的属性义和属性值义必须互相调整，互相满足对方的需要，最终到达属性义和属性值义匹配一致的状态，认知语义信息才能产生。例如，我们要想了解一个动作"打"，就把动作"打"作为话题来谈论，在谈论的交际过程中，为了获取有关"打"的各种具体信息，我们就必须消除有关"打"的各种不确定性因素，比如"谁打""打谁""什么时间打""什么地点打""打的方式""打的结果""打的原因""打的工具""打的目的"等，每消除一个不确定性因素，我们就得到了有关"打"的一条知识信息，不确定性因素消除得越多，我们得到的有关"打"的知识信息就越多。消除不确定性因素的唯一方法就是找到"打"的属性并得到相应的属性值，也就是给"打"的属性义和属性值义具体赋值，比如可以给"打"的属性义具体赋值为"施事、受事、时间、地点、方式、结果、工具、目的"等，相应地就给"打"的这些属性匹配相应的属性值义，也就是给"打"的这些属性值义具体赋值为"张三、李四、八点、街上、联合、破、棒子、江山"等。在对"打"这个对象进行认知的过程中，"打"的属性义和属性值义匹配一致就能产生新的语义信息，因此，随着给"打"的属性义和属性值义具体赋的值越多，我们获得的有关"打"的知识信息就越多。获取信息也是认知实践活动，认知结构就向信息结构投射，因此信息结构可以相应地用公式表示如下：

【信息结构 = 对象信息 + 属性信息 + 属性值信息】

【最小信息结构 = 对象信息 1 + 属性信息 1 + 属性值信息 1 ［或者写成：最小信息结构 = （一个）对象信息 + （一个）属性信息 + （一个）属性值信息］】

总之，认知结构模式也是我们获取信息的模式，一个信息的产生，也需要三个要素，信息结构也是三个要素互相匹配的结果。

2.1.2.3 词义结构

艾（草）作为一种认知范畴，在语言系统中可以用一个词"艾（草）"来标记指称，以区别于其他认知范畴。我们坚持认为，词作为语言的基础性单位，其意义结构体现了人的认知结构，词义结构是认知结构的投射。因此，我们把认知结构投射到词义结构上，相应地，词义结构也由"对象、属性、属性值"三个要素构成，分别称为词的对象义要素、属性义要素和属性值义要素。为行文方便，下文一律简称为对象义、属性义、属性值义。这样一来，词义结构和最小词义结构也可以分别公式化为：

【词义结构 = 对象义 + 属性义 + 属性值义】

【最小词义结构 = 对象义 1 + 属性义 1 + 属性值义 1 ［或者写成：最小词义结构 = （一个）对象义 + （一个）属性义 + （一个）属性值义］】

2.1.2.4 句法结构

词义结构的要素可以赋值扩展，形成句法结构。这可以看作词义结构向句法结构的投射，也是词义结构的句法实现，是词义结构的句法形式化表达。例如，"吃"的最小词义结构至少有如下两个：①对象义（吃）+ 属性义（施事）+ 属性值义（我）；②对象义（吃）+ 属性义（受事）+ 属性值义（饭）。以"对象义"（吃）为中心，把两个词义结构合并同类项可得：属性值义（我）+ 属性义（施事）+ 对象义（吃）+ 属性义（受事）+ 属性值义（饭）。再隐去其中的属性义（施事/受事），可得：属性值义（我）+ 对象义（吃）+ 属性值义（饭）。至此，句法结构"我吃饭"就生成了。如果把"对象义、属性义、属性值义"分别词类化为"对象词、属性词、属性值词"，那么句法结构也可以用公式表示如下：

【句法结构 = 对象词 + 属性词 + 属性值词】

【最小句法结构 = 对象词 1 + 属性词 1 + 属性值词 1 ［或者写成：

最小句法结构＝（一个）对象词＋（一个）属性词＋（一个）属性值词]】

综上所述可知：认知结构＝信息结构＝词义结构＝句法结构。认知、信息、词义和句法四者是同构的，信息结构、词义结构和句法结构都是认知结构的投射。

认知结构、词义结构和信息结构要在语言中发挥作用，都必须借助词和词的组合构成有形的句法组合结构，并且依靠组合和聚合作用来运转。因此，语言中的词可以根据认知结构的三要素来分类，相应地就分为三类，分别是：对象词、属性词、属性值词。一般来说，独立型认知范畴可以分为事物和运动两大类。只有当认知范畴进入语言世界时，才能被人们深度发掘和认识，才能给人类社会创造最大的价值。认知范畴进入语言的唯一方式就是用语言符号给其命名，尤其是用词语命名，也就是用一个词语来标记指示这个认知范畴，从而进入语言交际之中。世界上不存在的东西，比如"鬼、神、龙"等，只要被语言符号命名从而进入语言交际之中，也能成为人们的认知实践范畴。给认知范畴命名，既可以把不同的范畴彼此区别开来，又使得这些认知范畴具有了可以进入语言交际的语言符号性质的名称。这些名称就是对象词。对象词是指事物名词和动词。表示对象的属性的词，是属性词。表示属性值的词，是属性值词。这样一来，每一个词都可以根据其在认知过程中的作用，分别归类为对象词、属性词、属性值词。比如，所有的事物名词（水、鸟、花、铅笔等）和动词都是对象词，而"形式、方法、颜色、性质、功能、形态、能力、味道"等这类词都是属性词，"美丽、大、小、多、少、好、坏、三斤"等这类词都是属性值词。总之，基于词义球结构理论（SSWM）进行新的词类体系构建，是一项很有意义的工作。

2.1.3　词义结构的三个要素

词义结构由三个要素构成，这三个要素分别是对象义、属性义、属性值义。

2.1.3.1 对象义

词义中的对象义是指反映在人脑中的作为认知范畴的事物或者运动。换句话说，词的对象义是对反映在人脑中的作为认知范畴的事物或运动的一种概括。因为词的意义直接或间接地体现人的认知范畴，所以说词义中都有对象义。词义中的对象义是该词得以在语言中存在的前提和基础，如果没有这个对象义，那就没有这个词义，因而也就没有这个词。任何一个词的意义中都有对象义的存在，只不过有的是隐性的、蕴涵性的存在，例如属性名词、形容词、数量词、介词等的词义中的对象义；有的是显性的、指示性的存在，例如动词和事物名词（非属性名词）等的词义中的对象义。举例来说，属性名词"宽度"一定有一个对象来承载和体现，这个对象可以是任何的桌子、马路、墙等；形容词"可爱"也一定有一个对象来承载和体现，这个对象可以是任何的朋友、文具、树木等；数量词"五斤"也一定有一个对象来承载和体现，这个对象可以是任何的绳子、黄豆、石头等；介词"在"也一定有一个对象来承载和体现，这个对象可以是任何时间点或地点，因为介词"在"表示的是属性值，而且唯一与其匹配、与其依存的属性只能是"算定定点"。也就是说，在句法语义运算过程中，介词"在"只能"算定定点"，而"算定定点"也只能靠介词"在"来标明。介词"在"的词义结构中的对象义是蕴涵的，其对象义的具体赋值可以是任何表示时/地点义的名词，比如家、广场、杯子上、明天、上午、八点等。根据上述分析，在具体的语言交际运用中，我们就会有"桌子的宽度、马路的宽度、墙的宽度、可爱的朋友、可爱的文具、可爱的树木、五斤绳子、五斤黄豆、五斤石头、在家、在广场、在杯子上、在明天、在上午、在八点"等众多的语言组合形式。

现实生活中除了做抽象的数学计算以外，当我们用到"五斤"的时候，实际上都是指向一定的对象的，比如可能指向"草莓""饼干""黄酒"，甚至"思想"，等等。换句话说，除了抽象的数学计算外，日常语言交际中不存在"五斤"，只存在"五斤草莓""五斤饼干""五斤黄酒"，甚至"五斤思想"等。因此，对于"宽度、可爱、五斤、在"等词的词义来说，尽管这些认知范畴（"桌子、马路、墙；朋友、文具、树木；绳子、黄豆、石头；家、广场、杯子上、明天、上午、八点"等）都是潜在的、蕴涵着的，却是掌握"宽度、可爱、五斤、在"等这些词的意义所必不可少的要素。再比如，动词"偷"和非属性名词"张三"本身就指明了世界上的一种"动作"和一种"物"，指示的是认知上的两种对象。

词义的对象义（也可称为"词的对象义"）可以分为具体对象义和抽象对象义两类，前者如"馒头"，后者如"梦想"。由于世界的丰富性、复杂性和认知的无限可能性，所以说，词的对象义是一个开放的类。

2.1.3.2 属性义

词义中的属性义是指人们把握对象——世界上的事物或者运动——的角度。换句话说，词的属性义是对人们把握作为认知范畴的对象的角度的一种概括。我们理解并把握一个词的意义，首先要知道这个词所指示或蕴涵的对象义，其次还要能够从至少一个角度来掌握这个对象义。假如说我们想理解并把握一个词的意义，却不知道如何下手去做，也就是说找不到一个可以切入的角度（属性），那么在这种情况下我们是不可能掌握这个词的意义的。而要确定一个词义具有某种属性或者不具备某种属性，需要两个要素来确证，一个就是属性的对象，另一个就是属性的属性值。前者是属性依附的主体，后者是属性的具体表现情况。如果缺少了这两个确证要素中的任何一个，那么一个属性就不成其为属性。属性义在我们掌握词义时处于非常重要的位置，它关联着对象义和属性值义，也是构成人们的认知结构——〈对象 + 属性 + 属性值〉——的重要因素。

由董振东主持研制的知网，就是一个描述概念与概念之间的关系以及概念的属性与属性之间关系的知识系统。该系统就非常重视属性问题。"任何一个事物都一定包含着许多种属性，事物之间的异或同是由属性决定的，没有了属性就没有了事物。人有种族、肤色、性别、年龄、性格、会思维、会使用语言等自然属性以及国籍、出身、职业、贫富等社会属性。在某些特定的情况下可以说属性比事物更重要，这一点在人们的日常生活的替代活动中就可以得到体现。如：当我们要把一个钉子钉到墙上，但我们没有锤子，于是我们要找锤子的替代物，那么什么是锤子的替代物呢？那应该是属性最接近锤子的属性的物品才可能是替代物，而这时重量和硬度是关键性的属性。属性和它的宿主之间的关系是固定的，这是说有什么样的宿主就有什么样的属性，反之亦然。属性与宿主之间的关系同部件与整体之间的关系是不同的。"①

我们知道，世界上的任何事物和运动都各自具备很多不同的属性，这些属性保证了各种事物之间和各种运动之间既能互相联系，又能互相区别。所以，人们可以从不同的属性出发，从不同的角度去认识事物和运动。比如"馒头"这个认知范畴，我们可以从"数量""重量""产量""产地""个头""样貌""温度""价格""颜色""味道""制作方法""部件""质量""功用""领事""新鲜度""畅销度""生熟度""原料"等角度去认识。这样一来，我们就会得到由下面的语言片段（4）~（22）所传递出来的语义信息。请比较下面的 19 个例子：

(4) 三个馒头——馒头的数量

(5) 三斤馒头——馒头的重量

(6) 日产三百个馒头——馒头的日产量

(7) 武汉的馒头——馒头的产地

(8) 大个馒头——馒头的个头

(9) 干瘪的馒头——馒头的样貌/水分

(10) 热乎乎的馒头——馒头的温度

(11) 很贵的馒头——馒头的价格

(12) 白馒头——馒头的颜色

(13) 甜馒头——馒头的味道

(14) 蒸的馒头——馒头的制法

(15) 馒头皮——馒头的部件

(16) 优质馒头——馒头的质量

(17) 可以充饥的馒头——馒头的功用

(18) 韩梅梅的馒头——馒头的领事

① 董振东、董强 http://www.keenage.com/zhiwang/e_zhiwang_r.html。

（19）刚出笼的馒头——馒头的新鲜度

（20）远近闻名的馒头——馒头的畅销度

（21）半生不熟的馒头——馒头的生熟度

（22）荞麦馒头——馒头的原料

再比如"想"这个心理动作，我们可以从"方式""地点""时间""工具""结果""程度""频率""速度""施事""受事""与事""性质""目的""原因""同事""动量""难易度""范围""状态""条件"等角度去认识。这样一来，我们就会得到由下面的语言片段（23）~（41）所传递出来的语义信息。请比较下面的19个例子：

（23）默想——想的方式

（24）在家想——想的地点

（25）晚上想——想的时间

（26）心想——想的工具

（27）想死了——想的结果/程度

（28）三天一想——想的频率

（29）飞快地想——想的速度

（30）我想——想的施事

（31）想馒头——想的受事

（32）帮他想——想的与事

（33）乱想——想的性质

（34）为健康而想——想的目的

（35）饿了就想——想的原因

（36）跟你一起想——想的同事

（37）想三次——想的动量

（38）很难想——想的难易度

（39）遐想——想的范围

（40）躺着想——想的状态

(41) 长大了才想——想的条件

以上这些有关"馒头"和"想"的句法组合结构之所以成立,根本原因就是名词"馒头"和动词"想"具有以上所列的这些属性义,而处于"馒头"和"想"的前后的搭配成分也只是给这些属性义"赋值"而已。从认知的角度来说,我们的确可以从这些属性义的角度去掌握名词"馒头"和动词"想",并且也会很自然地用这样的句法组合结构来表达我们的认知结果和语义信息。可见,词的属性义在句法组合结构生成中具有重要的桥梁作用。

2.1.3.3 属性值义

词义的属性值义是指属性的具体情况,也就是从对象的属性出发认知事物和运动得到的认知结果。换句话说,词的属性值义是对从对象的属性出发认知事物和运动得到的认知结果(属性的具体情况)的一种概括。与词义的每种属性义相匹配的认知结果——属性值义——往往各不相同。属性和属性值是人类对各种对象进行分类和归类的重要依据,是认识事物和运动的前提和基础,也是人类认知世界和把握世界的主要途径、方法和手段。人们通常也正是从属性和属性值这两个方面来认识并区别事物和运动的,因为事物和运动在很大程度上就是由它们所具有的属性类别和具体的属性值决定的。语言作为人类最重要的交际工具,是人类思维所依赖的工具,也是人类保存认识成果的工具。词作为语言交际的基础性单位,它体现的认知范畴所具有的对象、属性和属性值是语言表意的基础,也是语义形成的基础。因此,从词所体现的对象义、属性类别义和具体的属性值义来把握词义是很重要的途径。

目前,语言学界对属性的具体情况有不同的认识和看法。WordNet 把属性的具体情况看作属性值,形容词是表达属性值的手段,属性的值由形容词来表达。例如,"size"和"color"是"canary"(金丝雀)的两个属性。而"robin"(知更鸟)的"size"则由形容词"small"(小)来表达;"color"则由形容词"yellow"来表达。……名词由此可以看作属性词的论元:size(canary)= small。2002 版和 2005 版的知网(HowNet)对属性的各种具体情况也都没有加以区别，统统称为属性值。董振东（1998：80）说："在董氏系统中，属性跟属性值有着严格的对应。有什么类的属性就有什么类的属性值。世界上不存在没有值的属性，也不存在不指向任何属性的属性值。例如，'聪明'是一个属性值，一个指向'智力'这一属性的属性值。"刘春卉（2008：120～121）把属性的具体情况分为两类——属性值和属性特征，并且指出，二者不仅表意有区别，而且表达形式也不尽相同。属性值是对属性具体情况的测量或定性，一般用数量短语、名词和动词来表示，例如"三米的长度"、"木头的质地"中的"三米"和"木头"就是分别表示"长度"和"质地"的属性值；属性特征指的是对属性具体情况的特征的描述或评价，一般用形容词来表达，例如"高雅的气质"、"鲜艳的颜色"就是分别用"高雅"和"鲜艳"来表示"气质"和"颜色"这两种属性的属性特征。

我们认为，尽管 WordNet 和 HowNet（知网）跟刘春卉（2008）的观点有区别，但实质上只是看待同一个问题的角度不同。前者从合取的眼光出发，是统说；后者从析取的眼光出发，是分说，而问题的关键在于对"值"的理解。邱庆山（2010：62～64）采用"特征值"的说法来统括"属性的特征"和"属性的值"，算是一个"分合"合一的策略。这样一来，"特征值"实际上包括特征和值两类。"特征"是对属性所具有的具体状况的描述或评价，是对象的属性所具有的只能定性的特征，而且认知上的这种描述或评价在语言中主要用形容词来体现，或者用具有形容词功能的词和短语来体现。"值"是指对象的属性所具有的可以测量或定量的情况，而且认知上的这种可以测量或定量的情况在语言中一般用传统的数词（包括数量词、序数词、序数量词）或者数量短语来体现。此前笔者使用"特征值"的说法便于我们根据具体情况开展研究，有时可以专指属性特征，有时可以专指属性值，有时候遇到具体情况不好细致区分时还可以笼而统之。但是，后来我们进一步发现，"属性"和"特征"这两个术语的含义容易混淆，不同的学者会有不同的理解。比如，冯文贺、姬东鸿（2010：31）在构建〈实体，特征，特征值〉这一三元组"特征结构"时就把"属性"称为"特征"，把"属性值"称为"特征值"。冯文贺、姬东鸿（2010）

所说的"特征"在笔者看来就应该是"属性"。因此，为了避免"属性"和"特征"这对术语的含义混淆，本书我们把"特征值"改称"属性值"，主要理由有三。

一是"属性值"跟"属性"在字面上比较一致，直观上更简洁、更容易理解。二是用"属性值"取代"特征值"可以在词义球结构理论（SS-WM）中减少一个术语"特征"。替换以后，词义球结构由原来的"对象、属性、特征、值"四个术语，减少为"对象、属性、值"三个术语。三是尽管名称改变了，但是"属性值"和"特征值"的含义完全相同，因为"值"作为认知结果的代名词，"值"是值，"特征"也是值，值是从"属性"出发得到的认知结果。我们知道，属性值是人们从某种角度（属性）出发，对实践的对象（包括独立型对象和依附型对象）进行认知考察时所获得的与该种属性相匹配的认知结果。这种认知结果一般可以细分为可量化的数量性质的结果（比如"木棍重三斤"中的"三斤"就是可以量化的认知结果）和不能量化只能描述的非数量性质的结果（比如"铁饼质地坚硬"中的"坚硬"就是不能量化只能描述的认知结果）。从认知结果的角度来说，我们既可以把具体的数量看作各种"值"，也可以把具体的特征和性质看作各种"值"，无论是"可以测量的数量性质的值"还是"不可测量的非数量性质的特征"，都可以看作"值"，都是指与"属性"相匹配的认知结果。

2.1.4 词义结构的两个义层

我们认为，词义结构是由三个彼此具有依存关系的要素构成的，这三个要素分别是对象义、属性义、属性值义。词义结构可以用公式表示为：【词义结构 = 对象义 + 属性义 + 属性值义】。对象义是指对象的命名义，是语言符号和对象之间的一种标记指示关系。比如"馒头"标记指示一种食品，甚至说标记指示一个东西，这就是"馒头"一词的对象义。对象义是语言符号和对象之间的一种标记指示关系，是一种标签关系，仅此而已。属性义标记的是对象的属性，属性值义标记的是与属性相匹配的认知结果。就"馒头"一词的词义结构来说，该词的对象义一般可以简单概括为

"一种食品"，而其属性义则有很多，像"颜色、制法、味道"等都是其属性义，而"白色、蒸、甜"等都是其相应的属性值义。

对象义、属性义和属性值义是词义结构的三个组成要素，而这三个要素在不同词类的词义结构中的显隐性状态不同，由此我们把词义结构的这三个组成要素分成两个义层：指示义层和蕴涵义层。

2.1.4.1 指示义层

词义结构的指示义层由对象义、属性义、属性值义这三种词义要素中的一种词义要素构成，分别称为对象指示义层、属性指示义层、属性值指示义层。词的指示义是词义结构存在的前提和基础，因为任何一个词都是首先要有所指示的，否则这个词就不存在，指示作用是显示一个词存在的先决条件。认知整个世界，无论是客观世界、主观世界还是语言世界，其前提就是先让认知的范畴——无论是独立型的认知范畴还是依附型（非独立型）的认知范畴——以符号的形式进入人们的思维，因为不进入思维的范畴人们是无法认知的。我们知道，以词语的方式来指示人们的认知范畴，让人们的认知范畴以语言符号的形式进入人们的思维是最为简便和最为有效的一种方式。因此，我们对认知范畴的掌握实际上就转化为对标志该认知范畴的语言符号的意义的掌握，也就是对词的意义的掌握。所以说，词的指示义是词义的首要的意义成分，也是我们最先掌握的义层。如果不了解、不知道一个词的指示义，那么我们根本谈不上对这个词的意义的掌握。比如，"馒头"一词的指示义是对象指示义，就是指示一种食品，一种独立存在的可以作为认知范畴的食品；"吃"一词的指示义是对象指示义，就是指示一种相对独立存在的动作，一种口部的可以作为认知范畴的动作；"红色"一词的指示义是属性值指示义，就是指示一种具体颜色，一种跟颜色属性相匹配的属性值，而且这种属性和属性值都是依附型（不能独立存在）的认知范畴；"价格"一词的指示义是属性指示义，就是指示一种不能独立存在的依附型的认知范畴——价格（商品的一种属性）。同理，其他词类的词的指示义层都可以据此类推。

从共时的角度来说，词的指示义是词义中较为稳定的显性的常量，对句法没有直接的影响，影响句法的是词的蕴涵义，或者说，是词的蕴涵义层影响句法。我们知道，词作为语言符号可以充当全民性的交际工具，具有全民性。如果说词的指示义体现着词作为语言符号的共性的话，那么词的蕴涵义则体现着词作为语言符号的个性。词的指示义和词的蕴涵义是词义的两个重要组成义层，它们共处于一个词义结构中，体现了词义是共性和个性的统一体。词的指示义是语言社会全民约定俗成的结果，而词的蕴涵义尽管也必须经过全民的约定才能进入语言交际之中，但是蕴涵义毕竟要受到更多的个人因素的制约。比如"龙"一词，在汉语里是一个能兴云降雨的神异动物，深得人们的敬重和喜爱，龙的精神代表中华民族不屈不挠的精神气概。可是在英吉利（English）民族中，人们是很厌恶龙的，英文的 dragon 一词，除了表示一种能吐火而且危及人类生存的怪兽以外，还表示凶暴的人、悍妇、母夜叉、恶婆娘等具有贬义色彩的意义。很显然，龙（dragon）在英汉两种语言、两个民族中的指示义基本一样，但是其蕴涵义却有天壤之别。由此可见，同样的一个词，词的指示义人人都明白，但是不同的人可能对其蕴涵义的理解存在很大的差异。

2.1.4.2　蕴涵义层

词义结构的蕴涵义层由对象义、属性义、属性值义这三种词义要素中的任意两种词义要素共同构成。词的蕴涵义是词义结构丰满有活力的前提和基础，因为任何一个词都必须在交际中进行组合运用，否则这个词就没有生命力，蕴涵义是一个词有价值、有活力的先决条件。比如"馒头"一词的蕴涵义层就包括属性蕴涵义和属性值蕴涵义，而且其属性蕴涵义有很多，像"味道、材料、制法、功用"等，都是"馒头"一词的属性蕴涵义。同样，"馒头"一词的属性值蕴涵义也有很多，单就与"味道"这个属性义相匹配的属性值义来说，就有"酸、甜、苦、辣、咸"等具体味道。又比如"红色"一词的蕴涵义层就包括对象蕴涵义和属性蕴涵义，而且其对象蕴涵义有很多，像"柴、米、油、盐、酱、醋、茶"等，都是"红色"一词的对象蕴涵义，但是其属性蕴涵义却只有一个，那就是"颜色"。再比如"价格"一词的蕴涵义层就包括对象蕴涵义和属性值蕴涵义，而且其对象蕴涵义和属性值蕴涵义都有很多，像"桌、椅、板凳、沙发"等都是"价格"一词的对象蕴涵义，"贵、便宜、三百元一件"等都是

"价格"一词的属性值蕴涵义。同样的道理,其他词类的词的蕴涵义层可以据此类推,而且词的蕴涵义层都是很丰富的。

吕叔湘(1980:63~64)曾经谈到过意义的概括性和丰富性问题。他说:"语言不可避免地要有概括作用或抽象作用。外界事物呈现无穷的细节,都可以反映到人的脑子里来,可是语言没法儿丝毫不漏地把它们全部表现出来,不可能不保留一部分,放弃一部分……象'谢幕'那样的字眼,就放弃了很多东西,只抓住两点,'谢'和'幕'。说是'放弃',并不是不要,而是不明白说出来,只隐含在里边……语言的表达意义,一部分是显示,一部分是暗示,有点儿像打仗,占据一点,控制一片。"我们说,单就一个词的意义来看,吕叔湘先生所认为的"显示"的意义和"暗示"的意义与我们所说的词的指示义和蕴涵义还是有所区别的,但是在词义分为两个部分的认识上是一致的。实际上,吕叔湘先生也是把词义看成两个部分,一部分是明白地说出来的意义,另一部分是表面放弃实际隐含的意义。吕叔湘先生的这些论述对我们有很大启发。我们也认为,词的指示义的形成是抽象概括的结果,但是任何一个词的意义都是很丰富的,其丰富性的体现就是一个词的词义还存在大量的蕴涵义。我们知道,如果单从完成指代作用这个角度出发,那么词语只需要有抽象概括的内容就可以了,而不需要将那些"无穷的细节"再反映到脑子中来,那些"无穷的细节"也完全可以彻底"放弃"。但是,词语只有指代作用是不行的,词语还需要互相搭配组合以便表达更多、更丰富、更复杂、更精细的思想内容,以便为更好地完成人类的交际任务服务。因此,那些抽象概括以后表面上被"放弃"实际上被"隐含"的"无穷的细节"就显得尤其重要了。对此,李裕德(1990:36~38)认为,义素可以反映这些"无穷的细节",但是学者们的注意力却常常只集中在那些反映事物本质属性的义素上,而对那些反映事物"无穷的细节"的义素很少注意,甚至认为义素就是对事物本质属性的反映。因而语义学研究语义,就主要研究反映本质属性的意义,把它叫作"理性意义",然后再研究一下反映感情色彩、风格色彩的"附加语义"。这在其他场合是对的,但是,在词语进行搭配组合时,恰好是那些反映事物无穷细节的义素,是那些反映事物非本质属性而又经常处于隐含状态下的义素在起重要作用。如果"蛋糕"不隐含"可分开"的义素,"切"不隐含"分开"的义素,"切蛋糕"便是不可理解的。为什么说"喝馒头"不成立呢?因为"喝"有"咽下流体食物"的意思,而"馒头"没有"流体"这一相应义素。因此,李裕德先生认为,搭配实质上就是目标词和对象词相应义素的协同、联结、共振;只有双方产生了语义上的协同,两个词才能结成一个搭配对子。可能有人认为,把这些反映事物无穷特征的意义都叫义素,义素岂不是无边无沿吗?这还能叫义素吗?不错,一些义素多的词,例如"人",它的义素可能成千上万。不叫义素,取个别的名字也可以,但这种语义是一种客观存在。

笔者基本认同李裕德先生的观点,但是我们认为,李裕德先生没有区别词与词搭配组合时的"义素"的性质,混淆了两种不同性质的"义素",所以会有"'人'的义素可能成千上万"这样模糊而又笼统的看法。我们认为,应该把"人"的成千上万的义素进行分类,分成两类,一类是指"人"的属性的义素,是认知"人"的视角,称为"属性蕴涵义",另一类是指与这些属性相匹配的"属性值"义素,是从属性出发得到的认知结果,称为"属性值蕴涵义"。在笔者看来,基于三元组词义结构理论,"人"作为一个词,其对象指示义是唯一的,是标记一种高等动物,而其属性蕴涵义在理论上可以有很多,只是在实际生活中却不可能有太多,原因有三:一是日常交际中太多的属性义没有必要;二是人的认知能力不强因而识别不出这么多的属性义;三是属性义太多的话,会增加人们对这个词的学习和掌握难度。关于属性义的数目是否无限多的问题,本书第8章有论述,基本的结论是属性义是相对有限的。真正成千上万、无限多的义素应该是"属性值蕴涵义"。比如"重量"是"人"这个词的一个属性蕴涵义,但是和这个属性蕴涵义相匹配的属性值蕴涵义却是无限多的,从两三千克的婴儿开始,到上百千克重的大人结束,这中间的任何一个数值,原则上都可以是"重量"这个属性义的"属性值义"。再比如"肤色"是"人"这个词的一个属性义,其对应的"属性值义"就至少有四种:黄色、白色、棕色、黑色。所以说,一个词的属性义一般来说不可能无限多,如果无限多,人们就无法完全掌握一个词的使用。但是语言与社会生活的现实给我们的感觉是，一个正常的人，具有丰富的人生社会阅历，而且又受过良好的教育，我们一般可以认为这个人熟练掌握了某种语言的词汇的意义。

需要特别说明的是，我们所说的"熟练掌握"词义，需要根据三元组词义结构理论，分为三种情况：第一种情况是专指独立型对象的对象词，像事物名词和动词等。对对象词来说，一个人熟练掌握该类词的某个词义是指这个人掌握了这个词的全部属性蕴涵义，而不是掌握了与这些属性义相匹配的全部的属性值蕴涵义。第二种情况是专指依附型对象的属性词。对属性词来说，一个人熟练掌握该类词的某个词义是指这个人掌握了这个词的全部对象蕴涵义和全部属性值蕴涵义。第三种情况是专指依附型对象的属性值词而言。对属性值词来说，一个人熟练掌握该类词的某个词义是指这个人掌握了这个词的全部属性蕴涵义和全部对象蕴涵义。其实从哲理上来说，既不能说一个人完全掌握了某种语言的词汇的意义，也不能说一个人完全没有掌握某种语言的词汇的意义。之所以会这样，是因为基于三元组词义结构理论的词义识解，取决于蕴涵义层的两个要素数量的多寡，而在这三种情况下，词的蕴涵义层的要素的多寡是不一样的。

第一种情况，对独立型对象的对象词来说，蕴涵义层的两个要素就是属性蕴涵义和属性值蕴涵义。如果把完全掌握一个对象词的意义界定为必须全部掌握这个对象词的所有属性蕴涵义和所有属性值蕴涵义，那么就可以说没有一个人能完全掌握一个对象词的意义，因为要完全掌握对象词的全部属性值蕴涵义是非常困难的，几乎是不可能的。但是，如果把完全掌握一个词的意义界定为只需全部掌握这个对象词的所有属性蕴涵义，而不必考虑是否全部掌握了这个对象词的所有属性值蕴涵义，那么在这个意义上我们就可以说一个人能够全部掌握一个对象词的意义。笔者认为，一个对象词的属性蕴涵义是相对有限的，而其属性值蕴涵义可以无限多。比如"馒头"是一个独立型对象的对象词，"领有者"是"馒头"的一个属性义，但是与这个属性蕴涵义相匹配的属性值蕴涵义却是无限多的，全球70多亿人，每个人都可以领有自己的"馒头"。因此，当对象义和无限多的属性值蕴涵义匹配组合时，就会生成无限多的句法组合结构，例如"我的馒头、你的馒头、他的馒头、张三的馒头、李四的馒头、王五的馒头……"这些句法组合结构（一定意义上就是句子）是无限多的。此外，如果把馒头的"领有者"从具体的"人"转向"组织机构"，比如"食堂、老家、学校、医院、工厂、寺庙"等，那么从"领有者"这个属性出发得到的属性值就更多了，于是"食堂的馒头、老家的馒头、学校的馒头、寺庙的馒头"等，就又都是合法的句法组合结构（句子）了。可见，就对象词的词义识解来说，其属性蕴涵义是相对有限的，而其属性值蕴涵义则是无限多的。以"馒头"为中心点，之所以可以生成无限多的不同含义的句子，是因为"馒头"具有无限多的属性值蕴涵义。

第二种情况，对依附型对象的属性词来说，其蕴涵义层的两个要素就是对象蕴涵义和属性值蕴涵义。如果把完全掌握一个属性词的意义界定为必须全部掌握这个属性词的所有对象蕴涵义和所有属性值蕴涵义，那么就可以说没有一个人能完全掌握一个属性词的意义，因为要完全掌握属性词的全部对象蕴涵义和全部属性值蕴涵义几乎是不可能的。比如"数量"是一个依附型认知对象的属性词，其蕴涵义层中的对象蕴涵义就是无限的，像"鸟、兽、虫、鱼"等都具有"数量"属性，都是"数量"一词的对象蕴涵义，这显然是无限多的。同理，"数量"一词的蕴涵义层中的属性值蕴涵义也是无限的，从"一个、两个、三个"到无穷多，都是"数量"一词的属性值蕴涵义。

第三种情况，对依附型对象的属性值词来说，其蕴涵义层的两个要素就是对象蕴涵义和属性蕴涵义。如果把完全掌握一个属性值词的意义界定为必须全部掌握这个属性值词的所有对象蕴涵义和所有属性蕴涵义，那么就可以说没有一个人能完全掌握一个属性值词的意义，因为要完全掌握属性值词的全部对象蕴涵义和全部属性蕴涵义也几乎是不可能的。比如形容词"相同"就是一个依附型认知对象的属性值词，其蕴涵义层中的对象蕴涵义和属性蕴涵义都是无限多的，像"桌子和凳子、馒头和包子、男人和女人、老人和小孩、书本和树叶、水和冰、沙和草、理想和梦想、吃和喝"等，无限多的两个或两个以上的独立型对象的组合体都可以是"相同"一词的对象蕴涵义，而像"形式、内容、观点、方法、形状、颜色、性质、目标、标准、种类、表现、见解、功能、规模、格式、偏好、条款、关系、制度、形态、面貌、能力、原则、质量、数量、大小、起点"等属性都可以是"相同"一词的属性蕴涵义。显然，这些属性是相当多的。

总之，词义结构的三个要素，根据各自在词义结构中的显隐性存在状态，可以分为两层，一层是显性存在的意义，称为指示义层；一层是隐性存在的意义，称为蕴涵义层。一个词的词义结构中，指示义层只包括一种词义要素。

在事物名词和动词的词义结构中，其对象义是显性存在的，称为对象指示义；而其属性义和属性值义都是隐性存在的，分别称为属性蕴涵义和属性值蕴涵义。比如动作"喝"，其对象义——指一种动作——是直观显性存在的，构成该词词义结构的指示义层，称为对象指示义层；但是其属性义（施事、受事、时间，等等）则都是隐性存在的，称为属性蕴涵义；同样，与其属性相匹配的属性值义（阿Q、牛奶、早晨等）也都是隐性存在的，称为属性值蕴涵义。"喝"的属性蕴涵义和属性值蕴涵义合起来共同构成了"喝"的蕴涵义层。

在属性词的词义结构中，其属性义是显性存在的，称为属性指示义；而其对象义和属性值义都是隐性存在的，分别称为对象蕴涵义和属性值蕴涵义。比如属性词"颜色"，其属性义——指"颜色"这种属性——是直观显性存在的，构成该词词义结构的指示义层，称为属性指示义层；但是其对象义（苹果、糖果、毛巾等）都是隐性存在的，称为对象蕴涵义；同样，与属性"颜色"相匹配的属性值义（白、红、蓝等）也都是隐性存在的，称为属性值蕴涵义。"颜色"的对象蕴涵义和属性值蕴涵义合起来共同构成了"颜色"一词的蕴涵义层。

在属性值词的词义结构中，其属性值义是显性存在的，称为属性值指示义；而其对象义和属性义都是隐性存在的，分别称为对象蕴涵义和属性蕴涵义。比如属性值词"美丽"，其属性值义——"美丽"这种认知结果——是直观显性存在于这个词自身的，构成该词词义结构的指示义层，称为属性值指示义层；但是其对象义（石头、姐姐、图画等）都是隐性存在的，称为对象蕴涵义；同样，与属性值"美丽"相匹配的属性义（色彩、外貌、布局等）也都是隐性存在的，称为属性蕴涵义。"美丽"的对象蕴涵义和属性蕴涵义合起来共同构成了"美丽"一词的蕴涵义层。

2.1.5　词义球结构理论的主要特征

由"对象义、属性义、属性值"三个词义要素和"指示义层、蕴涵义层"两个词义层构成的三元组词义结构理论是对词义结构的认知特性和句法信息的一种新的阐释，是对词义学基点问题的一种新的观照。我们把这种三元组词义结构理论进一步抽象命名为词义球结构（Spherical Structure of Word Meaning，SSWM）的理论，则是词义结构的一种形象化和比喻性的阐述。全面深入地理解词义球结构理论（SSWM）需要注意以下八个方面的特征。

第一，词义球结构理论（SSWM）认为所有的词都标记一个认知范畴（认知对象），而且把认知范畴分为"独立型认知范畴"和"依附型认知范畴"两种。同时，根据词所标记的认知范畴的存在状态，词义球结构理论（SSWM）相应地把所有的词分为"独立型认知范畴的词"和"依附型认知范畴的词"两种。"馒头、白菜、梦想、爱情"等事物名词标记的是独立型认知范畴，属于独立型认知范畴的词。"吃、躲避、吃里爬外"等动词标记的动作行为，属于独立型认知范畴的词。总之，独立型认知范畴的词包括事物名词和动词两种。"颜色、重量、价格、数量"等属性名词标记的是独立型对象的属性，这些属性必须依附于独立型对象而存在，是人们认知独立型对象的角度，属于依附型认知范畴的词。"红、三斤、昂贵、一个"等属性值词标记的是与独立型对象的属性相匹配的一个认知结果，它们分别是与属性"颜色、重量、价格、数量"相匹配的一个属性值，这些属性值词也必须依附于独立型对象而存在，也属于依附型认知范畴的词。总之，副词、形容词、虚词等都是依附型认知范畴的词。

第二，词义球结构分为三个要素，分别是对象义、属性义、属性值义。词义球结构的三个要素根据其显隐性的存在状态，分为两个义层：指示义层和蕴涵义层。词的指示义层只包括一个词义要素，而蕴涵义层包括另外两个词义要素。独立型认知范畴的词的指示义层只包括对象义，称为对象指示义层；而其蕴涵义层则包括属性蕴涵义和属性值蕴涵义。依附型认知范畴的词的指示义层分两种情况。①对属性词来说，其指示义层只包括属性指示义，称为属性指示义层；而其蕴涵义层则包括对象蕴涵义和属性值蕴涵义。②对属性值词来说，其指示义层只包括属性值指示义，称为属性值指示义层；而其蕴涵义则包括对象蕴涵义和属性蕴涵义。

第三，词义球结构具有极大的句法组合活力和句法生成能力，是解决句法 - 语义界面问题的新方法、新思维。根据词义球结构理论（SSWM），词义巨大的句法组合活力和句法生成能力来源于词的蕴涵义层，是因为蕴涵义层的两个词义要素各自都有很多的语义赋值，而且蕴涵义层的两个词义要素之间有多种可能的语义匹配。就独立型的对象词来说，其蕴涵义层的属性义有很多，而其蕴涵义层的属性值义就更多，属性蕴涵义和属性值蕴涵义之间的匹配组合就是相对无限多的了。比如，"萝卜"一词，"产地"是其属性蕴涵义，但是跟"产地"相匹配的属性值蕴涵义却是非常多的，能产"萝卜"的地名都可以进入"地名 + 的 + 萝卜"这个句法组合结构之中。因此，一个显然的事实是，像"地名 + 的 + 萝卜"这样的句法组合结构的数量是巨大的。这只是就"萝卜"的一个属性蕴涵义而言，就有这么多的句法组合结构，而"萝卜"的属性蕴涵义显然不只有"产地"一个，像"颜色、味道、价格、用途、保质期、种法、吃法"等都是"萝卜"的属性蕴涵义，如果每一个属性蕴涵义都照此进行组合匹配运算，那么这样全部计算下来的话，"萝卜"一词可以进入的句法组合结构的数量显然是极大的。我们检索北京语言大学语料库（BCC）和北京大学中国语言学研究中心现代汉语语料库（CCL），找到含有"萝卜"的句法组合结构分别有 28409 个和 4022 个，以"萝卜"为关键词检索互联网，百度搜索引擎为我们找到了约 1 亿个相关网页。① 即使除开相同的句法组合结构，只计算不重复的句法组合结构，其结果也是一个巨大的数字。就依附型的

---

① BCC 语料库 http://bcc.blcu.edu.cn/，CCL 语料库 http://ccl.pku.edu.cn：8080/ccl_corpus/，百度搜索 https://www.baidu.com/。最后访问日期：2016 年 6 月 28 日。

认知对象词，比如属性词"颜色"和属性值词"相异"来说，前者的蕴涵义层包括对象蕴涵义和属性值蕴涵义，后者的蕴涵义层包括对象蕴涵义和属性蕴涵义。

第四，词义球结构依靠组合和聚合来运转，这符合语言装置系统依靠横向组合关系和纵向聚合关系来运转的一般原理。首先，词义球结构的组合运转是指词义结构的要素之间是一种依存组合关系，单独一个词义要素的存在既没有意义，也没有价值，必须一个要素接一个要素地匹配组合呈现出来，才能生成语义信息。比如，句法组合结构"馒头颜色"与"馒头颜色白"或者"馒头白"相比，后者的语义信息更丰富准确，因为在后者的句法组合结构中，"馒头"一词的三个词义要素或者对象义和属性值义都出现了，这样的组合才有意义。由于与"白"相匹配的属性义要素具有唯一性，那就是"颜色"，因此，此时的属性义要素可以不出现在句法结构中，"馒头的颜色白"就可以省写为"馒头白"或者"白馒头"。总之，词义三要素之间的组合运转是一种语义信息的计算过程，这保证了词义能够生成并呈现出来。其次，词义球结构的聚合运转是指每一个词义结构要素各自的语义赋值之间的关系是一种聚合关系，比如"馒头"的属性义可以有很多语义赋值，像"价格、产地、原料、甜度、温度、味道、作用"等，都是"馒头"的属性义值，这些属性义值都自然地聚合在一起，形成"馒头"的属性义集。像"3 元一个、武汉、小麦、微甜、凉、咸、打狗"等，都是与"馒头"的属性义"价格、产地、原料、甜度、温度、味道、作用"相匹配的属性值义的具体赋值，这些赋值也都自然地聚合在一起，形成"馒头"丰富的属性值义聚合体。再比如"美丽"是一个属性值指示义的词，其属性义和对象义都是蕴涵的，可以作为其属性蕴涵义的语义赋值"颜色、形状、面貌、体形、风光、景色、心灵"等都自然地聚合在一起形成"美丽"的属性蕴涵义聚合体。同样，可以作为"美丽"的对象蕴涵义的语义赋值"苹果、柳树、韩梅梅、朋友、沙湖、老师"等都自然地聚合在一起形成"美丽"的对象蕴涵义聚合体。又比如"颜色"是一个属性指示义的词，其属性值义和对象义都是蕴涵的，可以作为其属性值蕴涵义的语义赋值"赤、橙、黄、绿、青、蓝、紫、黑、白、灰"等都自然地聚集在一起形成"颜色"的属性值蕴涵义聚合体。同样,可以作为"颜色"的对象蕴涵义的语义赋值"玫瑰、河蟹、杯子、汽车、电脑、飞机、稻米、棉花、水草、充电宝、耳环"等都自然地聚合在一起形成"颜色"的对象蕴涵义聚合体。

第五,依存性也是词义球结构的一个重要特性。邱庆山(2014c)曾经指出,词义球结构具有"基础性、抽象性、动态性、模糊性、多样性、递归性、简约性、显隐性"特征。除此之外,依存性也是词义球结构的一个重要特征。所谓依存性特征,是指词义结构的三要素以及不同要素词之间的互相依存。从认知语义的角度来说,依存性表现在词义要素之间的匹配关系,对象义必有属性义相匹配,属性义必有属性值义相匹配,属性值义和对象义往往通过属性义关联起来。从句法结构的角度来说,依存性表现在对象义词和属性值义词的邻接组合关系和非邻接组合关系。邻接组合是指对象词和属性值词之间没有出现属性词的句法组合,比如在"便宜馒头"和"馒头便宜"这两个组合中,馒头的属性词"价格"没有出现在句法结构中,使得对象词"馒头"和属性值词"便宜"邻接组合,成了邻居。非邻接组合是指对象词和属性值词之间出现了属性词的句法组合,比如在"黄颜色馒头"和"馒头颜色黄"这两个组合中,馒头的属性词"颜色"出现在了句法结构中,使得对象词"馒头"和属性值词"黄"不能紧邻出现,被属性词隔断或连接,成不了隔壁的邻居。

第六,词义球结构理论(SSWM)证明了词义是一个开放的范畴,是"变"与"不变"的辩证统一。词义球结构的微观层面体现了词义的开放性,也就是词义球结构三要素的具体赋值。词义三要素的具体语义赋值非常丰富,这直接导致了词义在运用中具有非常大的灵活性。词义比词本身的指示义要深广,因为词义不仅包括指示义层,还包括蕴涵义层。词义在语言系统中具有基础性的重要作用,是最精密的语法,原因就在于词义在微观层面上是一个开放的范畴。词义球结构三要素的具体语义赋值能力以及不同要素之间的匹配组合关系,这些微观层面的因素在语言交际中都会得到充分的展现,使得交际者深刻感受到语言交际功能的强大。这也是一个人的语言交际能力的根本体现。就整个词义球结构来说,语言中的对象词很多，于是给对象义要素的语义赋值就很多。就一个具体的对象词而言，其属性义要素的语义赋值有很多，而且与这些属性义要素相匹配的属性值义要素就更多。这些具体的无数的语义赋值和匹配组合，都体现为词义球结构的微观层面，也正是在这样的微观层面上而言，词义是一个开放的范畴。换句话说，从一个词的指示义层和蕴涵义层而言，由于词的蕴涵义层是一个开放的系统，这就导致了词义的内容也是一个开放的范畴。词义球结构的宏观层面体现在词义球结构是一个认知模式，这个认知模式中的词义三要素之间的匹配关系一般很容易被母语使用者所掌握。词义的识解取决于认知视角，本质上是认知的产物，属于认知现象。词义的认知获取本质上是一种心理机制，根植于人们的生活实践经验，同时这种心理机制也建构着人们的思维、语言和行为方式。词的意义的构建基于人们头脑中的框架和理想化的认知模式——三元组构成的球结构模型，这个认知模式就是词义球结构的宏观层面。掌握这个宏观模式以后，就要进行微观层面的赋值活动，就要对这个模式中的要素进行具体的语义赋值和匹配组合。总之，词义球结构理论（SSWM）是宏观和微观的结合，也是词义变与不变的辩证统一。词义的"不变"体现在宏观层面，是指这个三元组的认知框架的不变性。词义的"变"体现在微观层面，是指这个认知框架的三要素的语义赋值的不定性和多样性。

第七，词义球结构理论（SSWM）证明了词义球结构是句法结构的基础和基因。词义是最精密的语法，这是笔者一直坚持的观点。词义球结构的词义要素需要语义赋值才能发挥语言的交际作用，词义要素的语义赋值可以导致词义球结构的扩展和衍生，词义球结构的扩展和衍生最终导致句法结构的生成。换句话说，句法结构的生成和衍生，可以看作词义球结构要素赋值扩展和衍生的结果。例如，"我"是一个对象词，这个词有一个"动作"的属性义，给这个属性义赋值为"吃"，那么"我吃"这个句法结构就形成了。然后以"吃"为对象词继续给词义要素赋值。"吃"这个动作有一个"受事"的属性义，给这个属性义赋值为"馒头"，于是"我吃馒头"这个句法结构就生成了。然后继续进行词义球结构的扩展，就是以"馒头"为对象词，这个词有"颜色、价格、味道、重量、数量……"

很多属性义，给这些属性义赋值为"白色、便宜、甜、三两、一个……"于是"我吃白色的便宜的甜的三两的一个馒头"这样的句法结构就生成了。当然，在实际运用中，这个句法结构中的"馒头"的属性值义的先后顺序可以适当调整，因为词义球结构是一个立体多维度的球结构（即使是"球的剖面"也是一个多维度的圆面性质的结构），而句法结构是一维的线性结构，从立体面的多维结构到线性的一维结构，需要一个顺序的调整。但这个调整，不影响词义结构扩展生成句法结构的基本事实。总之，如果要把"我"这个词的更多属性义和相应的属性值义赋值以后都放进句法结构中，要把"吃"这个词的更多的属性义和相应的属性值义赋值以后也放进句法结构中，那么最终的结果是这个句法结构会扩展和衍生得更长。比如可以是"二十岁的我昨天在家站着吃了一个三两的白色便宜的甜馒头"这样的句子。由此可见，一个较长结构的句子，实际上是不同的词义球结构扩展交融以后形成的。这也充分证明了词义球结构是句法结构生成的基础和基因。

第八，词义球结构由"对象义、属性义、属性值义"三个要素和"指示义层、蕴涵义层"两个义层构成，可以据此重新构建汉语的词类。基于词义球结构的汉语词类体系，面向实际的句法组合和交际运用，着重词和词之间的语义匹配和依存关系，把汉语词汇分为三类，分别是对象词、属性词和属性值词。这三种上位概念的词类还可以分出不同的下位概念的次类词。这种新的词类体系旨在解决句法 - 语义界面问题，发掘词（词义）的句法信息和句法个性特征，阐释词义是最精密的语法，最终说明语言运作的符号性质和认知性质的机制问题。

2.2　词义球结构的模型

词义球结构模型是对词义球结构理论（SSWM）内容的模型化观照，更直观、更形象、更容易被人们掌握。根据词义球结构的构成要素，词的显性、直观、可见的词义层是指示义层，而且指示义层只有一个词义要素，要么是对象指示义，要么是属性指示义，要么是属性值指示义。具有对象指示义的词，或者说指示义层由对象义构成的词，其属性义是蕴涵的，其属性值义也是蕴涵的，二者构成词的蕴涵义层。这类词包括事物名词（或者称为非属性名词）、动词等。例如，事物名词"天、地、人、衣服、粮食、房屋、自行车、思想"等，这类词的词义结构中，对象义是唯一的，构成词义结构的指示义层；属性义不是唯一的，可以有多种语义赋值；属性值义也不是唯一的，也可以有多种具体的语义赋值。比如"衣服"一词，《现代汉语词典》的解释是：穿在身上遮蔽身体和御寒的东西。据此，我们可以说，"衣服"一词的对象义是显性直观存在的，即指"一种东西"。接下来人们如何去掌握这种东西，就需要找到这种东西所具有的属性，让这些属性成为人们认知这种东西的角度。利用基本的认知能力，我们可以发现"颜色、产地、款式、价格、质量、材料、功能、使用者"等，都可以成为认知"衣服"的角度，而这些角度也就是"衣服"所具有的"属性"。最后，找到了这些属性以后，人们还需要得出某种认知结果，否则从这种认知角度出发的认知实践活动就是失败的，没有最终完成。利用基本认知能力，我们很容易从"颜色、产地、款式、价格、质量、材料、功能、使用者"等这些属性出发得到某种认知结果，比如与这些"属性"相匹配的认知结果可以是"红色、武汉、新颖、便宜、好、纯棉、蔽体、人"等，我们把这些认知结果称为"属性值"。综上所述，"衣服"的词义结构就至少可以用下面的四种方式表示。

2.2.1 词义结构模型的四种表示方式

我们以"衣服"一词的词义为例，把四种方式表示的词义结构模型说明如下。

第一种表示方式：公式型。

【衣服＝对象义（衣服）＋属性义（颜色、产地、款式、价格、质量、材料、功能、使用者……）＋属性值义 [红（……）、武汉（……）、新颖（……）、便宜（……）、好（……）、纯棉（……）、蔽体（……）、人（……）……]】

第二种表示方式：表格型。如表 2 - 2 所示。

表 2 - 2 "衣服"的词义结构

对象义	属性义	属性值义
衣服	颜色	红
		……
	产地	武汉
		……
	款式	新颖
		……
	价格	便宜
		……
	质量	好
		……
	材料	纯棉
		……
	功能	蔽体
		……
	使用者	人
		……
	……	……

第三种表示方式：树型。"衣服"的词义结构可用倒立树形（剖面）图表示（见图 2 - 1）。

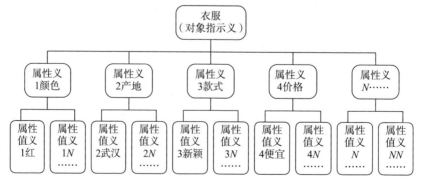

图 2 - 1 "衣服"的词义结构树形（剖面）

第四种表示方式：球型。"衣服"的词义结构可以用球形（剖面）图表示（见图2-2）。

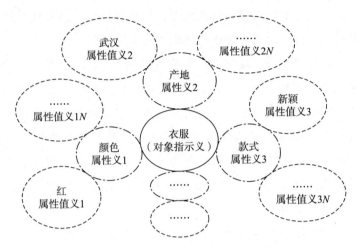

图2-2 "衣服"的词义结构球状（剖面）

图2-2的球形图中，如果把最外围的点状虚线圆连成一圈，把中间的线段虚线圆也连成一圈，这样一来，整个球形图就变成了更为抽象的球形（剖面）图（见图2-3）。

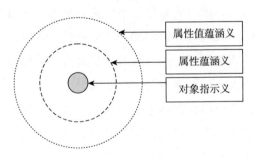

图2-3 "衣服"的词义结构球形（剖面）

在以上四种表示法中，本书选择使用第四种"球型"表示法，也就是用球形图来表示词义结构，并且把这种球形图表示的词义结构称为"球形词义结构"，也称"词义球形结构"，简称为"词义球结构"（Spherical Structure of Word Meaning，SSWM）。选择使用球结构来表示词义结构，主要有下面四个方面的考虑。

第一，语言世界中一个一个的词表面上看起来很像物质世界中单个的沙子和球形物，给人最直观的感受是孤立封闭、界限分明、互不融入，整个词汇表面上也像一盘散沙。直观视觉上的"形散"是词与这些物质体共同的特征。把单个的词用球形物来比附，把抽象的词义具象化，用球形来描绘词义结构，旨在追求词与这些物质体的"形似"。

第二，词与"沙子、球形物"等物质体在外形上的"形散"特征，正好方便了人们对其自由搬运、随意调遣，方便人们聚沙成塔、组合成型，最终形成不同的物体和句子。这说明，表面上"形散"的词与沙子、球形物等，其"神"不散，其内在的本质是灵动活跃、热情奔放、生机勃勃的，具有极大的召唤性，沙子和球形物各自之间可以随意组合成更大、更具系统性的物质体。同样，词义结构球跟词义结构球互相组合，最终构成一个庞大的系统性的语言结构体。总之，沙能成塔，圆球也能构成原子塔①，都有精密独特的机理，用球形来描绘词义结构，旨在说明词义结构也有精密独特的内在机理，也是为了追求词与沙子、球形物在内在机理上的"神似"。

第三，用球形来描绘词义结构，旨在通过物理学原理深化词义球结构理论。以"球"结构来比喻"词义"结构，有三层物理学上的喻义。①当两个物体体积相同时，球的表面积最小但张力最大。这可以说明词义是独立运用的最小语义单位，词义球结构外表紧凑、坚实、灵动、表面张力大。②当两个物体表面积相同时，球的体积最大。这可以说明词义球结构内涵丰富、体量巨大、扩展能力强、功能强大。③原子（atom）在物理状态中可以分割，由原子核和绕核运动的电子组成。原子核由带正电的质子和电中性的中子组成。在"近代化学之父"约翰·道尔顿建构的原子模型中，原子就被看作微小的实心球体。原子是很小的球，但是其力量很大，原子弹可为证明。把词义结构比作原子球，也正是为了彰显词义结构尽管是微小可分的球，但是其在语言系统中的作用却是巨大的。总之，球形表

---

① 作为世界标志性建筑的原子塔建成于1958年，是比利时政府为当年在布鲁塞尔举办的世界博览会而兴建的。建造原理是一个铁分子由9个铁原子组成。塔身是粗大的钢管将9个巨大的金属圆球连成的正方体，其中8个圆球位于正方体的8个角，另一个圆球位于正方体的中心，圆球之间严格按照铁分子的正方体晶体结构组合在一起，从而形成一个巨大的铁分子。

面积小，显得紧凑、坚实、灵动；球形体积大，蕴含丰富，功能强大。我们使用"球结构"来表述词义结构，主要是为了表明词义的丰富性以及词义结构超强的扩展能力和超强的表面张力，彰显词义（词）在语义（语言）运作系统中所处的关键性、基础性的核心地位以及所具有的强大功能，也是为了坚持贯彻"语义是语言的核心，词义是语义的基础，词义是语言的基础性核心要素"这样的语言学思想。

第四，球形结构和蛋形结构相似，词义球更像一个鸡蛋，都蕴藏着巨大的生命力。鸡蛋由"蛋壳、蛋清、蛋黄"三部分组成，彼此之间有依存关系，词义球也由"对象义、属性义、属性值义"三要素构成，彼此之间也有依存关系；鸡蛋遇到合适的温度就能孵出小鸡来，词义球结构三要素遇到合适的语义赋值也能组合出句子来。

2.2.2 词义球结构的两种球型

在图 2 - 3 中，"衣服"的对象指示义构成"指示义层"，属性蕴涵义和属性值蕴涵义构成"蕴涵义层"。实际上，根据不同词类的词所具有的特点，图 2 - 3 中"指示义层"和"蕴涵义层"各自包含的词义要素会发生变化。笔者把全部的词分为三类：第一类是独立型对象指示义的词，包括事物名词和动词。第二类是依附型属性指示义的词，包括属性词。第三类是依附型属性值指示义的词，包括形容词、数量词等属性值词。第一类词的词义球结构模型如图 2 - 3 所示。第二类和第三类词的词义球结构模型分别如图 2 - 4 和图 2 - 5 所示。

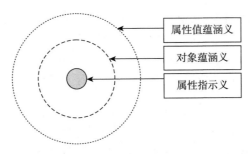

属性值蕴涵义

对象蕴涵义

属性指示义

图 2 - 4　属性指示义的词的词义球结构（剖面）示意（透明实心球）

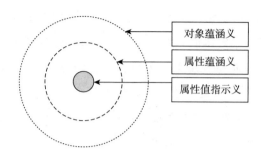

图 2 - 5　属性值指示义的词的词义球结构（剖面）示意（透明实心球）

图 2 - 3、图 2 - 4 和图 2 - 5 是现代汉语全部三类词的词义球结构模型。从这三个图可以看出，不同词类的词，其词义球结构的形状是一样的，只是词义要素的显/隐性不同，以及由此导致的指示义层和蕴涵义层所包含的词义要素不同。这种不同在模型中我们用文字标明。我们把图 2 - 3、图 2 - 4 和图 2 - 5 这种"蕴涵义层在外围的球结构模型"称为"透明的实心球模型"。当然，除这种模型以外，我们也可以构建"指示义层在外围的球结构模型"，将其称为"不透明的虚心球模型"。具体模型如图 2 - 6、图 2 - 7、图 2 - 8 所示。

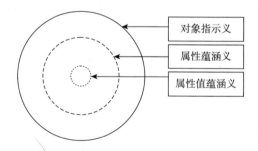

图 2 - 6　对象指示义的词的词义球结构（剖面）示意（不透明虚心球）

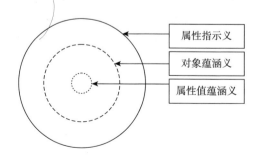

图 2 - 7　属性指示义的词的词义球结构（剖面）示意（不透明虚心球）

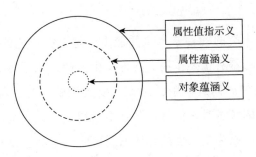

图 2-8 属性值指示义的词的词义球结构（剖面）示意（不透明虚心球）

很显然，"透明的实心球模型"和"不透明的虚心球模型"是一种互变关系，二者实质等同。词义球结构理论（SSWM）模型坚持认为词义蕴含最精密的语法，词义结构与句法结构具有一致性，是一体两面的关系。总之，词义球结构模型很好地呈现了词义球结构理论（SSWM）的基本精髓。从图中可以看出，词义球结构由三个要素（图中分别用三个圆表示）和两个义层（实线圆表示指示义层，虚线圆合起来表示蕴涵义层）构成。三个要素之间和两个义层之间都有依存组合关系，共同构成一个圆球，缺失任何一个要素，这个圆球就是瘪的。而且不同要素和义层之间通过认知语义计算可以生成语义信息。词义球结构理论（SSWM）模型可用于描写现代汉语全部词类的词，具有普适性和基础性。

2.3 词义球结构：词义的模式识别

词义球结构实质上也是词义的一种模式识别。

模式识别是信息科学和人工智能的重要组成部分。所谓模式，是指用来说明事物结构的主观理性形式。它是从生产经验和生活经验中经过抽象和升华提炼出来的核心知识体系。模式并不是事物本身，而是事物的一种存在形式。词义就是以"对象义＋属性义＋属性值义"的形式存在的，这种形式表征的是词义的核心知识体系。因此，由三元要素组成的词义球结构，实质上是词义的一种模式识别。词义的模式识别就是对表征事物或现象的各个词的语言信息进行处理和分析，利用"对象义＋属性义＋属性值义"这种形式化的核心知识体系（模式）来便捷、高效、准确地获取和表征词义。

　　模式识别是人类的一种基本认知能力，是人类智能的重要组成部分，在各种人类活动中都有重要作用。在现实生活中，几乎每个人都会在不经意间轻而易举地完成模式识别的过程。模式识别作为人类的一项基本技能，是从一个人的孩童时代就具备并且不断增强的，只是人们往往对这种能力习焉不察、习以为常，也没有认识到这些能力其实是复杂智能活动的结果。但是，只要我们仔细分析日常生活中进行的大量认知活动，就会发现，几乎每一项活动都离不开对外界事物的分类和识别，而且这种分类和识别本质上一定是一种模式识别，绝不是对具体事物的单个记忆。这里举一个模式识别的简单例子。比如，当我们看见一幅馒头的照片时，我们会说：这是一幅馒头的照片，照片中的馒头是黄色的，个头很大，等等。这一看似简单的认知过程，实际上是由一系列对事物类别的认知识别构成的。这个认知识别过程的顺利进行，离不开认知模式的驱动。这个模式也就是我们所说的"对象＋属性＋属性值"构成的认知模式。认知识别过程的深入推进，驱动力就是不断地对"馒头"的认知结构的要素进行赋值。蕴藏在整个识别过程中的本质性问题是，"照片、馒头照片、黄色馒头照片、大个的黄色馒头照片"等"符号"都代表某一类事物的概念，人们对这些概念的识别并不是依靠对具体对象的记忆，而是依靠以往对多个此类事物的具体实例进行观察得到的该事物的整体性质和特点。也就是说，人们先是通过以往看到的很多馒头从而在头脑中形成了馒头这一类事物的一种"模式"，当再一次看到新的馒头时，人们能把这种模式识别出来。比如，我们以前见到过白色的很大很大的馒头，但是我们见过这个馒头以后，真正留在大脑中而且对我们以后进行认知活动有用的东西其实不是这个馒头的白颜色、大个头等具体信息，而是有关馒头的概念模式：馒头是有很多属性的，而且每个属性可以具体赋予很多语义值。例如，馒头的属性有颜色、个头、材料等，而且每一个属性都有很多属性值，比如，颜色的具体赋值可以是黑色、白色、黄色、灰色、咖啡色等；个头的具体赋值可以是大个头、小个头、半大不小的个头等。总之，当我们看见一个馒头以后，真正留在我们大脑中的对我们以后的认知活动有帮助的东西，不是

"馒头是白色的"，而是"馒头是有颜色的"；不是"馒头是大个头的"，而是"馒头是有个头的"。显然，单纯记住"馒头是白色的、馒头是大个头的"其实没有太大的认知价值，因为这些只是已有的认知结果，不会对我们进行创造性的认知有太大的帮助，也不能提升我们的认知能力，如果只知道记忆具体的认知结果而不知道认知模式或者不能进行认知变通的话，那么就会导致以后的认知障碍和灾难。只有记住一种模式，一种有关"馒头"的认知模式，才能价值连城，才能促进人的认知发展。这种需要记住的认知模式就是：馒头是有属性的（而且属性多种多样），馒头的属性都是可以具体赋值的（而且所赋予的值也是多种多样的）。这种认知馒头的模式可以用公式表示为：馒头＝属性＋属性值。从认知馒头的具体实践中得出的认知馒头的认知模式，也正符合模式识别的含义。我们知道，"模式识别"的英文表述为：pattern recognition。汉语里，"模"和"式"意思相近。《说文解字》：模，法也；式，法也。因此，模式是一种规律。英文的 pattern 也主要有两种含义，一种是代表事物（个体或一组事物）的模板或原型，另一种是表征事物特点的特征组合或性状组合。因此，人们在具体的认知实践活动中记住并且留在大脑中的这种模式，是一种认知模式，更是一种认知规律，是从具体的认知实践活动中识别出来的核心知识体系。

人类有智能，这跟人类的认知模式精密高效有密切的关系。人类认知模式的精密高效，至少体现在两个方面：首先是认知模式的简单易学。一个身心正常发育的人，稍加实践即可烂熟于心，而且终年不会失去。笔者认为，婴幼儿时期学说话的那个阶段，是一个人的认知模式形成、发展和成熟的实践阶段。其次是认知模式的高效易用。一个人经过婴幼儿期的实践训练以后，即可以用该认知模式去认知整个世界，包括人类自身。"高效易用"更主要体现在这个模式可以类推且可以递归使用。这个认知模式可以在任何类型的认知范畴上使用，而且可以层层嵌套、递归使用。一个大的认知过程包含很多小的认知过程，但是每一个认知过程都是这个认知模式的实践使用。这个认知模式是有结构的，这个认知模式结构可以公式化为：认知模式＝对象＋属性＋属性值。这个认知模式也就是前文提出的词义结构、信息结构和句法结构的最底层结构模式。

认知实践是人的本质。人的一生，本质上是在不断寻找、确认和理解认知范畴的一生。人类社会的发展，本质上也是一个不断寻找、确认和理解认知范畴的历史过程。人们寻找确认的认知范畴越多，人们的视野和精神也就越广阔；人们越是深入地理解认知范畴，人们的视野和精神也就越深刻。认知范畴可以大到一个星球，实质上可以无穷大，也可以小到一粒米，实质上也可以无穷小。但是，不管如何，人生毕竟有限。这就产生了著名的柏拉图问题：人与世界的接触是那么短暂、狭隘、有限，为什么能知道那么多的事情呢？我们不知道如何回答才算真正回答了柏拉图问题，但是有一点可以肯定："认知模式 = 对象 + 属性 + 属性值"是一个简单易学、高效易用的认知模式，这个认知模式在决定性的意义上帮助了人类在短暂的时间里、狭隘的空间里、有限的实践里获得了最大量的"事情"。基于此种认知模式，对所谓的"语言知识的柏拉图问题"就更容易回答了。为什么儿童在较少直接语言经验的情况下，能够快速一致地学会语言？笔者认为，这和人类的这个认知模式依然密切相关。就一个词来说，我们不可能在小时候就把这个词的意义全部掌握，因为词义也具有发展性，随着人类社会的发展变化，词义也会不断地演变。我们之所以可以快速地理解一个词、掌握一门语言，是因为我们掌握了认知词义的这个模式：词义结构模式 = 对象义 + 属性义 + 属性值义。这个结构模式可以模式化识别词义。对于没有学过的词的义项，或者新增加的意义，我们可以通过这个词义的认知模式来推衍获取。比如《现代汉语词典》对"馒头"的解释：①面粉发酵后蒸成的食品，一般上圆而下平，没有馅儿。②〈方〉包子：肉馒头。从这个释义可以得出"馒头"有五个主要属性，如表 2 - 3 所示。

表 2 - 3　基于《现代汉语词典》释义的"馒头"的词义球结构

对象义	属性义	属性值义
馒头	材料	面粉
	制法（制作方法）	发酵后蒸
	形状	上圆下平
	内容物（是否有馅）	没有馅
	方言称谓	包子

表 2-3 是词义的认知模式的表格化表述，这比词典的线性化释义更加形象生动。我们知道，词典释义主要是区别性释义，旨在把"馒头"和"包子、衣服"等对象区别开来，没有也没必要全部呈现"馒头"一词的相关词义知识。对此，一个最典型的佐证就是，《现代汉语词典》没有给出馒头的全部属性义，只是给出所谓的"理性意义"和所谓的"区别性义素"。幸好，我们可以通过这个词义的认知模式——词义结构模式＝对象义＋属性义＋属性值义——找到"馒头"的更多属性义，比如"味道、状貌、数量、个头、口感、功用"等都可以是"馒头"的属性义，而且还可以得到与这些属性义相匹配的属性值义，比如"甜甜的、非常养眼、一筐子、很大、很可口、贡品"等，当我们把这些属性义和属性值义作为具体的语义值赋予这个认知模式——对象义＋属性义＋属性值义——中的相关要素时，通过句法组合作用，我们就可以造出下面的两个句子：

（42）这个甜甜的馒头非常养眼。

（43）一筐子很大很可口的贡品馒头。

这些句子此前我们很可能没有使用过，也没有见到别人使用过，但是根据词义的这个认知模式，我们可以对其中的属性义和属性值义进行具体的语义赋值，只要所赋予的语义值是"馒头"一词具有的并且属性义和属性值义相互匹配，那就可以生成像例（42）和例（43）那样的合格的句子。总之，词义的这个认知模式，使得我们学习一门语言更容易。因为有了这个认知模式，人们对词义的获取就是模式识别性质的了，识别的可靠性和效度大大提高，不仅人们的语言运用能力（造句能力和析句能力）得以提升，而且人们的知识生产和积累也大大提速。最终在丰富而又有深度的语言知识的作用下，人类的智能也随之快速增长。

在心理研究史上，有关人类智能的来源问题，存在天赋论（innatism）和建构论（constructivism）两大观点。乔姆斯基推崇天赋论，认为人的智能结构和认知能力是人脑天生就有的，人类智能来源于天赋。而有别于天赋论的是建构论，该理论以瑞士的皮亚杰为代表，认为人类的智能来源于后天的经验和实践活动，智能性的思维结构是人出生以后，主体－客体相互作用的结果，是主体不断进行建构而成的。智能建构论也因此被称为相互作用论（interactionism）。词义球结构作为词义的模式识别，这种认知能力是天赋还是后天建构的，实际上很难说清楚。笔者只是觉得，语言是人的本质属性，语言能力具有先天的潜在性和后天的实践性，词义的模式识别能力可能既有天赋论的因素也有建构论的因素。

模式识别的关键是对认知范畴类别的把握，因为人们对认知范畴的识别，前提是对其进行分类，也就是范畴化，通俗地说，就是给认知范畴命名。分类的细致化，就是范畴的细致化，也代表人们认知能力的深化。人类知识的产生，很大程度上就是对认知范畴进行认知分类的结果。分类（范畴化）能力的提高，意味着人类认知能力的提高，而认知能力的提高关键是提高人类对认知范畴的模式识别能力。而要对认知范畴形成一定的认知模式，提高这种模式识别能力，分类的标准极为关键。模式识别（pattern recognition）也因此被称为模式分类（pattern classification）。"识别"就是把对象分门别类地认出来。Re-cognition（识别）一词的主要意思是对以前见过的对象的再认识。模式识别实际上就是对模式的区分和认识，把对象根据其属性和特点划归某一类。分类的标准很重要，不同的分类标准会得到不同的认知结果。分类的标准就是人们识别对象的视角，这些视角就是对象的属性。把实践对象的属性作为对其进行分类的标准是最自然的人类思维行为。就反映世界认知范畴的词来说，根据词的语义信息来给词分类，也同样离不开模式识别，因为获取词的语义信息需要模式识别，需要借助——对象义＋属性义＋属性值义——这样的认知模式来获取词义信息。例如，我们根据一个词的词义三要素的显/隐性存在状况，把对象义显性存在的词称为对象指示义的词（简称对象词），把属性义显性存在的词称为属性指示义的词（简称属性词），把属性值义显性存在的词称为属性值指示义的词（简称属性值词）。这种词类三分的知识获取，主要是借助词义认知模式，同时采用了词义要素在词义球结构中的显－隐性存在状况这一标准。没有这样的认知模式和判定标准，我们也不可能得出与众不同的词类三分的认识。

高效进行模式识别是有方法可循的。这些方法可以归纳为基于知识的方法和基于数据的方法两大类。基于知识的模式识别一般归属人工智能的范畴，其基本思想是，根据人们已知的（从专家那里收集整理的）关于认知范畴的知识，整理出若干描述特征和类别间关系的准则，建立一套推理系统和模型，并以此为工具去推理决策未知认知范畴的类别。其中，句法模式识别（syntax pattern recognition）也可以看作一种很有特色的基于知识的模式识别方法。句法模式识别的主要思想是：把认知范畴分解描述成一系列基本单元，每一个基本单元表达成一定的符号，而构成范畴的单元之间的关系描述成单元符号之间的句法组合关系，利用形式语言、句法分析的原理来实现对认知范畴的识别。在词义的理解和认知获取上，我们提出的词义球结构理论（SSWM）及其模型，就属于基于知识的模式识别。做此判定的根据就是我们一直坚持的一些观点：①词义是最精密的语法；②认知结构、词义结构、信息结构和句法结构四者同构；③词义球结构三要素的具体语义赋值可以导致词义结构的扩展；④词义球结构的扩展可以导致句法结构的生成；⑤语义信息的产生是对象义、属性义、属性值义互相匹配组合并进行计算的结果，语义信息具有组合计算特性，等等。这些观点构成了词义球结构及其模型的理论基础，也决定了词义球结构是一种基于知识的模式识别。

总之，基于词的实际用法的词义球结构理论具有宏观抽象的简洁性和微观描写的细颗粒度特征，词义球结构作为认知词义的基本模式，是词义知识信息的系统化、形式化存在与表达的基本方式，是词义的模式识别，有助于人们高效便捷地获取和运用词义知识，提高以造句和析句能力为基础的语言运用能力。和历史上相关语言学理论对词义学基点问题的阐释相比，词义球结构理论对词义本质和词义表征问题的阐释更具心理现实性、易感知性和可接受性。这和词义球结构具有模式识别的特征密切相关。

| 第 3 章 |

认知组合性词义观

3.1 词义观的内涵和历史演进

词义观是人们对词义的总的看法和根本观点，是一个包含不同层面的系统性的体系。笔者认为，人们对词义的"观看"不外乎两个方向：一个是内向观看，向内关注词义的内部结构，考察词义本身是否可分、如何切分、切分出来的各个部分在整个词义结构中的功能地位以及各部分之间有怎样的系统性关联，等等；一个是外向观看，向外关注词义与其他语言要素之间的关系，不但考察词义与其他语言要素之间的界面关系以及词义在整个语言系统中的功能地位和作用，也考察词义在自然语言处理中的地位和作用、词义（语义）知识库构建、词义与人用词典和机读词典编纂之间的关系、词义的计算性问题，等等。词义观具有实践性和主观性，随着认知实践的发展，人们的词义观会不断更新、不断完善、不断优化。本书中，我们把词义的内向观照和外向观照联合起来，在对词义的内部结构进行切分时，要充分考虑到词义与外部因素的关系，考虑到词义在更大范围、更大系统中的功用和地位，把词义的外向观照作为内向观照的前提和基础，词义向内的结构切分必须跟外向的功用结合起来，不能为了切分词义结构而切分词义结构，务必考虑切分完以后有什么用。这是我们形成新的词义观的基本指导思想。在笔者看来，作为体系的"词义观"一般由以下五个方面构成。

第一，词义内容观。词义内容观是指人们对词义是什么以及什么是词义这个问题的基本看法和观点，是词义观的前提和基础。从较早的词义指称观、词义反映观，到后来的词义概念观，再到后来的词义百科观等，都是旨在限定词义的基本内容，都想弄清楚词义到底是什么。词义指称观认为，词义就是指称。词义反映观认为，词义是对客观事物和现象的概括反映，词义就是反映在词中的客观事物和现象。词义概念观认为，词义就是概念表达。词义百科观认为，词义是百科知识的表达。

第二，词义结构观。词义结构观是指人们对词义是否有结构、词义内容如何存在、人们如何识解和接受词义内容等问题的基本看法和观点。词义结构观是词义内容观的进一步深化和具体化。如果认为词义有内容，那么这些内容如何存在、以怎样的方式存在，这些内容是否有结构，如果有结构，该如何解构，人们又是如何接受这些词义内容的，等等。我们用"词义结构"这一术语，本身就意味着词义是有组织、有结构的，这实际上是原子结构主义思想在词义学上的体现。历史上，有关词义结构观比较常见的观点和看法如下：词义不是单一存在的，是以词义场的方式存在的；词义分为概念义（理性意义）和色彩义，概念义是主体，色彩义是附属；词义分为词汇意义和语法意义，词汇意义是主体，语法意义是附属，是词进入句子以后获得的意义；词义分为本义（基本义）和引申义，本义是基础和前提，引申义是派生义；词义分为概念意义、联想意义（包括社会意义、内涵意义、情感意义、反映意义、搭配意义）和主题意义，概念意义是主体和基础（杰弗里·利奇，1987：13~33）；词义分为主体意义、关系意义和功能意义（赵世举，2005：92），等等。受结构主义思想的影响，人们不仅认为词义的内容是一个有组织的结构体，而且对这种结构体进行了多样性的描写与切分，得出了很多有关词义结构的基本看法和观点。词义结构观还包括词义的表征方法、词义的接受和传播问题。

第三，词义地位观。词义地位观是指人们对词义在语言中的地位问题的基本看法和观点。词义或者语义在历史上一个较长的时期内都没有得到应有的重视。我们知道，19世纪是一个特别重视语音的世纪，该世纪通过探求不同语言之间词汇和语音的对应关系，构建了语言谱系，其代表性成就是历时比较语言学。20 世纪是一个特别重视语法的世纪，该世纪通过探求自足的句法系统，创立了结构主义语言学、转换生成语言学等描写语法系统的分析模式，其代表性成就是共时描写语言学。21 世纪的今天，语义越来越受到学者们的重视，人类社会的交际发展，对语义的要求越来越高。作为语义基础的词义，理应得到更深广的关注，语义（词义）在语言（包括句法、语用等不同层面）中的地位理应得到更大的肯定。词义地位观还包括词义的价值和功能。

第四，词义关联观。词义关联观是指人们对词义与其他语言要素甚至非语言的百科知识之间的关联问题的基本看法和观点。词义与其他语言要素之间的关联关系包括词义与句法、词义与语音、词义与语用等不同层面之间的接口关系。词义关联观是词义地位的进一步深化和具体化。例如，学界已经认识到词义对句法有决定作用，这既说明了词义在语言中的基础性核心地位，也说明了词义和句法之间的接口关联关系。韩礼德提出词汇是最精密的语法的"语法家之梦"，也充分说明他已经认识到了词义和语法的内在关联关系。

第五，词义发展观。词义发展观是指人们对词义的发展演变以及存在状态等问题的基本看法和观点。在人类社会以及语言交际的历史长河中，词义是不是发展变化的，其存在状态是静止不变的还是动态发展的，人们对这些问题的看法和观点就构成了词义发展观。传统的词义观往往把词义当作静态的孤立体进行封闭式研究，对词义发展演变的动态性认识不足。现在，词义是动态发展演变的，这一观念已经得到了人们的认可。词义发展演变的根本原因是人类社会是在不断发展演变的。从历史发展来看，词义概括的范围的扩大、缩小和指称对象的转移是极为正常且大量存在的词义现象。

回顾词义研究的历史，可以清晰地看到，人们的词义观一直都处在不断的演进之中，从传统的词义观演进到现代的词义观，也是历史发展的必然。现代的词义观对词义本质和功能的把握，显然优于传统的词义观。比如，在谈到传统的词义观的弊端时，赵世举（2012）指出："（传统的词义观）几乎无法把词义与概念、与客观世界相区别，难于准确清晰地界定词义……也使我们难于把词义与词的运用相联系，即使掌握了词义，也对认识词的用法帮助不大。"对产生这些弊端的原因，赵世举（2012：142～143）指出："（这）是因为传统词义观没有充分重视'词义'这个语言范畴的语言属性，偏重于对词义与客观世界的关系以及词义生成的关注，较多地局限于词汇层面就词论词，把词的意义当作静态的孤立体进行封闭式解剖，而较少注意它的多维性和外部联系，更忽视了对词的组合特征的应有关注，致使对词义缺乏整体认识，并且与运用脱节，给出的词义信息对于语言理解和运用的作用有限。"赵世举的这些论述，对笔者的启发很大。首先，赵世举立足于词语的实际使用，基于词的用法，倡导面向语言理解和运用的词义信息观，具有明显的实用主义色彩。其次，赵世举认识到词义与外部环境的联系，认识到词义的动态性和多维性对词义观的形成极为重要，具有明显的发展的动态主义理念。最后，赵世举关注到了词义的组合特征，不是就词义和为词义而研究词义，而是从词义与句法的接口关系（词义对句法的影响）出发，对词义进行了比以前更为全面的观照，具有明显的多层面关联主义思想。

词义观的演进，也可以从人们对词义本质问题的历史看法中体现出来（具体请参阅本书 1.1 的相关论述）。无论是以"指称功能""概念功能"为词义本质的历史阶段，还是以"认知组合功能"为词义本质的历史阶段，其实都伴随着词义观的历史发展与演进。

3.2　认知组合性词义观的基本内涵

本书坚持认知组合性词义观（Cognition-Combinatory Meaning Outlook，CCMO）。

首先，我们认为词义具有认知本质，而且词义的认知本质和认知机制与人类的认知活动本质与认知机制具有内在的关联关系。换句话说，我们认可词义结构、认知结构和信息结构三者具有内在的一致性，这种一致性有助于揭示和解释人类认知活动的本质和机制。由于词与作为认知范畴的客观世界之间具有指称关系，认知结构会自然地向词义结构投射，认知结构的三要素——对象、属性、属性值——也会自然地向词义结构投射，因此，词义结构的三要素也可以根据认知结构要素而相应得到，即词义结构的三要素分别是"对象义、属性义、属性值义"。从信息论来看，认知范畴确定以后，我们要消除有关认知范畴的不确定性因素，认知范畴的不确定性消除得越多，我们从认知范畴中获取的信息就越多，因为信息就是消除了不确定性因素以后剩下的东西。比如，我们对对象的属性知道得越多，我们就越了解一个对象，当我们从对象的属性出发时，得到的认知结果（也就是属性的属性值）越多，我们从对象中获取的信息就越多。属性是对对象具有的不确定性因素的初步消除，而属性值的获取则是对对象的不确定性因素的进一步消除。因此，信息结构也可以表述为一个三元组构成的公式：【信息结构 = 对象 + 属性 + 属性值】。我们知道，词义本身就是信息，是语言信息的基础部分和细胞性单位。词义结构和信息结构天然地具有内在的一致性。因此，认知结构、词义结构、信息结构三者同构。

其次，我们认为词义具有组合本质，而且词义的组合本质与人类的语言运用和信息交流具有内在的关联关系。组合是语言运用的基本手法，也是语言运转的基本动力。从语言的表层形式上来看是词和词的组合运用，从深层内容上来看则是词义结构要素的不断赋值导致的词义结构的不断扩展。因此，句法结构的生成，本质上可以看作认知结构、信息结构、词义结构向句法的投射，认知、信息、词义、句法四者同构。本书提出的词义球结构理论（SSWM），也正是基于这四者同构的理念。我们以下面的例子做进一步的说明。

（44）鸡汤味道好。

例（44）是语言运用中的一个基本句子，表层形式上可以看作词和词（鸡汤、味道、好）之间的组合，深层内容上其实是词义球结构要素——对象义、属性义、属性值义——的具体赋值使词义结构扩展，从而生成了这个句子。我们可以以"鸡汤"这个词为对象，逐步消除对"鸡汤"在认知上的不确定性因素，比如鸡汤"有没有味道"或者鸡汤"能不能喝"，等等，这就是两个不确定的、需要消除的因素。当我们肯定鸡汤"有味道"时,我们就消除了一个不确定性因素,表层形式上,"鸡汤"之后就出现了一个"味道",而深层形式上,其实就是"鸡汤"的属性在一次具体的交际过程中被确定。紧接着,我们还需要继续给词的属性值义赋值,就是要确定属性"味道"的具体语义值。当赋予"味道"属性义以"好"的属性值义的时候,句子"鸡汤味道好"就生成了。至此,作为认知对象的"鸡汤"的词义结构的两个要素(属性义、属性值义),都进行了一次具体的语义赋值,词义的属性义被赋予"味道"这个语义值,而属性值义被赋予"好"这个语义值。可见"鸡汤味道好"实际上是"鸡汤"一词的词义球结构要素赋值扩展以后组合的结果。反过来说,"鸡汤味道好"这个句子以组合的形式体现了"鸡汤"一词的一个最小词义单元。这就是所谓的词义具有组合性特征。我们之所以说词义具有组合性特性,是因为句法组合本身就是词义存在的一种方式,或者说,组合是词义得以体现出来的最直观方式,也是词义在语言交际中的价值得以体现的基本方式。

总之,在词义本质这个词义学的基点问题上,本书坚持认知组合性词义观(CCMO)。我们认为词义具有认知特性,词义结构是认知结构的投射,同时词义也有组合特性,句法组合是词义存在的一种方式,是词义信息生成的最直观的体现形式。下面我们通过例(45)来阐释认知组合性词义观的基本内涵(邱庆山,2014a:20~22)。

(45) 小明去年大口吃红苹果。

首先,从语义认知的角度看,例(45)是个传递信息的语义匹配过程。人们从认知范畴中获取信息可以看作从指示该认知范畴的语言符号中获取信息。比如,例(45)中的词语"小明"一般是指现实世界的一个人,而"小明"这个人就是我们在语言交际中需要理解的对象。在语义认知匹配过程中,需要消除"小明"这个对象的不确定性因素,比如"小明的性别是什么、小明的身高是多少、小明多大了"等。像"性别、身高、年龄、能否发出动作'吃'"等这些不确定性因素消除得越多,我们对"小明"

这个对象的理解就越透彻，从"小明"这个对象中获取的信息就越多。邱庆山（2012，2014c）曾把获取信息的认知过程分为三个步骤：①确定对象；②确定该对象的属性；③确定与该属性相匹配的属性值。这三个互相有因应关系的步骤共同构成了一个认知结构：【认知结构＝对象＋属性＋属性值】。这个认知结构是抽象的上位认知结构，观念性地存在于人们的认知过程中，在具体的语言交际中这个认知结构都是以最小认知结构形式存在。一个最小认知过程也有三个步骤，依次是：确定对象，确定该对象的一个属性，确定与该属性相匹配的一个属性值。这三个互相有因应关系的步骤共同构成了一个下位概念的最小认知结构：【最小认知结构＝对象＋属性1＋属性值1】。以"吃"为例，其上位认知结构可以用公式表示如下：【"吃"的上位认知结构＝对象（吃）＋属性（　）＋属性值（　）】［"（　）"表示结构要素等待语义赋值的状态，"（吃）"表示结构要素已进行语义赋值的状态，下同］。"吃"的众多的下位最小认知结构可以用图3－1表示。

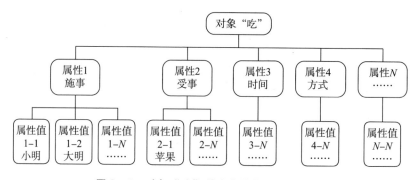

图3－1　对象"吃"的众多的最小认知结构

图3－1说明，当对确定的对象（比如动作"吃"）进行认知时，需要消除其"属性N"和"属性值N"的不确定性。当N分别取值为1、2、3、4……时，就得到了确定的"属性1、属性2、属性3、属性4……"和"属性值1－1、属性值1－2……属性值2－1、属性值2－2……"可见，"吃"的上位认知结构——【对象（吃）＋属性＋属性值】——其实由很多下位最小认知结构——【对象（吃）＋属性N＋属性值N】——组成。因此，从认知的角度看，人们从语言交际中获取语义信息的过程实质上是

个不断完成许多最小认知结构的认知过程。

其次，从句法组合的角度看，例（45）是个组词造句的句法组合过程。实际上，词和词之间线性的句法组合实质上可看成以句中的话题词或其他某个特定词为认知范畴的最小认知结构的显性呈现，因为句法结构和认知结构有因应关系，人们从体现认知范畴的词语符号中获取信息会导致句法结构的扩展，而且人们对认知范畴的信息获取需要完成许多的最小认知结构，需要对最小认知结构的三个要素不断地进行具体的语义赋值。这最终会导致句法结构在线性的链条上不断地组合并延伸。例如：

【JG0 = 对象（　　）＋属性（　　）＋属性值（　　）】

【JG1 = 对象（小明）＋属性（　　）＋属性值（　　）】

【JG2 = 对象（小明）＋属性（动作类别）＋属性值（　　）】

【JG3 = 对象（小明）＋属性（动作类别）＋属性值（吃）】

认知结构要素经过语义赋值以后，JG0 到 JG3 就在线性上得以组合并延伸，最后得到的 JG3 是个包含了认知结构和语义结构的复合结构，因为认知结构中的结构要素都带有语义值。JG3 的认知结构式是【JG3 - 1 = 对象 + 属性 + 属性值】；JG3 的语义结构式是【JG3 - 2 = 小明 + 动作类别 + 吃】。由于 JG3 - 1 和 JG3 - 2 都是隐性的，需要通过具体的语言符号显性地把它们表示出来，这就形成了 JG3 的显性的句法结构式【JG3 - 3 = 小明吃】。JG3 - 3 中之所以没有出现表示"属性"（动作类别）这个认知结构要素和语义结构要素的显性语言符号，是因为语言表达的经济原则。同样，"红苹果"这个句法组合结构的生成也遵循上述分析过程。

上述 JG0 到 JG3 以及 JG3 - 1 到 JG3 - 3 的转变过程就是我们所说的"隐性的认知结构及其结构要素经过具体的语义赋值以后显性地呈现为句法组合结构"的过程。换句话说，句法组合结构的生成是认知结构及其结构要素经语义赋值以后，显性地投射到语言符号组合层的结果。可见，句法结构组合过程是显性的，语义认知匹配过程则是隐性的，这两个过程具有内在的一致性，是彼此互相投射的结果。以上观照例（45）的两个角度

（"语义认知"和"句法组合"）以及由此角度形成的两个过程（"传递信息的语义匹配过程"和"组词造句的句法结构过程"）实质上就是人们说话时内在的心理认知过程和外在的语言符号组合过程的综合。这正如鲁川（2001：3）所言："人在说话时，总是首先说出一个话题（topic），然后再对这个话题加以说明（comment）。这就是说，说话者先用话题来提出一个不确定性，以引起听话者的悬念，然后再用说明去消除这个不确定性，从而解除听话者的悬念。"

最后，综合以上所有的分析过程，从"语义认知"和"句法组合"两个角度出发，把"传递信息的语义匹配过程"和"组词造句的句法结构过程"统一起来即可生成例（45）。例（45）的生成过程可通过图 3－2 来展示。

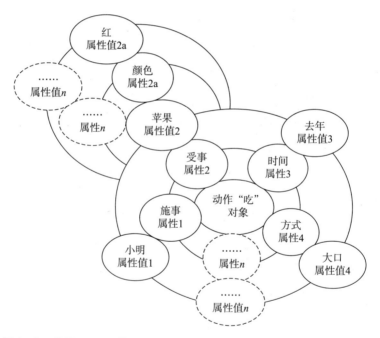

图 3－2　基于 CCMO 的"小明去年大口吃红苹果"的句法结构生成示意

图 3－2 说明，我们首先选择动作"吃"作为认知范畴（也可以首先选取句中其他任何一个词）并对表动作义的"吃"进行词义球结构的认知语义描写，此时至少会得到四个属性蕴涵义（属性 1－4）以及与这四个属性蕴涵义相匹配的属性值蕴涵义（属性值 1－4）。再据词义球结构模型就

可描写出一个以动作"吃"为对象指示义、以属性 $1-N$（$N \geq 4$）为属性蕴涵义、以属性值 $1-N$（$N \geq 4$）为属性值蕴涵义的球形词义结构。这个球形词义结构就是动词"吃"基于 CCMO 的词义球结构。在这个词义球结构中，属性 $1-N$ 和属性值 $1-N$ 之间都分别是并列关系，分别共同构成词义球结构的属性蕴涵义层和属性值蕴涵义层。由于词义球结构扩展是句法结构生成的基础，当对"吃"的词义结构进行扩展时（扩展是指对词义球结构的蕴涵义进行具体的语义赋值），我们会把"吃"的词义结构的"属性蕴涵义 $1-4$"分别相应地赋值为"施事、受事、时间、方式"，把"吃"的词义结构的"属性值蕴涵义 $1-4$"分别相应地赋值为"小明、苹果、去年、大口"。这些具体的语义赋值说明"吃"的词义结构已经进行了扩展，这也意味着以"吃"为中心的句子已经生成，只需按一般的认知规律——"施事、方式和时间都在动作前，受事在动作后"——线性串联"属性值蕴涵义 $1-4$"和动作"吃"的对象指示义就得到了句子"小明去年大口吃苹果"。这个句子和例（45）相比，其句法组合结构中还差一个形容词"红"，这是因为"红"是以"苹果"为认知范畴并且对"苹果"进行词义球结构描写时得到的一个属性值。属性值"红"和动作"吃"没有直接的句法关联和语义关联，它是以"苹果"为中心的词义球结构的词义要素。这就是说例（45）实际上是两个词义球结构扩展的结果，一个以动作"吃"为中心，是"吃"的词义球结构的扩展，一个以事物"苹果"为中心，是"苹果"的词义球结构的扩展。但不管怎样，例（45）的句法组合结构生成最终都是按一般的认知规律、相应地串联起所有的属性值蕴涵义的结果。

总之，CCMO 的精神实质是：词义结构是个具有显隐性的三层复合结构，第一层是由三个要素——对象、属性、属性值——构成的隐性的认知结构；第二层是由三个要素——对象义、属性义、属性值义——构成的隐性的语义结构；第三层是由三个要素——对象词、属性词、属性值词——构成的显性的句法组合结构。受语义认知和语言的经济原则等的制约，属性词往往不出现在显性的句法组合结构中。CCMO 的基本内涵可简述为：三个结构（认知结构、语义结构、句法结构）；三组要素（对象、对象义、

对象词；属性、属性义、属性词；属性值、属性值义、属性值词）；两种
状态（显性、隐性）。

3.3　认知组合性词义观与句法能力

句法能力是指句法建构能力（生成能力）和句法解构能力（理解能
力），是一个人的语言能力的基础和核心。认知组合性词义观（CCMO）是
对词义生成和理解之规律的一种模型化观照，是进行词义结构描写的基础
性理念。CCMO 的一个重要特性就是着眼于人们的句法能力以及语言能力
的提高。CCMO 要求人们在理解词义时，要牢记词义具有认知特性和句法
组合特性，要从认知和句法组合的角度出发，坚持认为词义结构的生成是
认知结构向语言符号投射的结果，而词义结构的显现则是词语间的句法组
合驱动的结果。基于 CCMO，句法结构的生成可看成词义结构扩展的结果，
词义结构是句法结构生成的基础。词义结构扩展就需要对词义结构要素进
行具体的语义赋值，而语义值的选择是跟人们的交际目的和交际内容紧密
相关的，也跟人们的认知能力密切相关，语义值选择是否恰当跟人们的认
知能力高低成正相关关系。

笔者认为，句子生成是一个词的词义结构扩展的结果。理论上说，这
个词可以是任何类别的一个词，但在实际的分析操作中，人们一般选择动
词或者事物名词作为分析的核心词或者起点词，也就是一般以这个动词或
者事物名词为核心或起点，去分析这个词和其他词之间的词义结构关系。
这也符合句法结构生成理论中的"动词中心论"或"名词中心论"。下面，
我们以实例来说明语义赋值能力和人们的认知能力之间的正相关关系。

（46）他们观点相同。

考察例（46）这个句子的生成，实际上可以把"他们、观点、相同"这三
个词当中的任何一个词当成分析的核心词或者起点词，对其中的任何一个
词进行词义球结构的扩展分析，都可以得到这个句子。

如果以"他们"作为认知分析的起点,也就是认知范畴,由于这个认知范畴是独立型的认知范畴,那么我们就会继续寻找"他们"这个认知范畴的属性。而"(是否具有)观点"就是"他们"这个独立型认知范畴的众多属性当中的一个。然后我们再继续寻找与"观点"这个属性相匹配的认知结果作为属性的"值",而"相同"就是"观点"这个属性的众多属性值中的一个。最后当我们把这个认知过程中的三个阶段所取得的认知成果语言符号化并线性排列起来以后,就得到了例(46)这个句子。

如果以"观点"作为认知分析的起点,也就是认知范畴,由于这个认知范畴是依附型的认知范畴,属于属性类认知范畴,那么我们会在此基础上寻找"观点"这个依附型属性类认知范畴的宿主(所有者)。而"他们"就是"观点"这个依附型属性类认知范畴众多的宿主/所有者当中的一个。然后我们再继续寻找与"观点"这个依附型属性类认知范畴相匹配的认知结果作为属性的"值",而"相同"就是"观点"这个属性的众多属性值中的一个。最后当我们把这个认知过程中的三个阶段所取得的认知成果语言符号化并线性排列起来以后,就得到了例(46)这个句子。

如果我们以"相同"作为认知分析的起点,也就是把"相同"作为我们的认知范畴,由于这个认知范畴是依附型的认知范畴,属于属性值类认知范畴,那么我们会在此基础上寻找"相同"这个依附型属性值类认知范畴的属性。而"观点"就是"相同"这个依附型属性值类认知范畴众多的属性当中的一个。然后我们再继续寻找"观点"这个依附型属性类认知范畴的宿主(所有者),而"他们"就是"观点"这个依附型属性类认知范畴众多的宿主/所有者当中的一个。最后当我们把这个认知过程中的三个阶段所取得的认知成果语言符号化并线性排列起来以后,就得到了例(46)这个句子。

从以上的分析可以得出三点认识。

第一,句法能力的提升需要一定的认知能力。在一定的语境中,要能判定不同的词属于什么类别的认知范畴,是依附型认知范畴还是独立型认知范畴。比如,"馒头、沙发、吃、喜欢"等,属于独立型认知范畴。"颜色、价格、形式、洁净度"等,属于依附型认知范畴。有时候语境不同,一些词像"理想"可能属于独立型认知范畴，比如"三个理想"就是把"理想"作为独立型认知范畴，表达的是"对象（理想）＋属性（数量）＋属性值（三个）"。也可能属于依附型认知范畴，比如"生活很理想"就是把"理想"作为依附型认知范畴，表达的是"对象（生活）＋属性（满意度）＋属性值（很理想）"。

第二，句法能力的提升需要具备通过组合来呈现语义的能力。语义，无论是词义还是句义，在语言交际中都是以组合的形式呈现的。语言信息的输入和输出，都是以组合的形式进行的，其中最基础的组合形式就是词义球结构的三个要素的匹配组合。就独立型认知范畴而言，该范畴与相关属性互相依存、匹配组合，相关属性与相关的属性值互相依存、匹配组合，这是一种自然的、内在的、必然的磁性组合。就依附型属性类认知范畴而言，该属性分别与相关宿主和相关属性值依存、匹配组合，这也是一种自然的、内在的、必然的磁性组合。就依附型属性值类认知范畴而言，该属性值与相关属性依存匹配组合、相关属性与相关宿主依存匹配组合，这仍然是一种自然的、内在的、必然的磁性组合。

第三，句法能力的提升需要具备较强的给词义球结构要素赋值的能力。人们要造出具有最佳表达效果的理想句子，就需要具备较强的给词义球结构要素赋值的能力。比如我们想表达"语言研究"给研究者带来的感受以及人们是否喜欢"语言研究"工作，我们可以说"语言研究味同（嚼蜡、喝水、喝蜜、酣睡、饮酒、啃甘蔗、嚼菜根、吃肉……）"，也可以说"语言研究价值（连城、如金、高、低、很高、很低、最高、最低、很大、不大、不小……）"。括号里的备选项就体现了一个人的词义球结构要素的赋值能力。当我们认知"语言研究"这个对象时，我们会寻找这个对象的属性，这些属性也是人们认知"语言研究"的途径或者视角，其中"味觉感受"和"价值"就是语言研究的众多属性当中的两个，而"嚼蜡、喝水、喝蜜、酣睡、饮酒、啃甘蔗、嚼菜根、吃肉"等，都是"味觉感受"这个属性的比喻性的属性值；"连城、如金、高、低、很高、很低、最高、最低、很大、不大、不小"等，则都是与"价值"这个属性相匹配的属性值。总之，因为【词义结构＝对象义＋属性义＋属性值义】，所以说，对词义结构要素进行赋值，就是要确定对象是哪个词，对象的属性有哪些，与属性相匹配的属性值是什么。对词义结构要素所做的具体赋值，就是词义结构的扩展，而词义结构的扩展会导致句法结构的生成，会导致句子的产生。可见，词义球结构要素的赋值扩展能力，与句法建构生成能力是正相关关系。

但是，如果对认知组合性词义观（CCMO）和词义球结构的内涵理解不深刻，就很可能会在造句上出问题，造出一些不合格的句子。比如下面的例（47）就是不合格的句子。

（47）店里的馒头各异。

例（47）是不成立的，这是因为"馒头各异"是不合格的组合。根据词义球结构理论（SSWM），"馒头"是一个独立型的认知范畴，"各异"是一个属性值类的依附型认知范畴，二者组合时，必须有"属性"作为组合的桥梁且须显性出现在句法结构中，否则"馒头"与"各异"直接组合是没有意义的（歧义和多义对于具体的交际来说，也是没有意义的，应该避免）。由于"馒头"的属性很多，可以是"价格、产地、味道、形状、颜色、大小、轻重、功能、材料、干净度、湿度、温度、种类、含沙量、营养度"等之中的任何一种，而且更为关键的是这些属性中的任何一种，都可以跟属性值"各异"匹配组合，这就导致了"馒头各异"是一个没有确定意义的组合，也就不能在具体的语言交际中使用了。"馒头各异"不能实际使用的另一个证据是互联网搜索的结果。我们以"馒头各异"为完整的关键词，采用高级搜索的方式通过百度搜索引擎在互联网上搜索"馒头各异"，时间限定为全部时间，文档格式取所有网页和文件，关键词处于网页的任何地方，结果没有找到与"馒头各异"相关的网页。总之，"馒头各异"的句法组合不能成立，可通过认知组合性词义观（CCMO）和词义球结构理论（SSWM）得到解释。由此可见，认知组合性词义观（CCMO）和词义球结论理论（SSWM）有助于人们的句法能力——句法建构能力和句法解构能力——的提升。

　　语言系统是靠组合规则和聚合规则来运转的，相应地，词义系统运转的动力也是来自组合规则和聚合规则。词义球结构三要素之间具有一种依存组合关系，这种依存组合关系可以保证语义信息的产生。一个最小的词义球结构，就是一个最小的语义单元。词义球结构三要素都可为具体语义赋值，尤其是词义球结构中的蕴涵义要素可以进行多次语义赋值，这些语义值之间具有某种共性，自然地聚集在一起，彼此之间以聚合关系构成一个集合体。由于词义球结构要素的具体语义赋值可以导致词义球结构的扩展，从语义信息生成的角度看，词义球结构的扩展与句法结构的生成具有内在一致性，词义球结构的扩展可以导致句法结构的生成。因此，基于认知组合性词义观（CCMO）扩展词义球结构的能力，跟一个人的句法能力成正相关关系。

第4章

对象词的词义球结构描写与建模

本书基于词义球结构理论（SSWM）和认知组合性词义观（CCMO），根据一个词在词义球结构中可以承担何种性质的词义要素，或者说，根据一个词可以成为词义球结构中的哪一个要素的语义赋值，把现代汉语的词汇分为三类，分别是对象词、属性词和属性值词。在词义球结构中，能够承担对象义要素、成为对象义要素的语义赋值的词是对象词；能够承担属性义要素、成为属性义要素的语义赋值的词是属性词；能够承担属性值义要素、成为属性值义要素的语义赋值的词是属性值词。关于对象词、属性词、属性值词的区分，还可以从词义结构的三个要素在词义球结构中的显隐性状态入手。在对象词的词义球结构中，对象义要素是显性存在的，称为对象指示义，因此我们就把对象词称为对象指示义的词，而其他两个词义要素（属性义要素和属性值义要素）都是隐性存在的；在属性词的词义球结构中，属性义要素是显性存在的，称为属性指示义，因此我们就把属性词称为属性指示义的词，而其他两个词义要素（对象义要素和属性值义要素）都是隐性存在的；在属性值词的词义球结构中，属性值义要素是显性存在的，称为属性值指示义，因此我们就把属性值词称为属性值指示义的词，而其他两个词义要素（对象义要素和属性义要素）都是隐性存在的。关于对象词、属性词、属性值词的区分，还可以从一个词所指称的认知范畴所具有的独立性和依附性特征入手。凡是对象词，其所指称的认知范畴都属于独立型的认知范畴，而属性词和属性值词所指称的认知范畴都不是独立型的，而是依附型的认知范畴。

总之，对象词是承担对象义要素的词，是对象义要素处于显性的指示义状态的词，属于独立型认知范畴的词，包括传统的现代汉语词类中的动词、事物名词（非属性名词）、代词（仅包括指代动作行为、人事物的代词）、拟声词（仅包括作独立语和谓语的拟声词）。属性词是承担属性义要素的词，是属性义要素处于显性的指示义状态的词，属于（属性）依附型认知范畴的词，包括传统的现代汉语名词中的属性名词。属性值词是承担属性值义要素的词，是属性值义要素处于显性的指示义状态的词，属于（属性值）依附型认知范畴的词，包括传统的现代汉语词类中的形容词、数词、量词、副词、介词、连词、助词。

需要特别指出的是，现代汉语叹词（interjection）一般表示惊讶、赞美、埋怨、叹息等感情，起呼唤、应答的作用，其独立性很强，不跟其他词组合，也不充当句子成分，而且能独立成句，无论是在句子的前边还是后边出现，在它的前后都有一定的停顿。因此，基于认知组合性词义观（CCMO）和具有依存匹配关系性质的词义球结构理论（SSWM）进行叹词的词义球结构描写，似乎不太适合，因为叹词尽管有认知语义性质，但是没有句法组合性质，叹词不跟其他词发生组合关系，一般不进入句子结构。从认知语义性质出发，叹词的词义结构可以公式化为：【叹词词义结构 = 对象义（叹词）＋属性义（情感类别）＋属性值义（惊讶、赞美、埋怨、叹息……）】。但是，叹词的这种词义球结构无法在句法组合层面通过语言符号组合的形式呈现出来。不过，叹词有时候可以活用，作谓语或者定语，重叠以后也可以作状语。活用时可以按照动、形容词或者副词来描写其词义结构。鉴于此，本书暂不讨论只有认知性没有组合性的叹词的词义球结构描写问题。

4.1 对象词的内涵和外延

对象词是标记独立型认知范畴的语言符号。笔者把"动作行为"和"人事物"看作独立型的认知范畴，认为这个世界上只有动作行为、人事物是相对独立存在的，是可以直接感知的认知范畴，并把这类认知范畴称为独立型认知范畴。在人类的认知结构三要素中，对象要素就是指的这类独立型认知范畴。例如，表示动作行为的"吃、喝、玩、学习、奔跑、思念、控诉、喜欢"等动词都属于标记独立型认知范畴的对象词，表示人事物的"雷锋、刘科长、姐姐、战争、瘟疫、庆典、婚礼、馒头、歌曲、苹果、理想、噩梦、爱情、桌子、沙子"等事物名词也都属于标记独立型认知范畴的对象词。从哲学的角度看，人也是物，因此本书把表"人"的名词和表"事、物"的名词一起合称为"事物名词"。

我们知道，现代汉语的代词是指代替名词、动词、形容词、数量词、副词的词，包括人称代词（如我、你、他、我们、咱们、自己、人家等）、疑问代词（如谁、什么、哪儿、多会儿、怎么、怎样、几、多少、多么等）、指示代词（如这、这里、这么、这样、这么些、那、那里、那么、那样、那么些等）三种。由于词义球结构理论（SSWM）关注的是词义对句法的影响，着眼于动态的句法－语义互动关系，因此代词的词义球结构描写要根据其在句法运用中实际指代的词的性质来进行。本书根据代词在具体语境中的实际指代的具体内容的性质，把该代词划归对象词、属性词、属性值词，分别按照这三类词的词义球结构进行描写和模型构建。如果一个代词实际指代的是独立型认知范畴的词，那么就按照对象词的词义球结构模型进行描写。如果其实际指代的是依附型认知范畴的词，那就按照依附型认知范畴的词的词义球结构模型进行描写。根据这个原则，人称代词都属于对象词，疑问代词和指示代词中指代人、物、事情、动作行为等的代词也属于对象词。

正如传统的现代汉语词类划分存在兼类词一样，对象词、属性词、属性值词之间也有兼类现象。例如"理想"这个词，我们可以把其归入"对象词"，但是它也可以作为"属性值词"使用，比如下面的句子。

（48）生活的理想就是为了理想的生活。

在这个句子中，第一个理想是"对象词"，划归事物名词，属于独立型认知范畴，记作"理想 N"，第二个理想是"属性值"词，划归形容词，属于依附型认知范畴，记作"理想 a"。句法组合结构"生活的理想 N"实际上可以看作"理想 N"的词义球结构三要素经过一次赋值以后扩展生成的一个最小词义球结构。这个生成过程是这样的。首先，我们的语义认知机制中有一个最小词义球结构的公式：【最小词义球结构＝一个对象义＋一个属性义＋一个属性值义】。其次，在这个公式的基础上，我们开始对词义球结构要素进行具体的语义赋值，由于是最小词义球结构，所以只赋一次语义值，也就是把"理想 N"赋予"对象义"，把"领域"赋予"属性义"，把"生活"赋予"属性值义"，于是我们就得到了"理想 N"的一个最小词义球结构，用公式表示为：【理想 N 的一个最小词义结构＝对象义（理想 N）＋一个属性义（领域）＋一个属性值义（生活）】。最后，再把这个认知语义结构式词汇化，即用相应的词去替代相应的词义结构要素，就得出了相应的句法组合结构：【生活的理想 N＝理想 N＋领域＋生活】。按照汉语的句法结构规律，调整"理想 N＋领域＋生活"的结构顺序、省略属性词"领域"以及添加相应的结构助词"的"就成了"生活的理想 N"这个句法组合结构了。同理，句法组合结构"理想 a 的生活"实际上可以看作事物名词"生活"的词义球结构三要素经过一次赋值以后扩展生成的一个最小词义球结构。这个生成过程是这样的。首先，我们的语义认知机制中有一个最小词义球结构的公式：【最小词义球结构＝一个对象义＋一个属性义＋一个属性值义】。其次，在这个公式的基础上，我们开始对词义球结构要素进行具体的语义赋值，由于是最小词义球结构，所以只赋一次语义值，也就是把"生活"赋予"对象义"，把"满意度"赋予"属性义"，把"理想 a"赋予"属性值义"，于是我们就得到了"生活"的一个最小词义球结构，用公式表示为：【"生活"的一个最小词义球结构＝对象义（生活）＋一个属性义（满意度）＋一个属性值义（理想 a）】。最后，再把这个认知语义结构式词汇化，即用相应的词去替代相应的词义结构要素，就得出相应的句法组合结构：【理想 a 的生活＝生活＋满意度＋理想 a】。按照汉语的句法结构规律，调整"生活＋满意度＋理想 a"的结构顺序、省略属性词"满意度"以及添加相应的结构助词"的"就成了"理想 a 的生活"这个句法组合结构了。

以上说的是"理想"兼类"对象词"（事物名词）和"属性值词"（形容词）的情况。有时候，"理想"也可以兼类"属性词"（属性名词），比如，让一个人自我介绍时，我们可以让他谈一谈他自己的"籍贯、信仰、职业、年龄、理想、特长"等，我们可以把"籍贯、信仰、职业、年龄、理想、特长"等都作为一个人的"属性"，这时的"理想"跟其他属性词"籍贯、信仰、职业、年龄、特长"一样，都分别标记认知这个人的一个角度，从这些认知角度出发，我们可以全面深入地了解这个人。此时的"理想"就是一个"属性词"，就可以生成很多类似"小张的理想是做一个平面模特"和"小张理想坚定"这样的句子。总之，对象词、属性词、属性值词有时候存在兼类情况。但是，把"对象词"当"属性词"甚至"属性值词"看待，并不影响我们对"对象词"的词义球结构描写。因为在具体的语言环境中，一个词的词类身份是固定的，也是很好确认的。具体语境中的一个词到底是对象词、属性词还是属性值词，是非常容易区分的。而当具体语境中的一个词是对象词时，就按照对象词的词义球结构进行描写和理解，当具体语境中的一个词是属性词或者属性值词时，就按照属性词或者属性值词的词义球结构进行描写和理解。正如传统地划分现代汉语词类时存在兼类词一样，按照认知组合性词义观（CCMO）和词义球结构理论（SSWM），在把现代汉语的词汇划分为对象词、属性词、属性值词时，也同样存在兼类现象。词的兼类现象体现了语言系统的经济性特征，减少了语言符号的数量。允许适量兼类词的存在，这应该是语言作为交际工具系统的一个优点。

拟声词是模拟声音的词，例如"咣当、叮当、哗啦、叽叽喳喳、噼里啪啦、轰隆隆、叽里咕噜、呼呼"等。拟声词可以作状语、定语、补语、谓语、独立语，其中作状语最常见。由于词义球结构理论（SSWM）和认知组合性词义观（CCMO），都是面向句法 - 语义界面的，尤其关注词义对句法的影响，因此，我们在充分考虑拟声词的句法功能的基础上，把充当独立语和谓语中心语的拟声词划归"对象词"，看作独立型认知范畴，而把充当状语、定语、补语等的拟声词划归"属性值词"，看作依附型认知范畴。例如（黄伯荣、廖序东，2007：22～23）：

（49）冰箱过一会儿嗡一下，这两天嗡得越来越勤了。（拟声词"嗡"作谓语中心）

（50）啪嗒！窗外炸雷声里，有人急急地走进乡政府院子。（拟声词"啪嗒"独立成句）

例（49）的"嗡"作动词，表示动作行为，例（50）的"啪嗒"模拟炸雷声，表示一种声音。这两例中的拟声词都可以看作独立型认知范畴的对象词。

在例（49）中，小句"冰箱过一会儿嗡一下"可以看作"嗡"的词义球结构扩展生成的，"嗡"的属性有"施事、频率、动量"，与这些属性相匹配的属性值分别是"冰箱、过一会、一下"。小句"这两天嗡得越来越勤了"可以看作由"嗡"的词义球结构扩展生成的，"嗡"的属性有"发生的时间、频率、时态"，与这些属性相匹配的属性值分别是"这两天、越来越勤、了（现在完成时态）"。

例（50）中，"啪嗒"是作为一个独立语使用的，根据整个句子的意思，"啪嗒"的属性是"发生的位置、模拟的物类"，与这些属性相匹配的属性值分别是"窗外、炸雷声"。根据我们的初步考察，拟声词更多地属于动词类。需要说明的是，尽管此例中的"啪嗒"独立成句，但是它仍然可以跟别的词组合，比如可以是"窗外炸雷声啪嗒"这样的组合，也可以是"窗外啪嗒炸雷声"这样的组合。拟声词和叹词在独立成句上还是有区别的，拟声词既可以有句法组合性也可以有认知语义性，叹词只有认知语义性。

总之，和传统的现代汉语词类相比，本书的对象词包括动词、事物名词、指代动词和事物名词的代词、作独立语和谓语的拟声词等。

4.2 对象词的词义球结构

对象词作为一种语言符号，其标记指代的是世界上的独立型的认知范畴。人们对语言符号的意义的把握，跟人们认知这个符号所指代的客观对象有密切的关系。

我们知道，"语义"与"世界"的关系一直是语言学家所关心的话题。西方哲学史上的意义指称理论认为，名称通过指示或指称外部世界的事物或事实而具有意义，一个名称的意义就是它所指示或指称的对象，名称和对象之间有对应关系。意义指称论者认为，语义对应现实世界中的事物，要完全解释某一词语的意义常常需要考虑意象所指、隐喻联想和普通百姓对世界的理解。因此，一个词的意义一般无法通过词典定义之类的形式来解释。

意义指称理论所谓的"对象"，其内涵和外延过于宽泛，既包括人、事、物，也包括某种状态、性质、关系等。这使得意义指称理论的解释力大大减弱，只在解释专有名词和有定名词时才显得特别有效。因此，本书吸取意义指称理论的合理成分，结合笔者的理论思考和描写实践，把"对象"这个概念的具体内容界定为专指事物名词（非属性名词）、动词、代词（指代动词和事物名词的代词）、拟声词（作独立语和谓语的拟声词），而把指代状态、性质、关系等的词划归属性词或者属性值词。同时，笔者考虑到状态、性质、关系等也可以成为人类实践活动的认知对象，于是我们进一步把对象词看作独立型认知范畴的词，而把属性词和属性值词统一起来，一并看作依附型（非独立型）认知范畴的词。这样一来，意义指称理论中的"对象"这一概念就被笔者分为"独立型"对象和"依附型"（非独立型）对象两种。这样做既从形式上保全了意义指称理论中的"对象"一词的涵盖面，又从概念内部对其做了细致而又具本质性的划分。本章若无特别说明，所使用的"对象"均指独立型对象。

笔者认为，既然我们不能像词典一样，用下定义的方式来解释一个词的意义，那么我们就把这个词和现实世界的所指联系起来，通过现实世界中人们对该事物的实践认知来理解这个词的意义。我们知道，现实世界中，人们的实践活动过程是有结构的，我们认知一个实践对象，一定是有序、有规则的实践活动。如果我们能把这个有序、有规则的认知实践活动的结构描写出来，那么我们就可以得到一个词语的意义结构，按照这个意义结构来解释、理解词语的意义就合情合理了，也容易得多。本书中，我们把这个认知实践结构和词义结构都理解成一个三元结构，分别是：【认知结构 = 对象 + 属性 + 属性值】，【词义结构 = 对象义 + 属性义 + 属性值义】。词义在接受和传递的过程中，会以语言符号组合的句法结构形式存在，因此，词义的句法形式结构就和词义结构同构，用公式表示就是：【句法结构 = 对象词 + 属性词 + 属性值词】。由此笔者认为，一个词的认知结构、词义结构和句法结构三者是同构的。

就对象词来说，比如"房子"这个词就指称现实世界中的一种物，是一个对象词，要理解这个对象词的意义，就需要借助认知结构，分三步走。第一步需要确定"房子"在现实世界中的具体所指，如果压根儿没有见过房子，那么对深度理解这个词的意义就会造成困难。第二步，在确定"房子"这个词的具体所指以后，还必须从一个具体的角度去认知这个对象，对象的属性就是我们掌握对象的角度，反之亦然，掌握对象的角度就体现为对象的属性。我们知道，房子的"属性"有很多，我们了解房子的角度也有很多，比如房子的"颜色、样式、材料、功能、所有者、建造者、成本、售价"等都可以是我们把握房子的角度。第三步，在找到认知房子的角度（房子的属性）以后，我们还必须得出与这些属性相匹配的认知结果——属性的值。只有完成了这第三步，得出了相应的属性值，我们才算顺利完成了对房子的认知实践活动，才较为深刻地理解了"房子"这个对象词的意义。假如我们找到了房子的一个属性，比如"颜色"属性，但我们却无法得到"房子到底是什么颜色"的认知结果，这种情况说明我们在认知实践上还不了解房子。假如我们无法判断"白色的房子"这个句法组合是否成立、是否有意义，那就说明我们在语义上还不了解"房子"这个词的意义。

再比如对象词"打"，这个词指称现实世界中的一种动作，但是如果要进一步深入理解这个词的意义，在认知实践上我们就需要分三步走。第一步很简单，就是造一个词"打"，而且让它跟现实世界中的某种动作关联起来，约定俗成地关联起来以便确认这个词在现实世界中的所指对象。第二步，我们需要从不同的角度来认知"打"这种动作，也就是要尽可能多地找出"打"的属性，把这些属性作为全面深度认知这个动词的抓手，比如"打"这个动作的"施事、受事、与事、工具、方式、结果、目的、程度、方向、动量、频率、速度"等，都可以成为我们进一步深度理解"打"这个动作的途径、角度、抓手。我们把这些途径、角度和抓手看作动作的属性。需要说明的是，即使我们找到了这些属性，也不意味着我们完成了对"打"的整个认知活动，还需要第三步，即找到与这些属性相匹配的属性值，最终得到相关的认知结果，才算完成了认知"打"这种动作的认知过程。比如我们从"施事"这个属性出发，会发现"张三、李四、王二、大叔、大妈"等都可以成为与"施事"这个属性相匹配的属性值，即这些人都可以成为"打"的"施事"。其实从理论上来说，我们对"打"这个动作的认知是无限的，似乎没有终结的可能，因为随着人类社会和人的思维的不断发展，我们的认识也是不断发展的，对"打"的认知就会越深刻、越全面。但是，在一个相对稳定的历史时期，在一定的语言和社会的发展阶段，我们对"打"的认知可以达到一个相对完整的程度。日常的语言交际实践活动中，一般来说，我们只需要完成一个最小的认知活动过程即可获取一个最小认知结果，也就意味着获取了一个特定的语义信息。这个最小认知活动过程需要三个要素：一个对象、该对象的一个属性、该属性的一个属性值。这三个要素构成了一个最小认知结构：【最小认知结构 =（一个）对象 +（一个）属性 +（一个）属性值】。当我们把这个最小认知结构投射到词义结构上，就获取了一个最小词义结构：【最小词义结构 =（一个）对象义 +（一个）属性义 +（一个）属性值义】。比如"打"这个词的词义结构就是由很多最小词义结构构成的，其中的一个最小词义结构如下：【"打"的一个最小词义结构 = 对象义（打）+ 属性义（施事）+ 属性值义（张三）】。

同理，"代词"（代指事物名词和动词）的词义结构的认知描写可以依照代词所指代的具体事物名词和动词来进行描写，"拟声词"（作独立语和谓语）的词义结构的认知描写可以根据其模拟的具体对象所属的词类来进行认知描写。一般而言，拟声词可以归属动词类。因此，可以按照动词的词义结构进行描写。

综合上述分析，可以看出，对象词的词义结构由三个要素构成，其中对象义要素是显性存在的，是可以显性感知的（通俗地说，是可以直接看出来的），具有显在的标记性；属性义和属性值义都是隐性存在的，不可以直接识别出来，需要一定的认知思维能力才能获取（通俗地说，是需要思考才能想出来的）。对象词的三个语义要素之间存在自然性和社会性的因应关系，需要一定的自然知识和社会知识以及一定的认知思维能力才能顺利获取。根据认知组合性词义观（CCMO）和词义球结构理论（SSWM），对象词的词义球结构模型可以构建如图 4 - 1 所示。

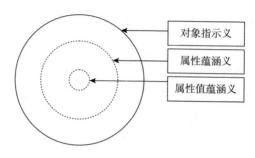

图 4 - 1　对象词的词义球结构（剖面）示意（不透明虚心球）

就对象词来说，词的对象义就像一个圆球的外表面，显性地存在而且具有无界性。按照"点、线、面"之间的构成关系，这个圆球的外表面实际上是由很多点构成的，我们称这些点为对象义点。而且任何一个对象义点和整个圆球的表面都是全息关系。这就好比一滴水和一碗水，两者同质同构，并且所有的对象义点紧密联系在一起形成一个显性存在的整体（图4 - 1 中的黑实线圆所示）。总之，这个球体外表面上的任何一个点，都是全权代表整个球面的。比如我们在球面的 A 处取对象义点 A，在 B 处取对象义点 B，在 C 处取对象义点 C，在 N 处取对象义点 N，则 A = B = C = N。圆球的内部则隐性地充盈着无数的属性义与属性值义，它们就像空气，共同撑起整个球面，使得这个球充实、丰满、鲜活、生动。之所以说是隐性存在，是因为从球的外面看不见里面，圆球里面的空间物——属性义和属性值义——是隐性存在的。所有的属性义构成属性义层，所有的属性值义构成属性值义层，而且每一个属性义都不相同，每一个属性值义也彼此不同，这些不同在图中用点状虚线圆表示。属性（值）义虚线圆表示属性（值）义是隐性存在的一个层集，点状虚线表示属性（值）义点很多，而且彼此各不相同。词义球结构的三个组成要素之间有规律性的对应关系，比如，对象词的对象义至少有一个属性义与其匹配，这一个属性义至少有一个属性值义与其匹配。需要说明的是，图4-1只是球体的一个经过球心的横截面，是一个圆，是词义球的剖面示意图。当然了，把词义结构看成一个大圆套小圆的圆结构也是可以的，只是我们觉得把词义结构看成一个球结构更能显示出词义结构所具有的巨大的信息张力和句法活力。

为了更全面、更深刻地认识对象词的词义球结构，我们可以把图4-1所示的"不透明虚心球"模型变换成图4-2所示的"透明实心球"模型。

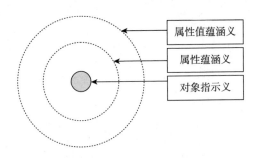

属性值蕴涵义

属性蕴涵义

对象指示义

图4-2　对象词的词义球结构（剖面）示意（透明实心球）

从图4-2这个透明的实心球模型，我们很容易看出，所有对象词的词义球结构中，对象义要素只有一个，而且是显性存在的，人们可以直接看到、记住，并继承下来传承下去。比如，"黄瓜"这个对象词的词义所指，父母或老师告诉小孩儿以后，小孩儿就可以直接从父母或老师那里先"死记硬背"下来，以后再在实际生活中去理解运用，去寻找"黄瓜"的属性和相应的属性值。因此，图中用"实心黑点"表示对象词的对象义要素。这个"实心黑点"就是由图4-1中的圆球的外表面缩成的，只不过一个在圆球的最外部，一个在圆球的最内部。在图4-2中的实心黑点之外，环绕着两层词义要素，一层是属性义要素，另一层是属性值义要素。这两层都是隐性存在于实心球心的外围，好像隐身衣，人们不能直接看到，需要思考才能得到，所以图中用虚线圆表示。由于隐性的属性义和属性值义都有很多，所以图中的虚线圆设计成了点状的。图4-2这样的透明的实心球模型，可以较形象地说明对象词的对象义周围都隐性地潜在很多空位，这些空位就由属性义和属性值义来填充。用词语符号来形式化替代词义要素以后,"对象义 + 属性义 + 属性值义"这种匹配性组合结构得以填充,于是就形成了句法组合结构式。词义结构由此得到了扩展,句法结构便由此生成,语义信息也便由此产生。

第 5 章

属性词的词义球结构描写与建模

5.1 属性词的内涵和外延

本书认为，属性是人们认知把握实践对象（包括独立型对象和依附型对象）的角度。比如"吃"这个独立型的认知范畴的词，"时间、地点、施事、受事、工具"等都可以成为认知"吃"的角度，人们从这些角度入手，可以较为全面深刻地理解"吃"。比如"美"这个依附型的认知范畴的词，"程度、反义、同义、评价方面、形成途径"等都可以成为认知"美"的角度，人们从这些角度出发，可以较为全面深刻地理解"美"这个依附型（非独立型）认知范畴。析而言之，"美"的"程度"可以是"很、特别、十分"等；"美"的"反义"可以是"丑、难看"等；"美"的"同义"可以是"靓、养眼、妖娆、好看"等；"美"的"评价方面"可以是"面貌、心灵、思想、身形、颜色、味道"等；"美"的"形成途径"可以是"人造、自然"等。这里需要再次指出的是，"美"作为认知范畴，是不能独立存在于世界上的，必须依附于某种独立型的对象，必须有一个宿主供其依附。人们日常所见或者所论及的"美"，是人们认知独立型认知范畴时所获取的一种认知结果，这种认知结果只能依附于独立型认知范畴（比如苹果等）而存在。但是不管怎样，只要是认知范畴，无论是独立型的还是依附型的，人们都会找到相应的角度去认知它们。

古希腊哲学家亚里士多德（1959：10～12）在其名著《范畴篇》中，较为系统地论述了"属性"的含义。他把世界划分为 10 个范畴：实体、数量、性质、关系、时间、地点、姿势、状况、活动、遭受。在这 10 个范畴中，只有实体可以独立存在，其他范畴都只能依附于实体，都是实体的属性。总体上，笔者接受亚里士多德关于"实体"和"属性"的思想，但在细致化和准确阐释"实体"和"属性"的内涵上，应该有更大的改进。

英国的哲学家托马斯·霍布斯（Thomas Hobbes）（1975：82～86）在其著作《论物体》中，曾专辟一章"论物体和偶性"。霍布斯对物体（实体）和偶性（属性）的观点，引起了我们的浓厚兴趣。霍布斯从哲学的思辨出发，认为物体有三个特性：客观实在性、广袤性、可感知性，而且把广袤性（物体都具有一定的形状）当作物体的唯一本质属性，认定其跟物体具有不可分离性。霍布斯所谓的广袤性，是指物体必须占有某个空间位置，也就是必须具有一定的形状。霍布斯把物体的各种属性，比如广袤（形状）、动静、颜色、气味等称为"偶性"，并且认为偶性依附于物体，但是偶性却不构成物体的任何部分，除了"广袤"（形状）这一本质性的偶性以外，物体可以离开偶性而存在。物体是不生不灭的实体，偶性（广袤性除外）是变化无常的性质。物体是东西，但不是产生的；偶性是产生的，但不是东西。霍布斯认为，偶性是某个物体借以在我们心里造成它自身概念的那种能力或者我们认识物体的方式。这说明，霍布斯认为偶性具有主观化特征。由此，霍布斯把偶性分为两类：一类是"广袤或形状"，它构成了物体的本质属性，与物体共存亡。另一类是"动静、颜色、气味、冷热、软硬"等，这些偶性并不属于物体本身，不与物体共存亡，它们只是物体在人心中产生的各种影像，可以产生或消失。但是，即使这些偶性发生了改变，物体也不会因此而消失或改变。霍布斯只把广袤性（形状）这一属性看成跟物体一样，具有客观实在性，却认为"颜色、气味、软硬、冷热"之类的偶性并不具有客观实在性，它们只是物体（实体）在我们头脑中形成的一种主观映像。

霍布斯有关"物体"（实体）和"偶性"（属性）的内涵以及二者之

间认知关系的观点很独特，也非常深刻，对笔者有两点重要启示：第一，霍布斯把"属性"定义为"某个物体借以得到了解的方式"，这是很独到的见解。受此启发，我们把属性界定为认知实践对象的角度。第二，霍布斯把形状或者广袤性看作物体的属性是正确的，把物体（实体）的偶性（属性）分为"不可分离的本质属性"和"可分离的非本质属性"两类，也是值得肯定的。但是，把"形状或者广袤性"作为唯一的、不可分离的本质属性，却是值得商榷的。受此启发，我们结合自己的思路和研究目的，面向句法组合，基于句法－语义互动的视角，对属性进行了新的阐释。由此笔者把属性分为"自然属性"和"社会属性"两类。所谓"自然属性"，主要是指实践活动的认知范畴自身内在的、固有的属性，这些属性自然而然地存在于对象本身，能够被人们作为认知该对象的角度，是人们认知这些对象的抓手和切入点。比如"颜色、味道、形状、状态、种族、性别、年龄、能否思维、血型"等都可以归入自然属性。而所谓的"社会属性"，则主要是指实践活动的认知范畴经过社会主观化的规约以后被赋予的属性，是人们认知该对象的主观性的角度。比如"寓意、国籍、职业、贫富程度、宗教信仰、文化水平、文明程度、价格、可爱度"等都可以归入社会属性。从自然性和社会性的视角来区分属性的类别是有认知基础的，首先是"由于事物的自然属性最容易引起人们的关注，所以，从事物的自然属性出发去认识事物是最简便最直观最基础的方式"。其次，"人、事物和运动是共处于同一个世界的，我们还会从社会人的角度去观察世界上的人、事物和运动，赋予认知范畴以社会性，于是事物和运动也就具有了社会属性"（邱庆山，2014c：62）。

在逻辑学看来，属性是指"事物的性质及其与其他事物的关系"。前者指"形状、颜色、动作、好坏、美丑、善恶"等性质，后者指"大于、相等、对称、交换、互助"等关系。由此可见，逻辑学在阐述属性的时候，多是从事物自身出发，挖掘事物本身的性质，同时也考察事物之间的关系，最终把事物自身的性质和事物间的关系统称为事物的属性。把一个事物的属性看作该事物与其他事物之间的关系，逻辑学的这种观点大大拓展了属性的内涵和外延，使得属性在认知中的重要性更加凸显。例如，就一条"围巾"来说，它和一条"腰带"的关系，比如"谁长谁短、谁重谁轻、能否互换、能否并列"等，都可以成为人们认识它们的角度，人们完全可以从这些角度入手，获得对"围巾"或"腰带"的更全面、更深入的认识。这一点启发我们在考察词的属性义时，也要关注"关系"性质的属性义。我们知道，事物之间的"关系"具有依附性，把"关系"看作属性的内容，这本身就证明了属性的依附性，属性不能独立于事物而存在。这些都是值得肯定的思想理论观点。

从认知事物的角度出发，强调观察事物时的切入点，这是笔者阐释界定属性内涵的基本原则，也是属性内涵的基本内容。在对象的认知上，一切可以作为认知切入点的角度，无论是对象本身的某种性质或者对象之间的某种关系，都应该被当作对象的属性看待。这是我们关于属性内涵和外延的原则性观点。我们这种以人的认知视角为主导的属性获取行为，使得属性在对象自身自然性的基础上，具有了较强的社会性、主观性，使得属性更丰富、更多样。丰富而多样的属性，意味着人们对实践对象的认知更深刻、更全面。

在语言这个符号系统中，属性一般由属性词来表示。学界一般把这些属性词称为属性名词。例如"属性名词表示事物的某种抽象的性质，比如颜色、形状、味道、性格等，这是一种共相（Universal）的名称"（袁毓林，1994：242）。"任何事物都具有很多方面的属性……这些属性反映到语言当中，就需要用一定的词语来指称它们，这些用来指称各种属性的词语就是属性名词，也就是说，属性名词是指称属性的词语，是具有属性指称功能的名词"（刘春卉，2008：15）。本书中，我们更愿意称属性名词为属性词，主要是因为一些属性的表达必须依靠词组，单用一个名词来表达的话，不一定清楚。例如，在"零售商品"这个组合中，我们是从商品的"销售方式"这个角度去认知商品的，在获取一定的认知结果后，就可以有"零售商品"的句法表达式。问题是，在这个认知过程中，作为属性的"销售方式"并不是一个名词，而是一个词组，除非把"销售方式"简缩成"售方"或"售式"，但是"售方"有歧义，而且"售方、售式"都不容易被人们接受。除非做更大的动作，把"销售方式"替换并缩简成"售法"，方才勉强可以，但问题是"方式"和"方法"在内涵上也是有区别的。属性的表达并非都能用"词"来承担，这是否可以证实语言中确实有词汇空缺（lexical gap）的现象存在。总之，我们采取"属性词"这样的称谓，既是基于本书三分词类为"对象词、属性词、属性值词"的构想，也意在跟传统的词类相区别。当然了，在非严格意义上，本书也认同"属性名词"的提法，认为其和"属性词"实质等同。

理论上来说，认知一个实践对象的角度是可以无限多的，但是，根据笔者的实际考察（参见本书第 8 章），在现实的可能性上，人们认知一个对象的角度不可能无限多，而且掌握实践对象的典型的角度更少。换句话说，尽管在理论上，一个对象的属性可以是无限多的，具有开放性，但是在现实的可能性上，一个对象的属性不会无限多，实际上具有封闭性，是相对有限的。刘春卉（2008：66~68）转录张寿康、林杏光主编的《现代汉语实词搭配词典》中的属性名词一共 413 个。

案情、办法、本领、本色、本相、本质、表面、表情、禀赋、秉性、布局、才华、才貌、才能、才气、才思、才学、策略、层次、成就、成效、程度、程序、春光、春色、次序、大局、大势、胆量、胆略、等级、敌情、地步、地位、地形、调子、动机、动力、动态、动向、斗志、范围、方法、方面、方式、方向、分寸、风度、风格、风光、风景、风貌、风气、风趣、风尚、风味、风姿、感情、干劲、高度、格调、格局、格式、个性、根本、工艺、功能、功效、构思、构造、骨气、光彩、光辉、光景、规格、规矩、规律、规模、过程、含量、含义、涵养、行情、航向、豪情、好感、好意、恒心、红运、后果、后劲、厚度、花色、花样、活力、货色、基本、基调、机能、技能、技巧、技术、记忆、价格、价值、见识、角度、脚劲、脚力、阶段、结构、进度、精力、经历、精神、经验、景色、景象、境界、局面、局势、距离、觉悟、角色、决心、口才、款式、来历、来势、类型、理智、力量、力气、立场、立意、脸面、脸色、良心、魅力、密度、面积、面孔、面貌、面目、面容、面子、苗头、名气、名声、名望、名义、名誉、模式、模样、目标、目的、目光、耐心、耐性、难度、脑筋、内幕、内情、内容、内心、能力、能耐、年纪、年龄、排场、脾气、频率、品德、品格、品貌、品行、品质、魄力、起色、气度、气氛、气概、气候、气节、气力、气量、气派、气魄、气色、气势、气味、气息、气质、潜力、前景、情操、情调、情感、情节、情理、情趣、情绪、情谊、趣味、权利、权力、权势、权术、权威、全局、全貌、人格、人力、人品、人缘儿、韧性、荣誉、容量、容貌、柔情、锐气、嗓音、色彩、色调、色泽、身材、身段、身份、身体、身心、深度、神采、神气、神情、神态、神智、生机、生命、生气、生性、声势、声望、声誉、盛况、盛情、湿度、食欲、时候、时间、时期、实力、实权、实质、事态、势力、势头、视觉、视野、式样、士气、市容、手段、手法、手劲、手艺、寿命、属性、水平、顺序、思想、速度、素养、素质、态度、弹性、特长、特点、特色、体裁、体格、体力、体貌、体质、天气、天色、天性、条理、头脑、头绪、外表、外观、外界、外貌、晚节、威风、威力、威名、威望、威信、味道、温度、温情、文笔、文采、文风、习气、习性、现状、相貌、笑容、效果、效率、效用、心肠、心地、心境、心理、心灵、心情、心田、心弦、心胸、心绪、心眼、信心、信仰、信用、信誉、形式、形势、形态、形体、形状、形象、兴趣、兴致、性格、性能、性情、性质、胸怀、胸襟、雄姿、修养、旋律、学风、学问、压力、雅兴、颜色、眼界、眼力、眼色、眼神、样式、仪表、仪态、毅力、意气、意味、意义、意志、英姿、影响、用途、用处、优点、优势、游兴、友情、远见、韵律、韵味、造型、战略、战术、朝气、真谛、真情、真相、阵容、阵势、知觉、职能、职责、直觉、智慧、智力、智谋、质地、质量、志气、志趣、志向、志愿、秩序、种类、重量、重心、主见、专长、状况、状态、姿势、姿态、资格、资历、滋味、阻力、尊严、作用、作风、作法

笔者认为，《现代汉语实词搭配词典》和刘春卉（2008）在"属性名

词"的甄别收集上，有差失之处。

第一，其收录了"高度、面积"，却没有收录与其类似的"长度、宽度、体积"等典型的属性名词。

第二，"案情"和"敌情"作为"属性"不是很合适，"案情"和"敌情"实际上指"案子的情况"和"敌方的情况"，因此"情况"可以算作一个属性名词。这样一来，像"灾情、旱情、国情、民情、省情、市情、县情、户情、警情、火情、内情"等，都可以归属一个属性——"情况"，这就大大减少了属性名词的数量，符合语言运作的经济原则，也有助于语言的习得和传播。

第三，像"盛情、豪情、温情、真情、盛况、威风、威力、魅力、魄力、威名、威望、威信、雅兴、朝气、真谛、实权、好感、好意、恒心、红运"等，也都不是属性名词，只有这些合成词中的后一个"词素"（情、况、风、力、名、望、信、兴、气、谛、权、感、意、心、运）才是真正的"属性"，而前一个"词素"则是属性的一个值。如果这样理解起来，那就大大减少了属性的数量。

第四，像"春光、春色、起色、光彩、脑筋、权威、心灵、心田、心弦"等这些词，也不算是属性名词，其中有的相当于事物名词（比如春光、春色、起色、脑筋、心灵、心田、心弦），应该归于对象词；有的（比如光彩、权威）则相当于形容词，应该归于属性值词。

总之，笔者认为，典型的属性名词是相对有限的。这有三方面的原因。首先，因为属性的数目少于属性值的数目，一个属性必须也应该匹配很多的属性值，这就导致认知获取实践对象的语义信息主要通过对属性值的占有。比如与"重量"这个属性相匹配的属性值在理论上是无限多的，像"一斤、两斤……"都可以跟这个属性相匹配。这样一来，同一个对象的同一个属性，比如"馒头"的"重量"属性，可以匹配的属性值就有很多，因此，就得到了很多不同大小、不同重量的"馒头"。在社会生活中，人们对"馒头"的具体重量的关注度要比"重量"本身更高。换句话说，人们其实并不关心"馒头"有没有"重量"（只要是馒头，一定是有重量的），人们关心的是馒头的重量是多少，关心的是重量的值。其次，主要是因为属性义的表达不一定都以词的形式出现，很多词组也可以表达属性义，而且在语言交际中，很多属性词根本不出现（也不需要出现）在句子中，只以隐性的语义状态存在即可完成信息传递和情感表达。例如在"一支自动铅笔"这个结构中，可以分解为"一支（数量）＋铅笔""自动（用法）＋铅笔"两个部分，其中的属性"数量"和"用法"都没有在句法结构中出现。不用出现、不用说出来的属性，也相对减少了属性词的数量。最后，相对于有限的属性来说，对象和属性值都可以无限多，以属性为抓手，纲举目张，这样既不增加人类学习并利用语言这个交际工具的负担，也可以充分地生成、传递、利用丰富的语言信息来促进人类自身和社会的全面发展。对象词和属性值词的匹配组合可以产生语言信息，而属性词作为连接对象和属性值的桥梁纽带，其相对的有限性也显示了语言系统的经济特征。

5.2　属性词的词义球结构

属性词作为一种语言符号，其标记指代的是依附型（非独立）的认知范畴。属性这种非独立型的认知范畴，必须依附于独立型的认知范畴才能在语言交际中发挥作用。属性作为认知独立型对象的角度，是认知过程中必不可少的参与要素。因此，对"属性"的理解离不开整个认知过程，离不开认知过程中的对象和属性值这两个要素。

根据第4章对"对象词"的词义球结构描写与建模，属性词的词义球结构模型可构建如下（见图5－1）。

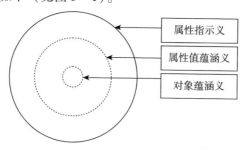

图5－1　属性词的词义球结构（剖面）示意（不透明虚心球）

就属性词来说，词的属性义就像一个圆球的外表面，显性地存在而且具有无界性。按照"点、线、面"之间的构成关系，这个圆球的外表面实际上是由很多点构成的，我们称这些点为属性义点。而且任何一个属性义点和整个圆球的表面都是全息关系。这就好比一滴水和一碗水，两者同质同构，并且所有的属性义点紧密联系在一起形成一个显性存在的整体（图5-1中的黑实线圆）。总之，这个球体外表面上的任何一个点，都是全权代表整个球面的。比如我们在球面的 A 处取属性义点 A，在 B 处取属性义点 B，在 C 处取属性义点 C，在 N 处取属性义点 N，则 A = B = C = N。圆球的内部则隐性地充盈着无数的对象义与属性值义，它们就像空气，共同撑起整个球面，使得这个球充实、丰满、鲜活、生动。之所以说是隐性存在，是因为从球的外面看不见里面，圆球里面的空间物——对象义和属性值义——是隐性存在的。所有的对象义构成对象义层，所有的属性值义构成属性值义层，而且每一个对象义都不相同，每一个属性值义也彼此不同，这些不同在图中用点状虚线圆表示。对象/属性值义虚线圆表示对象/属性值义是隐性存在的一个层集，点状虚线表示对象/属性值义点很多，而且彼此各不相同。图 5-1 中的对象蕴涵义和属性值蕴涵义用点状虚线表示，意味着有很多个不同的对象义和属性值义可以和这一个属性指示义相匹配，它们潜在性地聚集在属性指示义的周围，构成整个词的蕴涵义层。词义球结构的三个组成要素之间存在规律性的对应关系，比如，属性词的属性指示义至少有一个对象义与其匹配，这一个对象义至少有一个属性值义与其匹配。

为了更全面、更深刻地认识属性词的词义球结构，我们还可以把图5-1的"不透明虚心球"模型变换成图5-2所示的"透明实心球"模型。

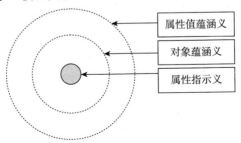

图 5-2　属性词的词义球结构（剖面）示意（透明实心球）

从图 5-2 这个透明的实心球模型，我们很容易看出，所有属性词的词义球结构中，属性义要素只有一个，而且是显性存在的（图 5-2 中的实心黑点），人们可以直接看到、记住，并直接传承下去。比如，"颜色"这个属性词的词义所指，父母或老师告诉小孩子以后，小孩子就可以直接从父母或老师那里先"死记硬背"下来，以后再在实际生活中去理解运用，去寻找"颜色"的对象和相应的属性值。因此，图 5-2 中用实心黑点表示属性词的属性义要素。这个实心黑点就是图 5-1 中的圆球的外表面缩成的，只不过一个在圆球的最外部，一个在圆球的最里面。在图 5-2 中的实心黑点之外，环绕着两层词义要素，一层是对象义要素，另一层是属性值义要素。这两层好像穿了隐身衣，隐性存在于实心球心的外围，人们不能直接看到，需要思考才能得到，所以图 5-2 中用虚线圆表示。由于隐性的对象义和属性值义都有很多，所以相应的虚线圆设计成了点状的。透明的实心球模型，可以较形象地说明属性词的属性义周围都隐性地潜在很多空位，这些空位就由对象义和属性值义来填充。"属性义＋对象义＋属性值义"的这种匹配性组合填充，用词语这种语言符号来形式化替代以后，就形成了句法组合结构式。词义结构由此得到了扩展，句法结构便由此生成，语义信息也便由此产生。

第6章

属性值词的词义球结构描写与建模

6.1 属性值词的内涵和外延

在人类的认知实践过程中，寻找、确认并区分认知范畴是第一个环节，具有基础性和前提性。紧接着的第二个环节，就是去寻找对象的属性，以一定的属性作为角度去认知实践对象，这个环节具有提纲挈领的桥梁作用。最后一个环节就是要从这些属性出发，寻找与这些属性相匹配的属性值，作为认知实践活动的认知结果，这个环节具有关键性的决定作用，因为决定一个认知实践过程是否有成效、是否能完成，主要取决于是否得到了正确有效的认知结果。之所以说认知结果一定要正确有效，是因为如果认知结果不正确，那么这只能说明在表面上完成了一个虚假的认知过程。例如，在对"鲸"的认知实践过程中，我国古人曾将其归入"鱼类"。这样尽管也完成了一个认知实践过程：〈鲸（对象）＋纲类（属性）＋鱼（属性值）〉，但是这样的认知实践过程没有得到一个正确的认知结果，所以是表面性的、虚假的认知实践过程，其实是没有成效、没有实质性完成的实践过程。现在看来，〈鲸（对象）＋纲类（属性）＋兽（属性值）〉才是一个正确的、科学的认知实践过程，因为把"鲸"的"纲类"界定为"兽类"显然比界定为"鱼类"更科学。由此可见，获取正确有效的认知结果（属性值），对认知过程的真正完成是至关重要的。

需要特别指出的是，人们在进行认知实践活动的过程中，整个认知活动是一个连续进行的、渐进性的过程，是一个认知过程紧跟着另一个认知过程顺次进行的。无论认知过程大小，每一个过程都需要找到"对象、属性、属性值"这样的三个认知要素，而且一直到得到属性值时才算结束一个认知过程。例如，在对"风衣"这个认知范畴进行认知的过程中，我们可以得到"风衣是蓝色的""蓝色风衣很鲜艳"等这样的语义信息，而要获得这样的语义信息需要经过很多小的认知过程，需要一个认知过程紧跟一个认知过程来渐进性地完成整个语义信息的生成。我们以例（51）和例（52）为例，把认知过程的连续性描写说明如下。

> （51）风衣是蓝色的。
> （52）蓝色风衣很鲜艳。

就例（51）"风衣是蓝色的"这个语义信息的认知获取过程来说，就先后顺次经历了如下三个认知过程（GC 表示"过程"，下同）：

> GC1 = 风衣（对象）+ 是否有颜色（属性）+ 有（属性值）
> GC2 = 风衣（对象）+ 有何类颜色（属性）+ 蓝色（属性值）
> GC3 = 风衣（对象）+ 是否是蓝色（属性）+ 是的（属性值）

就例（52）"蓝色风衣很鲜艳"这个语义信息的认知获取过程来说，就先后顺次经历了如下四个认知过程：

> GC1 = 风衣（对象）+ 是否有颜色（属性）+ 有（属性值）
> GC2 = 风衣（对象）+ 有何类颜色（属性）+ 蓝色（属性值）
> GC3 = 风衣（对象）+ 蓝色的观感（属性）+ 鲜艳（属性值）
> GC4 = 风衣（对象）+ 鲜艳的程度（属性）+ 很（属性值）

总之，跟属性相比，获得一个属性值就标志着一个相对完整的认知过程的终结，标志着一个相对完整的语义信息的诞生。在认知实践过程中，获取的属性值越丰富，意味着获得的认知结果越多，也意味着我们的认知实践越深刻。跟属性并非一定由传统意义上的"词"来体现一样，属性值也不一定非得用传统意义上的"词"来体现，语言交际中很多的属性值都不是（不便）用词来表达的。比如，当有人问我们吃过的某种水果是什么味道时，我们可以用"甜中带点儿酸"或者"甜甜的酸酸的"或者"酸甜酸甜的"等这些大于词的语言单位来回答。但是，这些大于词的语言单位跟"词"的功能是一样的，都表达了一个相对完整的语义信息，都可以表达认知实践过程中的一个属性值。属性值的表达并非都能用"词"来承担，这个问题似乎也佐证了语言中确实有词汇空缺（lexical gap）的存在。从传统的词类理论的角度看，作为认知结果的属性值一般由形容词、副词、数词、量词、数量词、介词、连词、助词（语气助词、结构助词、时态助词、比况助词）等来承载和表达。

需要特别说明的是副词。副词通常用在动词、形容词前面作状语。如"就来、马上走、十分好、重新开始"等，只有"很、极"可以用在动词、形容词后面作补语，如"高兴得很、喜欢极了"等。一个句子中，修饰名词的一般是形容词，修饰动词和形容词（有很多副词也可以修饰名词）的一般是副词。有学者正是从副词可以独立作句法成分来修饰动词、形容词以及部分名词这个角度出发，把副词划归实词，但是也有学者把副词划归虚词，就是因为副词具有虚词的功能，可以修饰整个句子，对整个句子有较强的控制作用。比如，一些提问时所用的词，像"如何、谁、何时、什么"等在某种意义上也可视为副词，就是因为它们对整个句子的修饰作用（控制作用）很强。本书基于认知组合性词义观（CCMO）和词义球结构理论（SSWM），从认知过程和语义信息生成的角度把副词看作属性值词，认为副词是承载和体现认知结果的属性值词。对副词的意义进行抽象得到的意义类别就是副词的属性，这也体现为副词的种类名，而具体的副词本身则表达了相应的属性值。下面我们以黄伯荣、廖序东（2007：17～18）的《现代汉语》对副词的意义和种类的阐释为例，来说明这一点。该教材指出，副词常限制修饰动词、形容词性词语，表示程度、范围、时间、频率、处所、肯定、否定、情态、方式、语气等意义。这些意义类别就是副词的种类，也是与副词相关的属性。比如说，与副词"很"对应的"属性"就是"程度"，而这也是副词"很"的意义类别，意味着副词"很"归入"程度"类。再比如，与副词"四处"对应的"属性"就是"处所"，而这也是副词"四处"的意义类别，意味着副词"四处"归入"处所"类。这样一来，"很美"和"四处走"这样的句法组合结构实际上就可以看作形容词"美"和动词"走"各自的词义球结构要素进行语义赋值以后扩展生成的。具体的扩展生成过程如下：

GC1 = 美（依附型对象）＋程度（属性）＋很（属性值）

GC2 = 走（独立型对象）＋处所（属性）＋四处（属性值）

为了进一步全面了解"副词的意义类、具体的副词、属性、属性值"这四者之间的关系，我们用表 6 - 1 来阐释说明副词的词义球结构三要素的具体状况。

表 6 - 1　副词的词义球结构三要素状况分析

副词蕴涵的对象义（副词修饰的动词/形容词）举例	副词蕴涵的属性义（副词的意义类）	副词指示的属性值义（具体的副词）举例
漂亮、好、调皮	程度	很、最、极、挺、太、非常、十分、极其、格外、分外、更、更加、越、越发、有点儿、稍、稍微、略微、几乎、过于、尤其
可爱、需要	范围	都、总、共、总共、统统、只、仅仅、单、净、光、一齐、一概、一律、单单、就
打、工作	时间	已、已经、曾、曾经、刚、才、刚刚、正、在、正在、将、将要、就、就要、马上、立刻、赶紧、顿时、终于
发生	频率	常、常常、时时、往往、渐渐、一向、向来、总是、始终、仍然、还是、屡次、依然、还、再、再三、偶尔
跑	处所	四处、随处、到处
来、美	肯定	必、必须、必定、准、的确

续表

副词蕴涵的对象义（副词修饰的动词/形容词）举例	副词蕴涵的属性义（副词的意义类）	副词指示的属性值义（具体的副词）举例
丑、去	否定	不、没有、没、未、别、莫、勿、不必、不用（甭）、不曾
挥霍、前进	情态	大肆、肆意、特意、猛然、忽然、公然、连忙、赶紧、稳步、阔步
帮助	方式	悄悄、暗暗、单独、大力
睡沙发、今天去	语气	难道、岂、究竟、偏偏、索性、简直、就、可、也许、难怪、大约、幸而、幸亏、反倒、反正、果然、居然、竟然、何尝、何必、明明、恰恰、未免、只好、不妨

关于表 6 – 1，有四点需要特别说明。

第一，具体的副词属于属性值指示义的词，副词的词义球结构中，对象义和属性义都是蕴涵的，共同构成副词的词义球结构的蕴涵义层。

第二，副词蕴涵的"语气"属性义，旨在修饰限制整个句子，是对整个句子的语义信息进行进一步的修饰。这里所谓的整个句子，主要是指一个事件或者一个命题（比如"睡沙发""今天去"），而语气的作用是让这样的一个事件或者命题的意义更加凸显，呈现这个句子或者说话者应有的语用倾向。总之，语气所具有的语言表达功能，更多地体现在语用意义上，这一点也正好说明了副词具有较强的虚词功能，可以归为虚词类。根据语气的句法功能，我们把语气副词的词义球结构中蕴涵的对象义界定为一个事件或者一个命题（比如"钓鱼""我去"），而不是界定为一个标记性的指称词。这样做正是考虑到了副词是虚词，具有句法词（虚词）的功能。

第三，表 6 – 1 中的项目内容，可以按照词义球结构三要素的匹配关系进行转换表述，转换表述的结果即为副词的词义球结构。例如：

【副词"很"的词义球结构 = 对象蕴涵义（漂亮）+ 属性蕴涵义（程度）+ 属性值指示义（很）】

【副词"都"的词义球结构 = 对象蕴涵义（可爱）+ 属性蕴涵义

（范围）＋属性值指示义（都）】

　　【副词"已经"的词义球结构＝对象蕴涵义（打）＋属性蕴涵义（时间）＋属性值指示义（已经）】

　　【副词"常常"的词义球结构＝对象蕴涵义（发生）＋属性蕴涵义（频率）＋属性值指示义（常常）】

　　【副词"到处"的词义球结构＝对象蕴涵义（跑）＋属性蕴涵义（处所）＋属性值指示义（四处）】

　　【副词"必须"的词义球结构＝对象蕴涵义（来）＋属性蕴涵义（肯定）＋属性值指示义（必须）】

　　【副词"不"的词义球结构＝对象蕴涵义（丑）＋属性蕴涵义（否定）＋属性值指示义（不）】

　　【副词"大肆"的词义球结构＝对象蕴涵义（挥霍）＋属性蕴涵义（情态）＋属性值指示义（大肆）】

　　【副词"悄悄"的词义球结构＝对象蕴涵义（帮助）＋属性蕴涵义（方式）＋属性值指示义（悄悄）】

　　【副词"难道"的词义球结构＝对象蕴涵义（睡沙发）＋属性蕴涵义（语气）＋属性值指示义（难道）】

　　第四，由于具体的副词都是虚词，具有较强的句法语义计算功能。和实词相比，虚词（副词）具有更为复杂的句法语义计算关系。当我们说"漂亮"的"程度"是"很"的时候，实际上还需要计算什么是"很"，"很"的程度到底是一个什么程度，需要用一个实词的意义来表示。实际上，"漂亮的程度很"就可以计算为"漂亮的程度高"；"可爱的范围都"就可以计算为"可爱的范围广"；"打的时间已经"就可以计算为"打的时间完成"；"发生的频率常常"就可以计算为"发生的频率高"；"睡沙发的语气难道"就可以计算为"睡沙发不好或者不该睡沙发"等。这也就是说，虚词（副词）可以进一步计算成实词的意义或者事件和命题的意义。

　　通过前文对对象词、属性词、属性值词的内涵和外延的阐释，我们发现，从传统的词类理论看，对象词涉及动词和事物名词（包括代词、拟声词等），属性词属于非事物名词，这两类词在传统的词类数目中占比较小，只有属性值词在传统的词类数目中占比较大，涉及传统词类的形容词、副词、数量词、数词、量词、介词、连词、助词（语气助词、结构助词、时态助词、比况助词）等。鉴于属性值词涉及的传统词类情况复杂，下面我们从传统词类的特性出发，对属性值词的词义球结构进行详细的描写与模型构建。

6.2 属性值词的词义球结构

6.2.1 形容词、副词和数量词的词义球结构

现代汉语传统词类中的形容词、副词和数量词，可以承载和体现人们在认知实践活动中获得的认知结果——属性值。基于前文有关对象词和属性词的词义球结构分析，我们可以得到作为属性值词的形容词、副词和数量词的词义球结构模型（见图 6 - 1）。

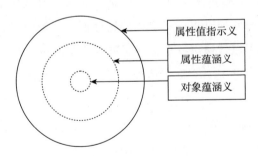

图 6 - 1 形容词、副词、数量词的词义球结构（剖面）示意
（不透明虚心球）

我们知道，在形容词、副词和数量词的词义球结构中，词义三要素的显性和隐性的存在状态跟对象词和属性词是有差别的。下面用一些例词来对图 6 - 1 做进一步的说明。

形容词“甜”这个符号指示的是一种认知结果，也就是这个词的属性值，这种认知结果在汉语中就由“甜”这个符号来指示和标记。教学和传

授这个符号的意义时，我们首先记住这个符号是"表示一种味道"即可，至于哪些东西有这种味道，以及这种味道是否可以用隐喻化表达等问题，都是后续的认知和学习需要解决的。总之，初始学习"甜"这个词的时候，只需要知道它表示一种味道即可。这一点就是这个词的指示义，我们可以直接从这个符号上识别出来，因为这一点是显性存在于这个符号之中的，被我们称为"甜"的属性值指示义。紧接着我们还需要寻找与这个属性值相匹配的属性，"味道"被首先找到，"甜"就是味道的一种情况，是众多味道当中的一种。经过隐喻化认知以后，人们发现"感觉、长相"等属性也可以和"甜"这个属性值相匹配，于是就有了"感觉很甜、长相甜、长得甜"等这样的句法组合形式。最后，我们还必须找到一个与"甜"这个属性值相匹配的对象，才算完成了一个小的认知过程，对整个"甜"的认知进程才算推进了一步。人们会发现，"石头"这个认知范畴一般不跟"甜"匹配，除非这块"石头"被抹了蜂蜜，但这就是另一种性质的问题了。像"水果、食品、鲜花"等，则都可以跟"甜"相匹配，都可以成为"甜"这个属性值词的对象义。分析至此，我们会发现，因为"甜"是一个属性值指示义的词，对"甜"的认知就是一个不断寻找属性义和对象义的认知匹配过程。一个词的属性值义、属性义、对象义的匹配可以产生语义，可以传递出社会交际所需要的知识和信息。

副词"屡次"也是一个属性值词。屡，从尸、娄声，本义为"多次"。古汉语中单用"屡"，宋文天祥《指南录后序》中有"屡当死"句，明崔铣《记王忠肃公翱三事》中有"公屡促之"句。现代汉语中"屡"和"次"联合构成一个双音节合成词，实际上是在"屡"的后面加上了它的属性"次"——次数/频次。现代汉语中，"屡次"就是一个带有属性的属性值词，这就解释了为什么"屡次"的属性只能是"次数/频次"。在确定了属性值词"屡次"的"属性"以后，我们还必须找到与其相匹配的"对象"，才算完成了一个小的认知过程。像"发生、督促、死、逃跑、想念"等一切动作行为都可以成为与其匹配的"对象"。

数量词"三斤"也是一个属性值词。"数量词"是"数词"和"量词"的结合，从词义球结构理论（SSWM）来看，"数量词"中的"量词"

实际上计算、标记的是数量词的属性，也就是说"三斤"中的"斤"意味着"三斤"的属性是"重量"或者"斤数"。同样的，"三件、三个、三群、三堆、三元"这些数量词的属性分别是"数目（数额、件数）、个数、群数、堆数、元数"。很显然，数量词体现了人类的某种认知结果，是属性值词，它的属性一般就可以由其中的"量词"来表示。为了更进一步地认知理解数量词的意义，我们还必须找到与数量词相匹配的对象词，也就是要找到数量词词义球结构中的对象义。根据人类的认知经验，有的属性属于很多对象，比如"重量"这个属性很多对象都具有，像"石头、大米、衣服、电脑、钢笔、地板、手镯"等具体的物质都有"重量"属性，甚至像一些抽象的事物比如"思想、才华、学识、爱情"等经过具象化理解以后，也可以具有"重量"属性，汉语中的"厚重的思想、才高八斗、学富五车、沉甸甸的爱情"等句法组合结构其实都可以看作抽象事物的具象化表达，也体现了这些抽象事物可以具有"重量"属性。然而，也有一些属性只属于某一种对象，比如"元"这个属性一般只有"货币"（钱）这个对象才具有，"三元"只指"货币"（钱）的"元数/数额"。

综上可知，形容词、副词、数量词都属于属性值指示义的词，其属性值义是显性的、指示性存在的，而它们的属性义和对象义都是隐性的蕴涵性质的，并且数目众多，所以图 6-1 中，我们用置于模型球外围的实线圆表示属性值指示义："实线圆"表示属性值义只有一个，"置于模型球外围"意味着属性值义是显性可见的，并且称其为属性值指示义；我们用置于模型球内部的虚线圆表示属性义和对象义："虚线圆"表示属性义和对象义都有很多，"置于模型球内部"意味着属性义和对象义都是隐性不可见的，并且称之为属性蕴涵义和对象蕴涵义。

图 6-1 是一个不透明的虚心球，这种球型也可以转换成图 6-2 所示的透明的实心球模型。

就图 6-2 中的形容词、副词和数量词来说，这三类词的词义结构就像一个无色透明的水晶球，但是球心却因为是一个有色的部分而清晰可见，这个清晰可见的球心就是词的属性值指示义。球心具有无界性，既可以看作一个点，也可以看作由无数属性值义点组成的一个点的集合。球心和组

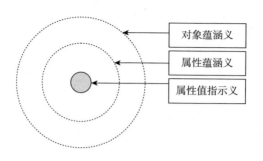

对象蕴涵义

属性蕴涵义

属性值指示义

图 6 - 2　形容词、副词、数量词的词义球结构（剖面）示意
（透明实心球）

成球心的任何一个属性值义点是全息关系。换句话说，如果把球心看作由无数属性值义点组成的，那么球心和属性值义点的关系就好比一碗水和一滴水的关系，是同质同构的。在这个球心的周围，蕴涵着无数的属性义和对象义，它们和显性的球心一起构成了整个球形结构，缺了任何一个要素都不能成为球形结构。词义球结构的三个要素之间也有规律性的联系，比如，一个属性值义至少有一个属性义，这一个属性义至少归于一个对象义。图 6 - 2 中的对象蕴涵义和属性蕴涵义用点状虚线表示，意味着有很多个不同的对象和属性可以和这一个属性值义相匹配，它们潜在地聚集在属性值义的周围，构成了整个词的蕴涵义层。跟动词和事物名词的词义球结构相比，在形容词、副词和数量词的词义球结构中，属性值义变成了显性的词义要素，从蕴涵义中退出并成为词的指示义层，而对象义则变成了隐性的词义要素，从指示义中退出并进入词的蕴涵义层。这样一来，在形容词、副词和数量词的词义球结构中，词义要素仍然是两个义层，只是蕴涵义层的内容跟动词和事物名词的词义球结构中的蕴涵义层的内容相比已经发生了变化。但是，从术语统一的角度来说，词义球结构分为指示义和蕴涵义两个义层，这一点是一致的。

6.2.2　介词的词义球结构

现代汉语传统词类中的介词是一种重要的虚词，在词义球结构理论（SSWM）看来，介词属于属性值词。由于虚词比实词在语义上具有更强的计算性，因此作为虚词的介词其语义计算性也较强，这就使得其词义球结构描写要相对复杂一些。本节基于认知组合性词义观（CCMO），着重描写表"时/地点义"的介词的词义结构，并以此构建介词的词义球结构模型，说明介词词义结构要素如何影响句法。同时，通过考察介词结构成活的词义基础，论证介词和介引成分的语义是否一致是决定介词结构能否成活的关键因素。我们先看下面的两组例句（邱庆山，2014a）：

(53) a 晚上我在家里吃饭。*b 晚上我按家里吃饭。

(54) a 晚上我按时吃饭。*b 晚上我在时吃饭。

a 句的"在家里"和"按时"都是有意义的介词结构，b 句的"按家里"和"在时"都是无意义的介词结构，因此 a 句都成活，b 句都不成活（*表示不成活）。由于例（53）和例（54）组 a、b 两句句法结构的差别只是介词的不同，而介词的不同实质是介词词义的不同，所以说介词词义影响句法结构的成活。对此，我们的问题有二：第一，介词"按"和名词"家里"（表处所义）以及介词"在"和名词"时"（表规约时间义）为何都不能搭配组合，而"在家里"和"按时"这两个介词结构都成活的原因又是什么，介词词义是如何影响句法的；第二，面向句法的介词词义如何描写。

对第一个问题，我们认为，不同的介词其"算定语义类别"的属性蕴涵义不同，其对与其组合的介引成分的语义类别具有选择性，介词词义正是通过其属性蕴涵义具有的这种选择性组合特点来影响句法的。由于介词"按"的属性蕴涵义是"算定依据"，这种属性蕴涵义和表处所义的介引成分"家里"在语义上不一致，所以介词结构"按家里"不成活。同理，由于介词"在"的属性蕴涵义是"算定时/地/人物定点"，这和表规约时间义的介引成分"时"在语义上不一致，所以介词结构"在时"也不成活。对第二个问题，我们构建了词义的球结构模型来统一描写介词词义。

为了解决以上问题，我们考察了《现代汉语词典》中标注为"介词"并且表"时/地点义"的 27 个介词（有些多义项的介词，作多个词统计），并得出了这 27 个介词所计算的语义类型。具体情况见表 6-2。

表 6 - 2　表"时/地点义"的介词及其计算的语义类型

介词	《现代汉语词典》中的释义	计算的语义类别
当	正在（那时候，那地方）	
于	在	
以	〈书〉于，在（时间）	
齐	跟某一点或某一直线取齐	
在	表示时间、处所等	算定时/地定点
顶	〈方〉到（某个时间）	
赶	到（某个时候）	
及至	等到某个时间或出现某种情况	
临	临近，临到（某一行为发生的时间），含有将要、快要的意思	
头	临，接近	
起	〈方〉用在时间或处所词前面，表示始点	
从	起于，"从……"表示"拿……做起点"	
从打	〈方〉自从	
打	从	
打从	自从（某时以后）	
自	从，由	算定时/地起点
自从	表示时间的起点（指过去）	
一从	自从	
自打	〈方〉自从（某时以后）	
由打	〈方〉自从，从	
由	表示起点	
由打	〈方〉经由	
经由	路程经过（某些地方或某条路线）	
起	〈方〉用在处所词前面，表示经过的地点	算定时/地中点
由	表示经由	
打从	表示经过，用在表示处所的词语前面	
从	表示经过，用在表示处所的词语前面	

从表 6 - 2 中的《现代汉语词典》对介词的释义可以看出，介词词义具有较强的句法语义运算功能。作为虚词的介词属于句法词，其原因也正在于此。我们知道，学界一般认为介词属于虚词，无词汇意义，只有语法

意义。黄伯荣、廖序东（2007：28）指出，介词起标记作用，依附在名词性词语（实词或短语）前面共同构成介词短语，整体主要修饰、补充谓词性词语，标明跟动作、性状有关的时间、处所、方式、原因、目的、施事、受事、对象等。基于认知组合性词义观（CCMO），笔者把介词的"语法意义"和"标引功能"统合称为介词的词义。"语法意义"和"标引功能"本质上都属于句法语义范畴，统合二者而成的介词词义，本质上也属于句法语义范畴。因为在语言交际中，介词的运用往往牵涉整个句子的结构，影响整个句子的意思，介词实际上具有句法语义运算功能。下面通过例（55）和例（56）两个短语来说明介词的句法语义运算功能。

  （55）春节以后

  （56）自从春节以后

短语例（55）的语义信息是：以某个春节为时间点（或事件）往后计算的时间段。短语例（56）的语义信息是：以"过去的"某个春节为时间点（或事件）往后计算的时间段。很显然，短语例（55）的语义信息的确定性明显低于短语例（56），因为"春节"在短语例（56）中专指"过去的春节"，而不包括"现在的春节"和"将来的春节"，而"春节"在短语例（55）中的语义信息的确定性不高，既可指"过去的春节"，也可指"现在"或"将来"的春节。这说明，介词"自从"进入句法组合结构以后，介词短语的语义信息更加明确了，可见介词"自从"具有较强的语义运算（算定语义）功能，算定的是"过去的起点"义。这就是我们要关注的属于句法语义范畴的介词词义本身所具有的句法语义运算功能。介词的这种句法语义运算（算定句法语义）的功能本质上是介词词义结构要素互相作用的结果。

  在分析和描写词义结构时，CCMO 对实词和虚词都适用。我们基于CCMO，从语义认知和句法组合两个角度来描写介词的词义结构，并构建介词的词义球结构模型。请看下面几例。

（57）a 小明在车站睡觉。b 小明睡觉的定点是车站。

（58）a 小明从车站来学校。b 小明来学校的起点是车站。

（59）a 小明经车站来学校。b 小明来学校的中间点是车站。

例（57）~例（59）中"车站"是个具有对象指示义的实词。当把"车站"作为表地点义的对象进行认知理解时，我们会依次进行以下的认知问答。

先看例（57）：

问1：（问属性）"车站"是何种类型的地点？

答1：经语义运算后可作"定地点"。

问2：（问与属性相匹配的属性值）是跟什么词组合进行的语义运算？

答2：是跟介词"在"组合构成"在车站"以后进行的语义运算。

再看例（58）：

问1：（问属性）"车站"是何种类型的地点？

答1：经语义运算后可作"起始地点"。

问2：（问与属性相匹配的属性值）是跟什么词组合进行的语义运算？

答2：是跟介词"从"组合构成"从车站"以后进行的语义运算。

最后看例（59）：

问1：（问属性）"车站"是何种类型的地点？

答1：经语义运算后可作"中间地点"。

问2：（问与属性相匹配的属性值）是跟什么词组合进行的语义运算？

答 2：是跟介词"经"组合构成"经车站"以后进行的语义运算。

　　首先需要指出的是，实词和虚词的词义要素的抽取是不同的。比如抽取"苹果"的属性义时，我们的回答是"有颜色"，而不是"经语义运算后可作颜色"；抽取介词"在"的属性义时，我们的回答刚好相反，不是回答"有定点"，而是回答"经语义运算后可以算定定点"。这也是介词词义比实词词义更难把握的一个原因。

　　对词义结构要素的抽取实际上就是对结构要素进行具体的语义赋值，而如何赋值则是一个语义运算的过程。这说明在介词词义结构要素尤其是属性要素的抽取过程中，认知语义运算起着至关重要的作用。就例（57）而言，"在车站"说明"车站"是作为一个"定地点"进入语义运算的。在语义运算过程中，"车站"呈现的是其"可作定地点"的属性义，而能够标明这一属性义的就是介词"在"，因为介词"在"和"可作定地点"这一属性义具有唯一匹配关系。换句话说，当表地点义的名词"车站"跟介词"在"搭配组合时，经过认知语义运算，表地点义的"车站"的词义会自动呈现为表"定地点义"。可见介词"在"具有语义运算的功能，它可以算定与其组合的地点是"定地点"。"车站"的词义由"地点"属性义具体化为"定地点"属性义，这是其属性类别的具体化、细化，而让其属性类别具体化、细化的功能词就是介词"在"。因为介词"在"的语义运算的本质特性就是"算定定点"，这在句法语义的认知组合中具有极强的规律性，无论什么样的"时/地点"名词，只要跟在介词"在"之后，它就会自动呈现"定时点/定地点"的属性义。总之，"车站"这样的表地点义的名词，若在句法语义运算中需要其呈现"定地点义"，那么在句法组合结构中只需在其前加介词"在"即可；反之，若在句法组合结构中，"车站"前出现了介词"在"，那么在句法语义运算中"车站"呈现的一定是"定地点义"。这是因为介词"在"的词义结构要素"属性蕴涵义"和"属性值指示义"之间具有唯一的匹配关系。例（58）和例（59）分别体现了介词"从"和"经"的句法语义运算功能［具体分析同例（57），此略］，前者算定"起始地点"，后者算定"中间地点"。

　　总之，介词"在"是"算定定点"这个属性的一个属性值，其唯一指向的属性就是"算定定点"。在句法语义运算过程中，介词"在"只能"算定定点"，而"算定定点"也只能靠介词"在"来标明。介词"在"的词义球结构可以公式化描写为：【介词"在"的词义球结构＝属性值指示义（在）＋属性蕴涵义（算定定点）＋对象蕴涵义（表"时/地点义"的名词）】。同理，介词"从"是"算定起点"这个属性的一个属性值，其唯一指向的属性就是"算定起点"。在句法语义运算过程中，介词"从"只能"算定起点"，而"算定起点"也大都依靠"从"类介词（包括自从、打从等）来标明。介词"从"的词义球结构可以公式化描写为：【介词"从"的词义球结构＝属性值指示义（从）＋属性蕴涵义（算定起点）＋对象蕴涵义（表"时/地点义"的名词）】。同样，介词"经"是"算定中点"这个属性的一个属性值，其唯一指向的属性就是"算定中点"。在句法语义运算过程中，介词"经"只能"算定中点"，而"算定中点"也大都靠"经"类介词（包括经由、由等）来标明。介词"经"的词义球结构可以公式化描写为：【介词"经"的词义球结构＝属性值指示义（经）＋属性蕴涵义（算定中点）＋对象蕴涵义（表"时/地点义"的名词)】。

　　综合以上分析，我们先把介词"在"的词义球结构模型构建如图6－3所示。

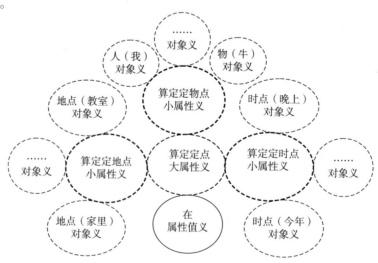

图6－3　介词"在"的词义球结构模型（具体组合型）

图6-3中，一个"实线圆"表示介词"在"的词义结构要素的属性值指示义，四个粗虚线圆（其中一个表示上位属性，称为大属性；另外三个分别是大属性的下位属性，称为小属性。在认知理解中，这四个粗虚线圆相当于一个圆）表示介词"在"的属性蕴涵义，多个细虚线圆表示介词"在"的对象蕴涵义。其中，"实线"表示这个属性值义在词义结构中是显性存在的，"虚线"则表示相应的属性义和对象义在词义结构中是隐性存在的。对"在"的词义理解过程本质上是对"属性蕴涵义"和"对象蕴涵义"进行不同的语义赋值的认知过程。这个认知过程中的具体语义赋值结果最终通过句法组合结构从而形式化为语言符号串——句子。

图6-3说明，由介词"在"构成的介词短语具有极强的生成规律：通过粗虚线圆（上位属性蕴涵义和下位属性蕴涵义）的关联，实线圆可串联起多个细虚线圆（"家里、教室、晚上、今年、我、牛"等对象蕴涵义），把串联的先后关系及词义结构要素的具体赋值进行语言符号化以后就得到了"在家里、在教室、在晚上、在今年、在我（如：在我看来，牛很笨）、在牛（如：在牛看来，人很凶）"等多个相应的语言符号串——"在"类介词短语。可见，介词"在"的词义结构要素的具体赋值及其词义结构要素间的串联性认知关系是生成"在"类介词短语的关键因素。这类介词短语的生成过程可以模型化而且在实际的词语组合操作中具有极强的规律性。因此笔者把图6-3构建的模型称为介词"在"的具体组合型的词义球结构模型。该模型经过认知抽象以后即可形成"认知抽象型"的词义球结构模型（见图6-4）。

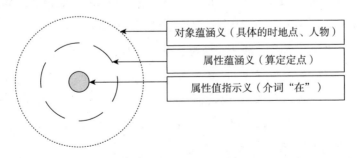

对象蕴涵义（具体的时地点、人物）

属性蕴涵义（算定定点）

属性值指示义（介词"在"）

图6-4　介词"在"的词义球结构模型（认知抽象型）

同理，根据介词"在"的认知抽象型词义球结构模型，全部介词的词义球结构的认知抽象型的总模型可以构建如图 6 - 5 所示。

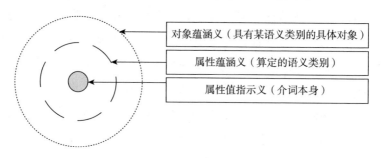

对象蕴涵义（具有某语义类别的具体对象）

属性蕴涵义（算定的语义类别）

属性值指示义（介词本身）

图 6 - 5　介词的词义球结构模型（认知抽象型）

图 6 - 5 说明，在介词的词义结构中，处于显性地位的属性值义只有一个（用实心圆点表示），称为属性值指示义层；处于隐性地位的属性义也只有一个（用条状虚线圆表示，因为有时候介词的属性义分上位和下位属性义，但都是属性义），称为属性蕴涵义；处于隐性地位的对象义却有很多（用点状虚线圆表示），称为对象蕴涵义。属性蕴涵义和对象蕴涵义可以进一步合称为蕴涵义层。

为了全面说明介词的词义球结构模型的特征，我们考察了《现代汉语词典》中标注为"介词"的全部 100 个词语。这 100 个词语共有 149 个义项，使用了 276 条语例（见表 6 - 3）。这 100 个介词如下：

> 准、凭、照、因、依、依据、按、按照、本、冲、从、根据、基于、鉴于、据、依照、由、以、挨、拿、用、趁、乘、当、借、就、较、顺、缘〈书〉、通过、逐、论、沿、于、奔、朝、往、迨、望、向、为了、为着、为（wèi）、为（wéi）、比、比较、和、如、同、除、除非、错非〈方〉、除开、除了、除去、除却、关于、尽、可〈方〉、连、对于、讲、至于、在、齐、顶〈方〉、赶、及至、临、头、起〈方〉、从打〈方〉、打、打从、自、自从、一从、自打〈方〉、由打〈方〉、经由、替、问、与、给、跟、管、让、叫、归、将、被、吃、并〈书〉、把、掌〈方〉、对、坐〈书〉、由于、因为、作为。

按照介词义项的语义计算性质，笔者把 149 个义项按照其语义计算的类型分成 12 类：依据（包括工具、材料、方法、手段）类、向标（包括方向、目标）类、目的类、比较项类、范围（包括来源、特定事项）类、时地定点类、时地起点类、时地中点类、与事类、施事（施事有时可省略）类、受事（受事有时可省略）类、原因（包括身份、性质）类。当然，也可以把各大类所包括的小类独立出来，这样就形成了"依据、工具、材料、方法、手段、方向、目标、目的、比较项、范围、来源、特定事项、时地定点、时地起点、时地中点、与事、施事、受事、原因、身份、性质"等 21 类语义类型，这 12 类或者 21 类语义类别就是介词词义球结构的属性义的种类。这样一来，介词的词义球结构三要素就是：介词（或义项）本身是其属性值指示义，介词计算的语义类别是其属性蕴涵义，具有某种语义类别的具体对象就是该介词的对象蕴涵义。例如，在"准此办理"这个句法组合结构中，就有介词"准"的一个词义球结构，这个词义球结构的符号体现形式是"准此"。这个词义球结构可用公式表示为：【介词"准"的一个词义球结构 = 属性值指示义（准）+ 属性蕴涵义（算定依据）+ 对象蕴涵义（此）】。换句话说，在"准此办理"这个结构中，"此"被计算（算定）为"依据"，因为这里的介词"准"具有这样的语义计算功能。

《现代汉语词典》中的全部 100 个词语、149 个义项、276 条用例、介词计算的 12 种语义类型和词义球结构三要素之间的对应关系见表 6－3。

表 6－3　介词（或义项）、用例、计算的语义类型和词义球结构三要素的对应关系

属性值指示义		对象蕴涵义（方括号中的词语）	属性蕴涵义
介词（100 个）	义项（149 个）	用例（276 条）	计算的语义类别（12 种）
准	依照；依据	准 [此] 办理	
凭	表示凭借、依据	凭 [票] 付款/凭 [经验] 判断/凭着 [智慧和双手] 创造世界	
照	依照；按照	照 [章] 办事/照 [这个样子] 做	
因	〈书〉凭借；根据	因 [势] 利导/因 [陋] 就简/因 [地] 制宜/因 [人] 成事	算定依据（工具、材料、方法、手段）
依	按照	依 [次] /依 [法] /依 [我] 看	
依据	表示以某种事物作为论断的前提或言行的基础	依据 [不同情况] 分别处理/依据 [专家的鉴定]，这是汉代的遗物	

续表

属性值指示义		对象蕴涵义（方括号中的词语）	属性蕴涵义
介词（100 个）	义项（149 个）	用例（276 条）	计算的语义类别（12 种）
按	依照	按 [时] /按 [质] 论价/按 [每人两本] 计算/按 [制度] 办事	
按照	根据；依照	按照 [法规] 办事/按照 [预定的计划] 执行	
本	按照	本着 [政策] 办事	
冲（chòng）	凭；根据	就冲着 [这几句话]，我也不能不答应/冲 [他们这股子干劲儿]，一定可以提前完成任务	
从	表示根据	从 [笔迹] 看，这字像孩子写的	
根据	把某种事物作为结论的前提或语言行动的基础	根据 [气象台的预报]，明天要下雨/根据 [大家的意见]，把计划修改一下	
基于	根据	基于 [以上理由]，我不赞成他的意见	
鉴于	表示以某种情况为前提加以考虑	鉴于 [党的领导地位]，更加需要向党员提出严格要求	
据	按照；依据	据 [理] 力争/据 [实] 报告/据 [民歌] 改编	算定依据（工具、材料、方法、手段）
依照	以某事物为根据照着进行，按照	依照 [他说的] 去做/依照 [原样] 复制一份	
由	表示凭借	由 [此] 可知/人体是由 [各种细胞] 组成的	
以	依；按照	以 [次] /以 [音序] 排列	
	用；拿	以 [少] 胜多/晓之以 [理] /赠以 [鲜花]	
挨	顺着（次序）	把书挨着 [次序] 放好/挨 [门] 挨 [户] 地检查卫生	
拿	引进所凭借的工具、材料、方法等，意思跟"用"相同	拿 [尺] 量/拿 [眼睛] 看/拿 [事实] 证明	
用	引进动作、行为所凭借的工具、手段等	用 [笔] 写字/用 [老眼光] 看人	
趁	利用（时机、机会）	趁 [热] 打铁/趁 [风] 起帆/趁 [天还没黑]，快点儿赶路吧	
乘	利用（机会等）（口语里多说"趁"）	乘 [势] /乘 [胜] 直追	

续表

属性值指示义		对象蕴涵义（方括号中的词语）	属性蕴涵义
介词（100个）	义项（149个）	用例（276条）	计算的语义类别（12种）
当	面对着，向着	当［面］/当着［大家］说清楚	算定依据（工具、材料、方法、手段）
借	（有时跟"着"连用）引进动作、行为所利用或凭借的时机、事物等	借［灯光］看书/借［出差的机会］调查方言	
就	趁着（当前的便利），借着（有时跟"着"连用）	就［便］/就［手儿］/就［近］/就着［灯光］看书	
顺	依着自然情势（移动），沿（着）	顺［大道］走/水顺着［山沟］流	
缘	〈书〉沿着，顺着	缘［溪］而行	
通过	以人或事物为媒介或手段而达到某种目的	通过［老人］收集民间故事/通过［座谈会］征询意见	
逐	挨着（次序）	逐［年］/逐［字］逐［句］/逐［条］说明	
论	按照某种单位说	论［天］计算/论［件］出售/买鸡蛋是论［斤］还是论［个儿］	
沿	顺着（江河、道路或物体的边）	沿［墙根儿］种花/沿着［河边］走	
于	向	问道于［盲］/告慰于［知己］/求救于［人］	算定向标（方向、目标）
	给	嫁祸于［人］/献身于［科学事业］	
	对，对于	忠于［祖国］/有益于［人民］/形势于［我们］有利	
奔	朝，向	奔［这边］看/渔轮奔［渔场］开去	
朝	表示动作的方向	朝［南］开门/朝［学校］走去	
冲（chòng）	表示动作的方向	他扭过头来冲［我］笑了笑	
往	表示动作的方向	往［外］走/这趟车开往［上海］	
迤（yǐ）	往，向（表示在某一方向上的延伸）	天安门迤［西］是中山公园，迤［东］是劳动人民文化宫	
望	对着，朝着	望［我］点点头/望［他］笑了笑	
向	表示动作的方向	向［东］走/向［先进工作者］学习/从［胜利］走向胜利	
照	对着，向着	照［这个方向］走	

续表

属性值指示义		对象蕴涵义（方括号中的词语）	属性蕴涵义
介词（100 个）	义项（149 个）	用例（276 条）	计算的语义类别（12 种）
为了	表示目的	为了［工作］学习新知识/为了［人民利益］而献身/为了［教育群众］，首先要向群众学习	算定目的
为着	为了		
为（wèi）	表示目的	为［建设伟大祖国］而奋斗	
比	用来比较性状和程度的差别	今天的风比［昨天］更大了/许多同志都比［我］强	算定比较项
比较	用来比较性状和程度的差别	生产积极性比较［前一时期］有所提高	
较	用于比较形状、程度	产量较［去年］有显著增加	
和	引进比较的对象	柜台正和［我］一样高	
如	用于比较，表示超过	光景一年强如［一年］	
同	引进比较的事物，跟"跟"相同	他同［哥哥］一样聪明/今年的气候同［往年］不一样	
	表示与某事有无联系，跟"跟"相同	他同［这件事］无关	
于	表示比较	大于/少于/高于/低于	
除	表示不计算在内	这篇文章除［附表］外只有三千字/除［一人］因病请假外	算定范围（来源、特定事项）
除非	表示不计算在内，相当于"除了"	上山的那条道，除非［他］，没人认识	
错非	〈方〉除非，除了	错非［这种药］，别的药治不了他的病	
除开	除了		
除了	表示所说的不计算在内	那条山路，除了［他］，谁也不熟悉	
	跟"还、也、只"搭配使用，表示在什么之外，还有别的	他除了［教课］，还负责学校里工会的工作/他除了［写小说］，有时候也写诗	
	跟"就是"搭配使用，表示不这样就那样	刚生下来的孩子，除了［吃］就是睡	
除去	除了，除开	她除去［上班］，全部时间都用来照顾多病的公婆	
除却	表示所说的不计算在内	桌上除却［几本书］，没有其他东西	
关于	引进某种行为的关系者，组成介词结构做状语	关于［扶贫工作］，上级已经做了指示	

续表

属性值指示义		对象蕴涵义（方括号中的词语）	属性蕴涵义
介词（100 个）	义项（149 个）	用例（276 条）	计算的语义类别（12 种）
关于	引进某种事物的关系者，组成介词结构作定语（后面要加"的"），或在"是…的"式中作谓语	他读了几本关于［政治经济学的书］/今天在厂里开了一个会，是关于［环境保护方面的］	算定范围（来源、特定事项）
尽（jǐn）	（有时跟"着"连用）表示以某个范围为极限，不得超过	尽着［三天］把事情办好	
	（有时跟"着"连用）让某些人或事物尽先	先尽［旧衣服］穿/单间房间不多，尽着［女同志］住	
可	〈方〉可着	可［劲儿］吃/疼得他可［地］打滚儿	
就	表示话题的范围	就［工作经验］来说，他比别人要丰富	
连	包括在内	连［我］三个人/连［皮］三十斤/连［根］拔	
	表示强调某一词或某一词组（下文多有"也、都"等跟它呼应），含有"甚而至于"的意思	连［爷爷］都笑了/她臊得连［脖子］都红了/你怎么连［他］也不认识/连［下棋］也不会/连［一天］都没休息	
对于	引进事物的关系者	大家对于［这个问题的意见］是一致的	
论	按照某种类别说	论［庄稼活儿］，他是把好手	
讲	就某方面说，论	讲［技术］他不如你，讲［干劲儿］他比你足	
至于	表示另提一事	至于［村民添置的家电、日用品］，就不可胜数了	
在	表示范围、条件等	这件事在［方式］上还可以研究/在［他的帮助］下，我取得了较好的成绩	
于	自，从	青出于［蓝］/出于［自愿］	
当	正在（那时候，那地方）	当［今］/当［场］/当［我回来的时候］，他已经睡了	算定时地定点
于	在	他生于［1949 年］/来信于［日前］收到/黄河发源于［青海］	
以	〈书〉于，在（时间）	中华人民共和国以［1949 年 10 月 1 日］宣告成立	

续表

属性值指示义		对象蕴涵义（方括号中的词语）	属性蕴涵义
介词（100个）	义项（149个）	用例（276条）	计算的语义类别（12种）
齐	跟某一点或某一直线取齐	齐着［根儿］剪断/齐着［边］画一道线	算定时地定点
在	表示时间、处所等	事情发生在［去年］/在［礼堂］开会	
顶	〈方〉到（某个时间）	顶［下午两点］他才吃饭	
赶	用在时间词前表示等到某个时候	赶［明儿］/赶［年下］再回家	
及至	等到某个时间或出现某种情况	及至［中午］，轮船才靠近港口/及至［上了岸］，才知道是个荒岛	
临	临近，临到（某一行为发生的时间），含有将要、快要的意思	临［睡］/临［毕业］/这是我临［离开北京的时候］买的	
头	临，接近	头［五点］就得动身/头［鸡叫］我就起来了/头［吃饭］要洗手	
起	〈方〉放在时间或处所词的前面，表示始点	您起［哪儿］来/起［这儿］往北/起［前天］开始计算	算定时地起点
从	起于，"从…"表示"拿…做起点"	从［上海］到北京/从［这儿］往西/从［现在］起/从［不懂］到懂/从［无］到有/从［少］到多	
从打	〈方〉自从	从打［小张来后］，我们的文体活动活跃多了	
打	从	打［这儿］往西，再走三里地就到了/他打［门缝里］往外看/打［今儿］起，每天晚上学习一小时	
打从	自从（某时以后）	打从［春上］起，就没有下过透雨	
自	从，由	自［小］/自［此］/自［古］/自［远］而近/自［北京］出发/选自［《人民日报》］/来自［各国］的朋友	
自从	表示时间的起点（指过去）	自从［春节以后］，我还没有见到他/我自从［参加了体育锻炼］，身体强健多了	
一从	自从	一从［别后］，音信全无	
自打	〈方〉自从（某时以后）	儿子自打［离家以后］，没有回来过	
由打	〈方〉自从，从	由打［入冬以来］，这里没下过雪/由打［家乡］来	
由	表示起点	由［表］及里/由［北京］出发	

续表

属性值指示义		对象蕴涵义（方括号中的词语）	属性蕴涵义
介词 （100 个）	义项（149 个）	用例（276 条）	计算的语义 类别（12 种）
由打	〈方〉经由	黄河水由打［这儿］往北，再向东入海	算定时地中点
经由	路程经过（某些地方或某条路线）	从北京出发经由［南京］到上海	
起	〈方〉放在处所词前面，表示经过的地点	看见一个人起［窗户外面］走过去。	
由	表示经由	由［南门］入场	
打从	表示经过，用在表示处所的词语前面	打从［公园门口］经过	
从	表示经过，用在表示处所的词语前面	从［窗缝里］往外望/你从［桥上］过，我从［桥下］走/从［他们前面］经过	
替	表示行为的对象，为	大家都替［他］高兴/同学们替［他］送行	算定与事
问	向（某某方面或某人要东西）	我问［他］借两本书	
与	跟，向	与［虎］谋皮/与［困难］作斗争	
同	引进动作的对象，跟"跟"相同	有事同［群众］商量	
	〈方〉表示替人做事，跟"给"相同	这封信我一直同［你］保存着/你别着急，我同［你］出个主意	
为 （wèi）	表示行为的对象，替	为［你］庆幸/为［人民］服务/为［这本书］写一篇序	
	〈书〉对，向	不足为［外人］道	
拿	引进所处置或所关涉的对象	别拿［我］开玩笑	
给	用在动词后面，表示交与，付出	送给［他］/贡献给［祖国］	
	表示行为的对象，替	他给［我们］当翻译/医生给［他们］看病	
	引进动作的对象，跟"向"相同	小朋友给［老师］行礼	
跟	引进动作的对象，同	有事要跟［群众］商量	
	引进动作的对象，向	你这主意好，快跟［大家］说说	
管	作用跟"把"相近，专跟"叫"配合	他长得又矮又胖，大家都管［他］叫小胖子	
	〈方〉作用跟"向"相近	管［他］借钱/管［我］要东西	
和	引进相关的对象	他和［大家］讲他过去的经历	

续表

属性值指示义		对象蕴涵义（方括号中的词语）	属性蕴涵义
介词 （100 个）	义项（149 个）	用例（276 条）	计算的语义 类别（12 种）
于	表示被动	见笑于［大方之家］	
由	归（某人去做）	准备工作由［我］负责/队长由［你］担任	
为（wéi）	被（跟"所"字合用）	这种艺术形式为［广大人民］所喜闻乐见	
让	用于被动句，引进动作的施事，前面的主语是动作的受事（施动者放在让字后，一般不能省略）	行李让［雨］给淋了	
叫	被，用于被动句，引进动作的施事，前面的主语是动作的受事（施动者放在被字后，但有时省略）	他叫［雨］淋了/把窗户关上点儿，别叫［风］吹着	
归	由（谁负责）	一切杂事都归［这一组］管	算定施事 （施事有时 可省略）
给	表示某种遭遇，被	羊给［狼］吃了/树给［炮弹］打断了	
被	用于被动句，引进动作的施事，前面的主语是动作的受事（施动者放在被字后，但有时省略）	解放军到处被（［人］）尊敬/那棵树被（［大风］）刮倒了/这套书被［人］借走了一本/他被［……］选为代表	
吃	被（多见于早期白话）	吃［他］耻笑	
把	宾语是后面动词的施事者，整个格式表示不如意的事情	正在节骨眼儿上偏偏把［老张］病了	
将	同介词"拿"，多见于成语或方言，引进所凭借的工具、材料、方法等，意思跟"用"相同	将［功］折罪/将［鸡蛋］碰石头	
就	表示动作的对象	他们就［这个问题］进行了讨论	
并	〈书〉用法跟"连"相同（常跟"而""亦"呼应）	并［此］而不知/并［此浅近原理］亦不能明	算定受事 （受事有时 可省略）
把	宾语是后面动词的受事者，整个格式大多有处置的意思	把［头］一扭/把［衣服］洗洗	
把	后面的动词是"忙、累、急、气"等加上表示结果的补语，整个格式有致使的意思	把［他］乐坏了/差点儿把［他］急疯了	
将	同介词"把"	将［他］请来/将［门］关上	

属性值指示义		对象蕴涵义（方括号中的词语）	属性蕴涵义
介词 （100 个）	义项（149 个）	用例（276 条）	计算的语义 类别（12 种）
掌	〈方〉把	掌［门］关上	算定受事 （受事有时 可省略）
对	用法基本上跟"对于"相同，（有时"对"和"对于"不能互换使用）	对［他］表示谢意/决不对［困难］屈服/你的话对［我］有启发/大家对［他这件事］很不满意	
对于	引进对象	对于［公共财产］，无论大小，我们都应该爱惜	
为（wèi）	表示原因	大家都为［这件事］高兴	算定原因 （身份、性质）
坐	〈书〉因为	坐［此］解职	
由于	表示原因或理由	由于［老师傅的耐心教导］，他很快就掌握了这门技术	
因	表示原因，因为	因［病］请假/会议因［故］推迟	
因为	表示原因	他因为［这件事］受到了处分	
缘	〈书〉因为，为了	缘［何］到此	
由	由于，表示原因或理由	咎由［自］取/由［感冒］引起了肺炎	
以	因	［何］以知之/不以［人］废言	
作为	就人的某种身份或事物的某种性质来说	作为［一个学生］，首先得把学习搞好/作为［一部词典］，必须有明确的编写宗旨	

从表 6-3 可以看出《现代汉语词典》在介词释义方面依然存在一些问题。

第一，关于一些介词后加"着"的问题，《现代汉语词典》的释义前后不一致。《现代汉语词典》在释义"借、就、尽"等介词时，都用括号注明了"有时跟'着'连用"，而且例证中也有介词后加"着"的例子。但据笔者考察，介词"本"经常跟"着"连用，可《现代汉语词典》在释义介词"本"时并没有像类似的其他介词那样注明这一点，反而在仅有的一个例证中又带上了"着"。关于介词后加"着"的问题，我们认为，为了便于跟动词区别开来，在判定诸如"借、就、尽、顺、沿、挨"等词是否为介词时，应该从严把握，尽量后面不加"着"。《现代汉语词典》在没有任何注释说明的情况下，就在"凭、本、挨、当、顺、沿、齐"等介词的相关例证中后加了"着",这导致了例证和释义脱节,显然有损《现代汉语词典》释义的严谨性。其实,笔者认为,从介词具有的语义运算功能看,"本着"才是介词,因为在介词的运用中,"本"和"着"常常连在一起用,单用"本"作介词的情况极为罕见。

第二,在"比较"类介词的释义上,《现代汉语词典》的释义有失准确和严谨。比如把介词"如"释义为:用于比较,表示超过。根据例证可以看出,《现代汉语词典》的这种超信息量的释义方法是错误的,因为"超过"义是例句中的"强"等词语体现的,而不是"如"表示出来的,介词"如"只表示语义运算的比较项,至于语义运算的结果是否"超过",则要通过例句中的其他词来体现。同样的,在释义"比、比较、同₃(下标3指'同'的第三个义项)"等介词时,也把语义运算的"比较项"和得出的"比较结果"混淆了。

第三,有些介词的释义和例证中的含义不相匹配。例如,《现代汉语词典》在解释介词"于"时所列举的第五个义项是"自、从",并举了"青出于蓝"和"出于自愿"两个例子来佐证。笔者认为,《现代汉语词典》所举的这两个例子在意义内涵和结构类型上完全不同,"出于蓝"的"出"是动词,此例中的介词"于"可以理解为"自、从"义,而"出于自愿"的"出"却不是动词,"于"也不是介词,"出于"合起来才是一个介词,和介词"基于"等的含义基本相同。我们考察了相关语料发现,此种含义下的"出于"都可用"基于"等词进行同义替换。因此,笔者建议把"出于"定为"介词",意义和"基于"相同,把"出于自愿"这个例子作为介词"出于""表依据"时的例证。

总之,基于认知组合性词义观(CCMO)构建的词义球结构模型可用来统一描写介词的词义结构。介词词义本质上属于句法语义范畴,具有较强的句法语义运算(算定句法语义)的功能特性,"算定语义类别"是其词义的本质属性,这也是介词的句法语义功能强大的深层原因。语言交际中出现介词或其他虚词,实际上是表意明确化或细化的内在需要,是实词表意功能的必要补充,是句法语义运算驱动的结果。介词等虚词在表意上的重要性随着句法语义表达的细化和更加明确化而逐渐增强。语义结构和句法结构具有内在的一致性,句法结构组合具有语义认知基础,语义结构和句法结构在认知结构的关联下同构，三者具有一致的生成规律。

6.2.3 连词的词义球结构

连词是用来连接词、短语、分句和句群乃至段落的虚词，具有强连接性，没有修饰作用，也不充当句子成分，是比副词、介词更虚的一个虚词类别。连词不能充当句法成分，是因为连词具有句法语义运算的功能，本质上它是计算句法语义的"算子"，可以看作句法语义运算的指令，相当于"加、减、乘、除"这样的计算指令，是进行抽象的句法语义运算的依据。连词不能作为词汇语义运算的指令和依据，这也是连词不能充当句法成分的原因。和介词一样，连词也属于句法词，具有很强的句法语义计算特性。连词的强句法语义运算特性，意味着连词对句法结构的控制力是最强的。这是我们在描写构建连词的词义球结构模型时必须优先考虑的一点。

具有强连接性的连词在句法结构中具有较强的句法语义计算功能，我们先看下面的两个例子。

（60）我喜欢吃稀饭、馒头和咸菜。

（61）因为不努力，家里又穷，而且身体经常有病，所以他成绩不好。

例（60）有三个事物（稀饭、馒头、咸菜），用了两个连词，一个是标点连词（顿号），一个是连词"和"。顿号连词和连词"和"都具有并列关系的语义计算性，使得"稀饭、馒头、咸菜"这三个事物具备了并列的语义关系。其实，由于并列连词具有并列语义关系的计算功能，不管什么样的三类食品（比如黄瓜、萝卜、茄子等）进入这个并列连词链，都会在语义上被计算成并列关系。例（61）有三个小原因（不努力、家里穷、身体有病），这三个小原因合起来构成了一个大原因。与这个大原因相匹配的有一个结果——成绩不好。句子中的这个"大原因"和"结果"构成两个意义单元，由一个框式因果连词（因为……所以……）连接起来。也就是说，因果框式连词计算的是因果语义关系，因此只要在认知逻辑上具有因果关系的一对语义（比如"没有做作业"和"成绩不好"，或者"没有复习课文"和"考试不及格"等）都可以进入这个框式连词。

例（60）和例（61）说明了两个问题：第一，一个连词只能而且必须连接两个语义单元。如果有三个语义单元，则必须用两个连词（包括标点连词）。邢福义（1996）提出的连词起码具有双向性的观点是很有道理的。第二，连词具有标记和计算不同语义项之间的语义关系的句法功能。

连词的这些性质是我们描写与构建连词的词义球结构的重要依据。连词是虚词，是属性值指示义的词，我们只需要找出其蕴涵的属性义和对象义即可构建出连词的词义球结构模型。连词的属性义其实就是连词本身蕴涵的所能够计算的语义关系类别，而其对象义其实就是那些可以归属连词所能够计算的语义关系类别的语义项。例如，连词"以便"是属性值指示义的词，"以便"所能够计算的语义关系类别就是该连词的属性义，而"行为项A—目的项B"恰恰就是连词"以便"所能够计算的语义关系类别，因此"行为项A—目的项B"这样的"语义关系对"就是"以便"的词义球结构要素中的属性义要素，其属性义要素是蕴涵的。接下来，我们还需要找到至少一对具有"行为项A—目的项B"的语义项即可完成认知连词"以便"的语义认知过程。实际上，这样的具有"行为项A—目的项B"的两个语义项（或者"一个语义对"）是很多的，比如"经常跑步——保持身体健康"，"晚上早点睡觉——早晨早点起床"等都是具有"行为项A—目的项B"语义关系的语义对，这两对语义项都是连词"以便"的词义球结构要素中的对象义要素，其对象义要素也是蕴涵的。据此，连词"以便"的词义球结构可以公式化表示为：【连词"以便"的词义球结构＝属性值指示义（以便）＋属性蕴涵义（行为—目的关系）＋对象蕴涵义（跑步—健康……）】。

从上面的这个公式也可以看出，一个具体的连词（一般指连词的一个义项，因为很多连词都是多义词。笔者把多义词的不同义项看作一个独立的词），其属性蕴涵义是唯一的，而其对象蕴涵义则是无限多的（公式中用"……"表示）。连词（连词的义项）的属性蕴涵义在数目上的唯一性，是连词和实词的一个极为重要的区别，因为一个实词的属性蕴涵义一般是无限多的，而一个连词（连词的义项）的属性蕴涵义一般只能是11种"语义关

系对"中的一种。连词属性蕴涵义的这 11 种"语义关系对"是:

条件项 A—结果项 B	原因项 A—结果项 B
假设项 A—结果项 B	行为项 A—目的项 B
基本项 A—递进项 B	基本项 A—转折项 B
基本项 A—承接项 B	基本项 A—并列项 B
基本项 A—让步项 B	比较项 A—比较项 B
选择项 A—选择项 B	

根据以上分析,连词"以便"的公式化的词义球结构也可以转换成如下剖面化的球型结构(见图 6 - 6)。

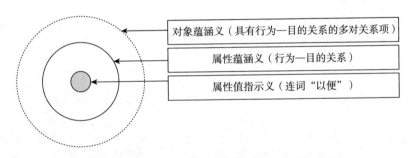

图 6 - 6　连词"以便"的词义球结构(剖面)示意

需要特别说明的是,连词"以便"的属性义尽管是蕴涵的,但是图 6 - 6 中却用了实线圆来表示。这和其他词类的词的属性蕴涵义用虚线圆表示的做法不同,主要是因为"以便"的属性义尽管是隐性蕴涵的,但是很容易识别出来,而且其属性蕴涵义只有一个,所以我们就将这个很容易识别出来的唯一的一个属性蕴涵义用实线圆来表示,意在表明可以把这种属性蕴涵义当作属性指示义看待。这种情况既说明了独立型对象词和依附型对象词的词义球结构存在少许差异,也说明了二者依然都存在蕴涵义和指示义两个义层这样的共性。当然,如果一定要把图 6 - 6 中的属性蕴涵义的实线圆改成虚线圆,也是可以的。这不影响连词的词义球结构模型对连词词义结构具有的概括力和解释力。

为了进一步把握连词的属性蕴涵义,我们穷尽性地统计了《现代汉语词典》中的标注为"连词"的所有连词（含连词义项）及其释义和例证，并且按照词义球结构三要素在连词词义结构上的存现状态，制作了表6-4。

表6-4 连词（义项）、计算连接的语义对、用例和词义球结构三要素的对应关系

属性值指示义		属性蕴涵义	对象蕴涵义（例句中的相关语义项）
连词（188个）	义项	计算连接的语义对（11种）	全部用例
不管	不论，表示条件或情况不同而结果不变，后面往往有并列的词语或表示任指的疑问代词，下文多用"都、总"等副词跟它呼应	条件项A—结果项B	不管远不远他都不去。不管困难多大，我们也要克服
除非	表示唯一的条件，相当于"只有"，常跟"才、否则、不然"等搭配使用		若要人不知，除非己莫为。除非修个水库，才能更好地解决灌溉问题
只要	表示必要的条件（下文常用"就"或"便"呼应）		只要肯干，就会干出成绩来。只要功夫深，铁杵磨成针
只有	表示唯一的条件（下文常用"才"或"方"呼应）		只有同心协力，才能把事情办好
凭	无论		凭你跑多快，我也赶得上
不论	表示条件或情况不同而结果不变，后面往往有并列的词语或表示任指的疑问代词，下文多用"都、总"等副词跟它呼应		不论困难有多大，他都不气馁。他不论考虑什么问题，总是把集体利益放在第一位。不论是语文、数学、外语，他的成绩都相当好
任	不论，无论		东西放在这里，任什么也短不了。任谁也不能乱动这里的东西
任凭	无论，不管		任凭什么困难也阻挡不住我们
随便	任凭，无论		话剧也好，京剧也好，随便什么戏，他都爱看
不拘	不论		不拘他是什么人，都不能违反法律
管	〈方〉不管，无论		管他是谁，该批评就得批评
别管	无论		别管是谁，一律按规章办事
唯有	只有，也作"惟有"		唯有努力，才能进步
无	不论		事无大小，都有人负责
无论	表示在任何条件下结果都不会改变		无论任务多么艰巨，也要把它完成。无论他说的对不对，总应该让人把话说完

续表

属性值指示义		属性蕴涵义	对象蕴涵义 （例句中的相关语义项）
连词 （188 个）	义项	计算连接的 语义对（11 种）	全部用例
何如	〈书〉用反问的语气表示不如	比较项 A— 比较项 B	与其靠外地供应，何如就地取材，自己制造
别说	通过降低对某人、某事的评价，借以突出另外的人或事物。也说"别说是"		这么难的题别说小学生不会做，就是中学生也不一定会做
且	尚且		死且不怕，困难又算什么？君且如此，况他人乎
则	〈书〉表示对比		这篇文章太长，另一篇文章则又过短
并	并且	基本项 A— 递进项 B	我完全同意并拥护领导的决定
并且	用于连接并列的动词或形容词等，表示几个动作同时进行或几种性质同时存在		聪明、机智并且勇敢；会上讨论热烈并且一致通过了这个计划
	用在复句后一个分句里，表示更进一层的意思		她被评为先进生产者，并且出席了先进生产者经验交流会
岂但	用反问的语气表示"不但"		岂但你不知道，连我自己也不清楚呢
抑	表示递进，相当于"而且"		非惟天时，抑亦人谋也
不单	不但		她不单教孩子学习，还照顾他们的生活
不但	用在表示递进的复句的上半句里，下半句里通常有连词"而且、并且"或副词"也、还"等相呼应		不但以身作则，而且乐于助人。这条生产线不但在国内，即使在国际上也是一流的。这样做不但解决不了问题，还会增加新的困难
不独	不但，不仅		植树造林不独有利于水土保持，而且还能提供木材
以至	表示在时间、数量、程度、范围上的延伸		实践、认识、再实践、再认识，这种形式，循环往复以至无穷，而实践和认识之每一循环的内容，都比较地进到了高一级的程度
慢道	慢说，别说。也作"漫道"		慢道群众有意见，连我们自己也感到不满意
慢说	别说。也作"漫说"		这种动物，慢说国内少有，全世界也不多

续表

属性值指示义		属性蕴涵义	对象蕴涵义（例句中的相关语义项）
连词（188 个）	义项	计算连接的语义对（11 种）	全部用例
再不	〈口〉要不然		我打算让老吴去一趟，再不让小王也去，俩人好商量
再说	表示推进一层		去约他，已经来不及了，再说他也不一定有工夫
再则	表示更进一层或另外列举原因、理由		兴修水利可灌溉农田，再则还能发电。他学习成绩差，原因是不刻苦，再则学习方法也不对头
再者	再则		
进而	表示在已有的基础上进一步		先提出计划，进而落实实施措施
甚而	甚至		—
甚或	〈书〉甚至		—
甚至	强调突出的事例（有更进一层的意思）		参加晚会的人很多，甚至不少老年人也来了
非但	不但		他非但能完成自己的任务，还肯帮助别人。非但我不知道，连他也不知道
非独	〈书〉不但		蜜蜂能传花粉，非独无害，而且有益
非特	〈书〉不但		—
非徒	〈书〉不仅（常跟"而且"呼应）		溺爱子女，非徒无益，而且有害
而且	表示进一步，前面往往有"不但、不仅"等跟它呼应	基本项 A—递进项 B	性情温顺而且心地善良。他不仅会开汽车，而且还会修理。不但战胜了各种灾害，而且获得了丰收
不只	不但，不仅		不只生产发展了，生活也改善了。河水不只可供灌溉，且可用来发电
不惟	〈书〉不但，不仅		此举不惟无益，反而有害
不特	〈书〉不但		—
不仅	不但		不仅方法对头，而且措施得力。他们不仅提前完成了生产任务，而且还支援了兄弟单位
不光	〈口〉不但		不光数量多，质量也不错。这里不光出煤，而且出铁
不过	用在后半句的开头儿，表示转折，对上半句话加以限制或修正，跟"只是"相同	基本项 A—转折项 B	病人精神还不错，不过胃口不大好

属性值指示义		属性蕴涵义	对象蕴涵义（例句中的相关语义项）
连词（188 个）	义项	计算连接的语义对（11 种）	全部用例
不料	没想到，没有预先料到。用在后半句的开头，表示转折，常用"却、竟、还、倒"等呼应		今天本想出门，不料竟下起雨来
怎奈	无奈（多见于早期白话）		—
只是	但是（口气较轻）		本来预备今天拍摄外景，只是天还没有晴，不能拍摄
但	但是		屋子小，但挺干净。工作虽然忙，但一点也没放松学习
但是	用在后半句话里表示转折，往往与"虽然、尽管"等呼应		他想睡一会儿，但是睡不着。他虽然已经七十多了，但是人仍然很健旺
虽	虽然		事情虽小，意义却很大。三月天气，虽没太阳，也不觉得冷了。房子旧虽旧，倒挺干净
	即使		为人民而死，虽死犹荣
虽然	用在上半句，下半句往往有"但是、可是"等跟它呼应，表示承认甲事为事实，但乙事并不因为甲事而不成立	基本项 A—转折项 B	现在我们虽然生活富裕了，但是还要注意节约。他虽然工作很忙，可是对学习并不放松
虽说	〈口〉虽然		虽说是开玩笑，也该有个分寸
虽则	虽然		虽则多费了些功夫，但是长了不少知识
抑	表示转折，相当于"可是""但是""然而"		多则多亦，抑君似鼠
然	〈书〉然而		此事虽小，然亦不可忽视
然而	用在后半句话的开头，表示转折		他虽然失败了很多次，然而并不灰心
然则	〈书〉用在句子的开头，表示"既然这样，那么……"		然则如之如何而可？（那么怎么办才好？）
第	〈书〉但是		—
不图	〈书〉不料		
不谓	〈书〉不料，没想到		离别以来，以为相见无日，不谓今又重逢
不想	不料，没想到		春天随便栽了几棵树，不想全都活了
不意	不料，没想到		本想明日赴京，不意大雨如注，不能起程

续表

属性值指示义		属性蕴涵义	对象蕴涵义（例句中的相关语义项）
连词（188 个）	义项	计算连接的语义对（11 种）	全部用例
诚然	固然（引起下文转折）	基本项 A—转折项 B	文章流畅诚然好，但主要的还在于内容
无奈	用在转折句的开头，表示由于某种原因，不能实现上文所说的意图，有"可惜"的意思		星期天我们本想去郊游，无奈天不作美下起雨来，只好作罢了
无如	无奈		昨天本想去拜访他，无如天色太晚了
自然	连接分句或句子，表示语义转折或追加说明		你应该虚心学习别人的优点，自然，别人也要学习你的长处
顾	〈书〉但是		—
可	表示转折，意思跟"可是"相同		虽然立春了，可天气还很冷
可是	表示转折，前面常常有"虽然"之类表示让步的连词呼应		大家虽然很累，可是都很愉快
此外	指除了上面所说的事物或情况之外的	基本项 A—承接项 B	院子里种着两棵玉兰和两棵海棠，此外还有几丛月季
从而	上文是原因、方法等，下文是结果、目的等，因此就		由于交通事业的迅速发展，从而为城乡物资交流提供了更为有利的条件
而	有"到"的意思		一而再，再而三。由秋而冬。由南而北
	把表示时间、方式、目的、原因、依据等的成分连接到动词上面		匆匆而来。挺身而出。为正义而战。因公而死。视情况而定
乃	于是		因山势高峻，乃在山腰休息片刻
乃至	甚至，也说乃至于		他的发明，引起了全国乃至国际上的重视
乃至于	乃至		—
那么	（那末），表示顺着上文的语意，申说应有的结果或做出判断（上文可以是对方的话，也可以是自己提出的问题或假设）		这样做既然不行，那么你打算怎么办呢？如果你认为可以这么办，那么咱们就赶紧去办吧
继	继而		初感头晕，继又吐泻
继而	表示紧随在某一情况或动作之后		人们先是一惊，继而哄堂大笑。先是领唱的一个人唱，继而全体跟着一起唱
加以	表示进一步的原因或条件		他本来就聪明，加以特别用功，所以进步很快

续表

属性值指示义		属性蕴涵义	对象蕴涵义 （例句中的相关语义项）
连词 （188 个）	义项	计算连接的 语义对（11 种）	全部用例
加上	承接上句，有进一步的意思，下文多表示结果	基本项 A— 承接项 B	他不太用功，加上基础也差，成绩老是上不去
加之	表示进一步的原因或条件		天气闷热，加之窗外车声不断，简直无法休息
既而	〈书〉用在全句或下半句的头上，表示上文所说的情况或动作发生之后不久		先是惊叹，既而大家一起欢呼起来
尔后	从此以后		前年在上海见过一面，尔后就不知他的去向了
而后	然后		确有把握而后动手
则	〈书〉表示两事在时间上相承		每一巨弹堕地，则火光迸裂
然后	表示一件事情之后接着又发生另一件事情		学然后知不足。先研究一下，然后再解决
可见	承接上文，表示可以做出判断或结论		接连来了几次电话，可见情况十分紧急
结果	用在下半句，表示在某种条件或情况下产生某种结局		经过一番争论，结果他还是让步了
于是	表示后一事紧接着前一事，后一事往往是由前一事引起的。也说于是乎		大家一鼓励，我于是恢复了信心
总之	表示下文是总括性的话		政治、文化、科学、艺术，总之，一切上层建筑都是跟社会的经济基础分不开的。你爱唱歌，我爱下棋，他爱打乒乓球，总之，都有个人的爱好
足见	承接上文，表示足以做出某种推断		这些难题通过集体研究都解决了，足见走群众路线是非常必要的
而况	何况	基本项 A— 并列项 B	这么多事情一个人一天做完是困难的，而况他又是新手
跟	表示联合关系，和		车上装的是机器跟材料。他的胳膊跟大腿都受了伤
和	表示联合，跟，与		工人和农民都是国家的主人
何况	用反问的语气表示更进一层的意思		他在生人面前都不习惯讲话，何况要到大庭广众之中呢
及	连接并列的名词或名词性词组		图书、仪器、标本及其他
暨	〈书〉和，及，与		

续表

属性值指示义		属性蕴涵义	对象蕴涵义 （例句中的相关语义项）
连词 （188 个）	义项	计算连接的 语义对（11 种）	全部用例
以	〈书〉跟"而"相同	基本项 A— 并列项 B	城高以厚。地广以深
且	并且，而且		既高且大。他很聪明，且十分努力， 因此成绩优异
况	〈书〉况且，何况		—
况且	表示更进一层，多用来补充说 明理由		上海地方那么大，况且你又不知道 地址，一下子怎么能找到他呢
相反	用在下文句首或句中，表示跟 上文所说的意思相矛盾		困难不但没有把他吓倒，相反，更 激起了他战胜困难的决心
连同	连，和		货物连同清单一并送去。今年连同 去年下半年，公司盈利几十万元
另外	此外		他家新买了一台拖拉机，另外还买 了脱粒机
同	表示联合关系，跟"和"相同		我同你一起去
与	和		工业与农业。批评与自我批评
以及	连接并列的词或词组（"以及" 前面往往是主要的）		院子里种着大丽花、矢车菊、夹竹 桃以及其他的花木
固	固然	基本项 A— 让步项 B	坐车固可，坐船亦无不可
固然	表示承认某个事实，引起下文 转折		这样办固然稳当，但是太费事
	表示承认甲事实，也不否认乙 事实		意见对，固然应该接受，就是不对 也可作为参考
即使	表示假设的让步		即使我们的工作取得了很大的成绩， 也不能骄傲自满。即使你当时在场， 也未必有更好的办法
既	既然		既来之，则安之。既要做，就一定 要做好
既然	用在上半句话里，下半句话里 往往用副词"就、也、还"跟 它呼应，表示先提出前提，而 后加以推论		既然知道做错了，就应当赶快纠正。 你既然一定要去，我也不便阻拦
既是	既然		既是他不愿意，那就算了吧
哪怕	表示姑且承认某种事实，即使		哪怕他是三头六臂，一个人也顶不 了事。衣服只要干净就行，哪怕是 旧点儿

续表

属性值指示义		属性蕴涵义	对象蕴涵义 （例句中的相关语义项）
连词 （188 个）	义项	计算连接的 语义对（11 种）	全部用例
便	表示假设的让步（后面多带是字）	基本项 A— 让步项 B	只要依靠群众，便是再大的困难，也能克服
就	表示假设的让步，跟"就是"相同		你就送来，我也不要
就是	表示假设的让步，下半句常用"也"呼应		为了祖国，我可以献出一切，就是生命也不吝惜。就是在日常生活中，也需要有一定的科学知识
则	〈书〉用在相同的两个词之间表示让步		好则好，只是太贵
故	所以，因此	原因项 A— 结果项 B	因大雨，故未如期起程
故此	因此，所以		今天天气不好，登山活动故此作罢
故而	因而，所以		听说老人家身体欠安，故而特来看望
所以	表示因果关系，用在下半句表示结果		我和他在一起工作过，所以对他比较了解
	表示因果关系，用在上半句主语和谓语之间，提出需要说明原因的事情，下半句说明原因。也说之所以		我所以对他比较熟悉，是因为我和他在一起工作过
	表示因果关系，上半句先说明原因，先半句用"是…所以…的原因（缘故）"		我和他在一起工作过，这就是我所以对他比较熟悉的原因
	表示因果关系，所以单独成句，表示"原因就在这里"		所以呀，要不然我怎么这么说呢
致	以致		致使。由于粗心大意，致将地址写错
鉴于	用在表示因果关系的复句中前一分句句首，指出后一分句行为的依据、原因或理由		鉴于群众反映，我们准备开展质量检查
惟其	〈书〉表示因果关系，跟"正因为"相近		这问题我们了解甚少，惟其如此，所以更须多方讨论
则	〈书〉表示因果或情理上的联系		欲速则不达。物体热则胀，冷则缩
由于	表示原因，多与"所以""因此"等配合		由于他工作成绩显著，因此受到了领导的表扬
以至于	以至		—
以致	用在下半句话的开头，表示下文是上述原因所形成的结果（多指不好的结果）		他事先没有充分的调查研究，以致做出了错误的结论

续表

属性值指示义		属性蕴涵义	对象蕴涵义 （例句中的相关语义项）
连词 （188 个）	义项	计算连接的 语义对（11 种）	全部用例
因	因为（常跟"所以"连用，表示因果关系）	原因项 A—结果项 B	因治疗及时，所以很快就痊愈了。因水流太急，无法过江
因此	因为这个，所以		他的话引得大家都笑了，室内的空气因此轻松了很多。我和他认识多年，因此很了解他的性格
因而	表示结果		下游河床狭窄，因而河水容易泛滥
因为	常跟"所以"连用，表示因果关系		因为今天事情多，所以没有去成
用	〈书〉因此，常跟"所以"连用，表示因果关系（多用于书信）		用特函达
以至	用在下半句话的开头，表示由于上文所说的动作、情况的程度很深而形成的结果		他非常专心地写生，以至刮起大风来也不理会。形势的发展十分迅速，以至使很多人感到惊奇
或	用在叙述句里，表示选择关系	选择项 A—选择项 B	或多或少。不解决桥或船的问题，过河就是一句空话。他生怕我没听清或不注意，所以又嘱咐了一遍
	表示等同关系		
或者	用在叙述句里，表示选择关系		这本书或者你先看，或者我先看
	表示等同关系		世界观或者宇宙观是人们对整个世界的总的看法
还是	表示选择，放在每一个选择的项目的前面，不过第一项之前也可以不用		你还是上午去？还是下午去？去看朋友，还是去电影院，还是去滑冰场，他一时拿不定主意
与其	比较两件事而决定取舍的时候，"与其"用在放弃的一面（后面常用"毋宁、不如"等呼应）		与其跪着生，毋宁站着死。与其扬汤止沸，不如釜底抽薪
莫如	不如（用于对事物的不同处理方法的比较选择）		他想，既然来到了门口，莫如跟着进去看看。与其你去，莫如他来
莫若	莫如		
要	要么		要就去打球，要就去溜冰，别再犹豫了
要不	不然，否则，也说要不然		从上海到武汉，可以搭长江轮船，要不绕道坐火车也行
	要么，也说要不然		今天的会得去一个人，要么你去，要么我去

续表

属性值指示义		属性蕴涵义	对象蕴涵义（例句中的相关语义项）
连词（188 个）	义项	计算连接的语义对（11 种）	全部用例
抑或	〈书〉表示选择关系	选择项 A—选择项 B	不知诸位是赞成，抑或是反对
要么	（要末），表示两种情况或两种意愿的选择关系		你赶快发个传真通知他，要么打个长途电话。要么他来，要么我去，明天总得当面谈一谈
抑	表示选择，相当于"或是""还是"		求之欤，抑与之欤
任凭	即使	假设项 A—结果项 B	任凭他说得再好，我们也不能轻信
譬方	比方，表示"假如"的意思		
如	如果		如不及早准备，恐临时措手不及
如果	表示假设		你如果有困难，我可以帮助你
比方	表示"假如"的意思		他的隶书真好，比方求他写一副对联儿，他不会拒绝吧
而	插在主语谓语中间，有"如果"的意思		民族战争而不依靠人民大众，毫无疑义将不能取得胜利
纵	纵然		纵有千山万水，也挡不住英勇的勘探队员
纵令	即使		纵令有天大困难，也吓不倒我们
纵然	即使		今天纵然有雨，也不会太大
纵使	即使		纵使你再聪明，不努力也难以成事
那	跟（连词）"那么"相同		那就好好儿干吧。你不拿走，那你不要了
要是	如果，如果是		要是你想参加，我可以当介绍人。这事要是他知道了，一定会生气的。要是别人，事情恐怕就办不成了
要不然	要不		
要不是	如果不是		要不是你提醒，这件事我早就忘了
万一	表示可能性极小的假设（用于不如意的事）		万一下雨也不要紧，我带着伞呢
倘	倘若		倘有困难，当再设法
倘或	倘若		—
倘若	表示假设		你倘若不信，就亲自去看看吧
倘使	倘若		倘使不及早医治，就会变成顽疾
诚	〈书〉如果，果真		诚如是，则相见之日可期

续表

属性值指示义		属性蕴涵义	对象蕴涵义 （例句中的相关语义项）
连词 （188 个）	义项	计算连接的 语义对（11 种）	全部用例
否则	如果不是这样	假设项 A— 结果项 B	首先必须把场地清理好，否则无法施工。看问题必须全面，否则的话，就难免以偏概全
不然	表示如果不是上文所说的情况，就发生或可能发生下文所说的情况		快走吧，不然就要迟到了。明天我还有点事儿，不然倒可以陪你去一趟。他晚上不是读书，就是写点儿什么，再不然就是听听音乐
果然	假设事实与所说或所料相符		你果然爱她，就该帮助她
果真	果然，假设事实与所说或所料相符		果真是这样，那就好办了
要	如果		明天要下雨，我就不去了
反之	与此相反，反过来说或反过来做		实事求是，一切从实际出发，我们的事业就能顺利发展，反之，就会遭受挫折
如其	〈书〉如果		—
如若	〈书〉如果		—
若	如果		人不犯我，我不犯人；人若犯我，我必犯人
若非	〈书〉要不是		若非亲身经历，岂知其中甘苦
若是	如果，如果是		他若是不来，咱们就找他去
设	〈书〉假如，倘若		设有困难，当助一臂之力
设或	〈书〉假如		—
设若	〈书〉假如		—
设使	假如，如果		设使他没有时间，不妨派别人去
就算	〈口〉即使		就算有困难，也不会太大
即便	即使		—
即或	即使		—
即令	即使		—
即若	即使		—
即	即使		即无他方之支援，也能按期完成任务
假若	如果		假若遇见这种事，你该怎么办
假使	如果		假使你同意，我们明天一清早就出发
假如	如果		假如明天不下雨，我一定去

续表

属性值指示义		属性蕴涵义	对象蕴涵义 （例句中的相关语义项）
连词 （188 个）	义项	计算连接的 语义对（11 种）	全部用例
省得	不使发生某种（不好的）情况，免得	行为项 A— 目的项 B	穿厚一点，省得着凉。你就住在这儿，省得天天来回跑。快告诉我吧，省得我着急
以免	用在下半句话的开头，表示目的是使下文所说的情况不至于发生		加强安全措施，以免发生工伤事故
以期	用在下半句话的开头，表示下文是前半句所说希望达到的目的		要再接再厉，以期全胜
以便	用在下半句话的开头，表示使下文所说的目的容易实现		请在信封上写清邮政编码，以便迅速投递
以	表示目的		以广视听。以待时机
而	连接动词、形容词或词组、分句等。连接语意相承的成分；连接肯定和否定互相补充的成分；连接语意相反的成分，表示转折；连接事理上前后相因的成分	基本项 A— 并列/承接/ 递进/转折项 B、原因项 A—结果项 B	伟大而艰巨的任务。栀子花的香，浓而不烈，清而不淡。如果能集中生产而不集中，就会影响改进技术、提高生产。因困难而畏惧、而退却、而消极的人，不会有任何成就

　　根据以上对连词的词义结构要素的性质和功能分析，作为虚词的连词，其词义球结构模型可以构建成如图 6-7 所示的模型。

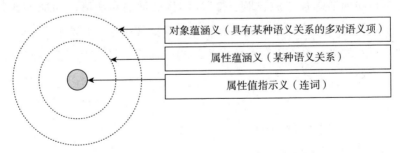

图 6-7　连词的词义球结构（剖面）示意（透明的实心球）

　　图 6-7 这个透明的实心球模型也可以转换成不透明的虚心球模型（见图 6-8）。

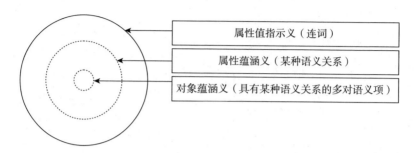

图 6 - 8   连词的词义球结构（剖面）示意（不透明的虚心球）

6.2.4   助词的词义球结构

助词主要包括结构助词、动态助词、比况助词和语气助词。从认知组合性词义观（CCMO）和词义球结构理论（SSWM）来看，助词也属于属性值指示义的词。从传统的词类理论来看，助词属于虚词，属于句法层面的词，其在句法上的主要作用是附着，附着在实词、词组和句子上面。句法层面的附着实质上是一种语义连接或联系，一个实体单元被助词附着以后，一定意味着还有一个意义单元要和这个实体单元发生某种语义关联。这也意味着助词在语义（语法意义也是语义）表达上是有作用的，一般表达结构关系意义、动作时态意义、比喻意义、语气意义等。

6.2.4.1   结构助词的词义球结构

结构助词主要有"的、地、得"。结构助词的句法语义功能是让附加语和中心语之间产生一种限制性或补充性的修饰关系。例如在下面的句法结构中，附加语和中心语之间就因为结构助词的出场，使得两种成分之间产生了一种修饰关系。

（62）金发碧眼的女人

（63）安静地走

（64）吃得舒服

（65）美丽得令人目眩

限制性的修饰关系又称为偏正关系，包括用"的"标记的定中偏正关系和用"地"标记的状中偏正关系，例（62）和例（63）即分属于这两种限制性的修饰关系。补充性的修饰关系又称为述补关系，包括用"得"标记的"动 - 补"关系和"形 - 补"关系，例（64）和例（65）即分属于这两种补充性的修饰关系。

我们知道，虚词都具有较强的句法语义计算功能，结构助词作为虚词，也同样如此。在认知组合性词义观（CCMO）和词义球结构理论（SS-WM）看来，结构助词的这种句法语义的计算功能即体现为结构助词的属性义。结构助词"的"计算的是两个成分之间的定中关系，结构助词"地"计算的是两个成分之间的状中关系，结构助词"得"计算的是两个成分之间的述补关系。结构助词算定的句法语义关系，就是结构助词的词义球结构中的属性蕴涵义的体现，而符合该种句法语义关系的两个成分则体现为结构助词的对象蕴涵义。这样一来，作为属性值词的结构助词，其词义球结构可以公式化为下面的结构。

JG0：【结构助词的词义球结构 = 属性值指示义（的、地、得）+ 属性蕴涵义（算定的句法语义关系）+ 对象蕴涵义（具有该句法语义关系的一对语义项）】

JG0 是结构助词的词义球结构的总结构式，这个总结构式可以分为下面三个具体的结构式。

JG1：【"的"的词义球结构 = 属性值指示义（的）+ 属性蕴涵义（定 - 中偏正关系）+ 对象蕴涵义（具有定 - 中偏正关系的一对语义项）】

JG2：【"地"的词义球结构 = 属性值指示义（地）+ 属性蕴涵义（状 - 中偏正关系）+ 对象蕴涵义（具有状 - 中偏正关系的一对语义项）】

JG3：【"得"的词义球结构 = 属性指示义（得）+ 属性蕴涵义（述 - 补关系）+ 对象蕴涵义（具有述 - 补关系的一对语义项）】

从 JG1 到 JG3 可以看出，结构助词的词义球结构中的属性蕴涵义是唯一的，只有对象蕴涵义在数量上是无限的。比如例（62）的"金发碧眼（的）女人"这是一对定中关系的语义项，反过来说，"女人（的）金发碧眼"也可以是一对定中关系的语义项。语言中，具有定中偏正关系的语义项非常多，比如"我（的）馒头""桌子（的）腿""钢笔（的）价格"等都可以是一对定中结构关系的语义项，但是反过来，"馒头（的）我""腿（的）桌子""价格（的）钢笔"则不能形成定中偏正关系的语义项，"馒头的我"、"腿的桌子"和"价格的钢笔"是不能成立的搭配组合。比如例（63）的"安静（地）走"这是一对状中关系的语义项，这样的语义项非常多，像"默默（地）眺望""飞快（地）跑""仔细（地）检查"等，都可以是状中偏正关系的语义项。反过来，"跑（ ）飞快""检查（ ）仔细"则只能构成"动补"关系的一对语义项，两个语义项之间需要添加"得"，构成"跑（得）飞快""检查（得）仔细"才是可以成活的组合结构。"默默（地）眺望"却不能相应地转换成"眺望（得）默默"。比如例（64）中"吃（得）舒服"和例（65）中"美丽（得）令人目眩"各是一对述补关系的语义项，这样的语义对也是很多的。值得注意的是，动补关系的语义对"吃（得）舒服"可以转换成状中关系的语义对"舒服（地）吃"，形补关系的语义对"美丽（得）令人目眩"可以转换成定中关系的语义对"令人目眩（的）美丽"。对此我们需要思考的是：动词的补语和状语在认知语义上有怎样的内在关联？形容词的补语和定语在认知语义上又有怎样的内在关联？

结构助词的句法语义功能是显明或计算出两个语义项之间的句法语义关系。比如"的"在两个语义项之间存在，就引导着交际双方去计算这两个语义项是否具有定中偏正性的修饰关系。经过计算，人们会发现前置的"金发碧眼"和后置的"女人"这两个语义项之间可以构成一种定中偏正结构的限制性修饰关系，前置的语义项被计算为定语，后置的语义项被计算为中心语，这就是结构助词"的"的句法语义功能："的"在两个语义项之间出场，就可以自动把前置的 A 项（如金发碧眼等）计算为"附加语"，而把后置的 B（如"女人"等）计算为"中心语"，使得"A 的 B"构成一种定中偏正结构的限制性修饰关系。同理，结构助词"地"的句法语义功能就是把前置的 A 项（如安静等）计算为"附加语"，而把后置的 B 项（如走等）计算为"中心语"，使得"A 地 B"构成一种状中偏正结构的限制性修饰关系。结构助词"得"的句法语义功能就是把前置的 A 项（如吃、美丽等）计算为"述语"，而把后置的 B 项（如舒服、令

人目眩等）计算为"补语"，使得"A 得 B"构成一种述补结构的补充性
修饰关系。

总之，根据以上分析，我们可以构建结构助词的词义球结构模型如下
所示（见图 6－9）。

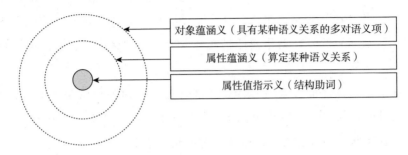

图 6－9　结构助词的词义球结构（剖面）示意

考虑到结构助词"的、地、得"各自词义球结构中的属性蕴涵义的唯
一性，我们也可以用图 6－10 所示的模型来表示结构助词的词义球结构。

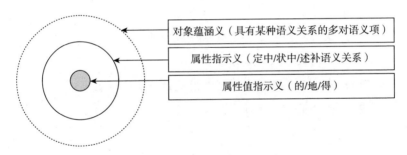

图 6－10　结构助词的词义球结构（剖面）示意

跟图 6－9 相比，图 6－10 有两个方面的不同。其一，属性蕴涵义（算
定某种语义关系）在图 6－10 中变成了属性指示义（定中/状中/述补语义
关系），这是因为"的、地、得"分别算定的语义关系（语法关系意义也
是语义）是唯一的，此时的属性蕴涵义和属性指示义实质等同。其二，属
性值指示义（结构助词）在图 6－10 中变成了属性值指示义（的/地/得），
也就是把结构助词具体化为"的、地、得"。我们认为，根据不同性质的
词，其词义球结构模型进行相应的微调是合适的，前提是没有改变词义球
结构包含"指示义、蕴涵义"两个义层的总特征。

6.2.4.2　动态助词的词义球结构

动态助词一般指"着、了、过"。所谓"动态"，就是指动作或者性状在变化发展过程中的状态情况，标明动作或者性状变化发展所至的阶段状况。动态一般指三个方面的状态：第一，动作或性状正在进行、正在持续的状态，用"着"表示；第二，动作或性状已经实现、已经完成的状态，用"了"表示；第三，动作或性状曾经发生、过去完成的状态，用"过"表示。

在认知组合性词义观（CCMO）和词义球结构理论（SSWM）看来，动作或性状的状态（动态）也是认知动作和性状的重要角度，动态可以看作动作或性状的属性，人们可以从动态的角度出发去认知动作和性状。我们先来看下面的一些例子：

（66）这人太贪心，吃着碗里，看着锅里。

（67）门开着，灯亮着，屋里却没人。

（68）我突然想起了那个曾经给我馒头吃的人。

（69）上周武汉只晴了三天。

（70）我以前吃过馒头，可是没吃过这么小的馒头。

（71）这里前几天热过一阵子。

例（66）中有两个动词"吃、看"，根据这两个动词的最小句法组合情况"吃着、看着"，我们可以推断动作的时态是认知这两个动作的一个角度，即动作的属性。面对"动作"这个认知范畴，人们一般会问动作是否发生；如果发生了，那就会继续追问动作发生的时间，是现在发生的还是过去发生的。我们知道，"动态"作为一个语义范畴，也称为"体范畴"或"情貌范畴"，是动作或性状必有的一个语义范畴。因此，我们在认知动作或性状时，从动态范畴入手，是一个重要且必需的途径。这也就是说，"动态"是动作和性状的一个重要属性，动态属性也因此成为动词和形容词词义结构的一个属性义要素，是人们了解和把握动作和性状的重要抓手，因此，动态属性就成为认知这些动作或性状不可或缺的角度。动态属性之于动作和性状而言，是融入其血脉的因素，是一个完整的动作和性状所不可缺少的一部分。实际上，从认知理论出发，一个动作或性状只要产生，就一定会有一个变化发展的过程，就一定会存在动作或性状的发展变化处于整个过程的哪个时间点或时间段上的状况。比如"吃着"是指正在吃，"看着"是指正在看，"正在"是动作"吃"和"看"的情貌（动态），这种"动作正在进行"的情貌义由助词"着"来体现。因此，助词"着"就等同于动作正在进行的情貌，或者说动态助词"着"具有算定"动作正在进行的情貌"这种语义的功能。我们把动作正在进行的情貌简称为"进行体"。和例（66）不同的是，例（67）中的"门开着、灯亮着"不表示"开、亮"的动作正在进行的情貌，而是表示动作"开、亮"完成以后，"开、亮"的状态在持续的情貌，这里的助词"着"表示动作的状态在持续的情貌，或者说动态助词"着"具有算定"动作的状态在持续的情貌"这种语义的功能。我们把动作的状态在持续的情貌简称为"持续体"。为便于称说，"进行体"和"持续体"可以进一步合称为"进行 – 持续体"。总之，根据以上分析，我们可以把动态助词"着"的词义球结构公式化为下面的结构：

【动态助词"着"的词义球结构＝属性值指示义（着）＋属性蕴涵义（进行 – 持续体）＋对象蕴涵义（表动作/性状的语义项）】

此外，通过对例（68）和例（69）的分析，我们知道，助词"了"用在动词和形容词的后面，表示动作或性状已经实现，意味着某种动作或性状已经成为事实。例（68）中"想起了"表示"想起"的动作已经实现，例（69）中"晴了"表示"晴"这一性状已经成为事实。换句话说，助词"了"具有算定"动作或性状已经实现的情貌"这样的语义功能。我们把动作或性状已经实现的情貌简称为"实现体"。这样一来，动态助词"了"的词义球结构可以公式化为下面的结构：

【动态助词"了"的词义球结构＝属性值指示义（了）＋属性蕴

涵义（实现体）＋对象蕴涵义（表动作/性状的语义项）】

同理，通过对例（70）和例（71）的分析，我们知道，助词"过"用在动词和形容词的后面，表示曾经发生过这样的动作或者曾经具有这样的性状。换句话说，助词"过"具有算定"动作或性状曾经出现过的情貌"这样的语义功能。我们把动作或性状曾经出现过的情貌简称为"过去体"。这样一来，动态助词"过"的词义球结构可以公式化为下面的结构：

【动态助词"过"的词义球结构＝属性值指示义（过）＋属性蕴涵义（过去体）＋对象蕴涵义（表动作/性状的语义项）】

总之，根据以上的分析，我们可以构建动态助词的词义球结构模型如下所示（见图6-11）。

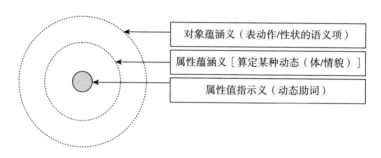

图6-11 动态助词的词义球结构（剖面）示意

考虑到动态助词"着、了、过"各自词义球结构中的属性蕴涵义的唯一性，也可以把这三个动态助词各自的属性蕴涵义看作属性指示义。属性蕴涵义可以看作属性指示义的例子还有很多，比如"红色"作为一个属性值指示义的词，其蕴涵的属性义是唯一的，那就只能是"颜色"，因此，"颜色"属性之于"红色"这个属性值来说，无论说成是属性蕴涵义还是属性指示义，实质等同。基于此，我们也可以用图6-12所示的模型来表示结构助词的词义球结构。

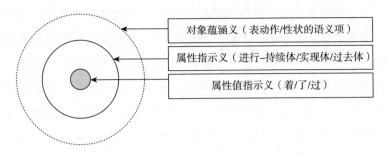

图 6 - 12　动态助词的词义球结构（剖面）示意

6.2.4.3　比况助词的词义球结构

比况助词是指附着在名词性、动词性、形容词性词语后面，表示比喻意义的助词。常见的比况助词有"一样、一般、似的、般的、样的"等。顾名思义，"比况"就是"比较、对比、比喻、比拟"的意思，其显著特征就是一定涉及两个语义项，而且这两个语义项之间具有可以互相"比况"的特性。从理论上来说，任何两个语义项都可以进行比况，但是在语言交际的实践过程中，如果两个语义项之间没有可以比况的特点而硬要将二者进行比况，那么这样的表达就是不合适的。请看下面的例子：

（72）＊他走进地铁，像馒头一样。

（73）他走进地铁，像飞一样。

（74）苹果似的脸蛋，很好看。

（75）泥菩萨似的坐着一动也不动。

例（72）在句法形式上是一个比况句，也涉及两个语义项"他走进地铁"和"馒头"，但是由于这两个语义项之间没有可以比况的特性，最终导致这个句法形式上合格的比况句在语义内容上不合格（用＊表示）。和例（72）相比，例（73）无论在句法形式上还是在语义内容上都是一个合格的比况句，因为"他走进地铁"和"飞"这两个语义项之间具有可以比况的特性。例（74）中的两个语义项"苹果"和"脸蛋"都直接出现在句子中，而且彼此之间具有可以比况的特性，所以是一个合格的比况句。例（75）也是一个合格的比况句，但是只有一个语义项"泥菩萨"出现在句子中，另一个语义项没有直接出现在句子中，只出现了这个语义项的一个特征"坐着一动也不动"。正是因为这个"一动不动"的特征，恰好也是"泥菩萨"所具有的特征，所以保证了例（75）这个比况句的成立。根据一般的认知推理或者上下文语境，具有"坐着一动也不动"特征的语义项一般指"人"，而"人"和"泥菩萨"之间自然具有可以比况的特性。基于此种认知分析，例（75）这个比况句的两个语义项就是"泥菩萨"和"（某人）坐着一动也不动"。

笔者认为，如果从句法语义的角度来观照比况句，那么比况助词实际上就相当于连词，可以称为比况连词，它是通过比喻手段把两个语义项关联到一起。我们知道，比喻有"本体"和"喻体"两个关键性的语义项，这两个语义项一般通过喻词联系起来，而比况助词的功能基本等同于喻词。这也是比况短语经常跟动词"好像、像"等配合使用的原因，因为互相配合使用，可以使比喻和比况这两个语言交际的手段各自取得最佳的表达效果，是一种双赢的互助行为。例如：

（76）汽车过长江，像飞一样。

（77）汽车过长江，飞一样。

（78）汽车过长江，像飞。

（79）汽车过长江，飞。

例（76）互相配合地使用了比喻词和比况词，整个句子在表意上显得很丰满，接受度最高。例（77）和例（78）分别单用了比况词"一样"和比喻词"像"，整个句子的表意效果略显单薄，运用于交际的可接受度略低于例（76）。例（79）由于没有使用比喻词和比况词，整个句子的表意不丰满、表达效果较差，运用于交际的可接受度很低。此时，人们一般会把例（79）改造成夸张句——"汽车飞过长江"以后再行使用。但是，我们也知道，例（76）和这个改造后的夸张句相比，在表意的整体性上差异较大："像飞一样"毕竟不是"飞"，而"飞过长江"也许真的是"飞跃长江"呢！这就说明，使用比喻或者比况手段表达，实际上涉及两个语义项之间的语义计算关系，比喻词和比况词具有语义关联和语义计算的句法语义功能。因此，就表达比喻意义的比况助词来说，其词义结构中必然涉及两个语义项，而且这两个语义项在认知上一定具有可比性。比如"苹果"和"脸蛋"这两个语义项就具有可比性，就可以进入比况句。

综合上述分析，在认知组合性词义观（CCMO）和词义球结构理论（SSWM）看来，比况助词的词义球结构可以公式化为下面的结构：

【比况助词的词义球结构 = 属性值指示义（比况助词）+ 属性蕴涵义（算定比况关系）+ 对象蕴涵义（具有比况关系的语义项对）】

这个公式化的结构也可以通过图 6 - 13 所示的词义球结构模型来表示。

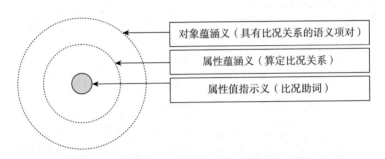

对象蕴涵义（具有比况关系的语义项对）

属性蕴涵义（算定比况关系）

属性值指示义（比况助词）

图 6 - 13　比况助词的词义球结构（剖面）示意

我们把"算定比况关系"作为比况助词的属性蕴涵义，是说比况助词在连接两个语义项时，这两个语义项之间必须具备可比性、具有相似之处。至于说具体的可比点和相似之处是什么，这个可以不必明说。比如"苹果似的脸蛋"，这个比况句就说明，"苹果"和"脸蛋"这两个语义项之间具有可比点、具有相似之处，至于是形状相似（圆圆的），还是颜色相似（红红的），则可以说出来也可以不说出来。由于比况助词的属性蕴涵义是唯一的，就是算定两个语义项之间的比况关系，因此在图 6 - 13 中的属性蕴涵义的虚线圆也可以改成属性指示义的实线圆。这和结构助词、动态助词等的词义球结构模型中的属性义的显隐性状态具有共性，此不赘述。

6.2.4.4　语气助词的词义球结构

语气助词的主要作用是表示语气意义。在语言的交际过程中，语气是表意的，语气也有传情达意的功能。助词具有附着性、关联性、语义关系的计算性，语气助词也一样拥有这些特性。语气助词附着在全句或句中某些词语的后面，一般表达"陈述、疑问、祈使、感叹"等四种语气，这些语气都是句义的有机组成部分，是句义不可或缺的。语气助词尤其是句末语气助词，常常跟句调一起共同表达语气意义。本书根据语气助词的这些句法语义特性，把句子的意义划分为基础性的句义项和附着性的句义项两个部分，附着性的句义项由语气助词来显现。

下面，我们以六个基本的语气助词"的、了、呢、吧、吗、啊"为例，来阐释语气助词的句法语义功能（见表6-5）。

表6-5 基本语气助词的句法语义状况

语气助词	语气类别	例句	基础性句义项	附着性句义项
的	陈述	我是不会忘记的。	我不会忘记	肯定基础性句义项为事实
了		树叶绿了。	树叶绿	
呢		你才辛苦呢。	你辛苦	
啊		他不吃呀。	他不吃	
了	祈使	别说话了。	别说话	祈使基础性句义项成为事实
吧		走吧！	走	
啊		坐呀！	坐	
呢	疑问	吃呢还是不吃呢？	吃与不吃	不确定基础性句义项为事实
吧		天晴了吧？	天晴了	
吗		你到过武昌吗？	你到过武昌	
啊		谁呀？	谁（张三）	
啊	感叹	好哇！	好	赋予基础性句义项浓厚的感情

从表6-5我们可以看出，语气助词的附着性功能，就是语气助词的语义计算功能，也是语气助词的附着性句义项。基础性句义项和附着性句义项，是语气助词句句义的两个密不可分的构成部分，缺一不可。就语气助词句来说，没有基础性句义项，附着性句义项就无所依附；没有附着性句义项，整个句子也不成其为语气助词句。根据认知组合性词义观（CCMO）和词义球结构理论（SSWM），具有语义算定功能的附着性句义项就是语气

助词的属性蕴涵义,而与之相应的基础性句义项就是语气助词的对象蕴涵义。因此,语气助词的词义球结构可以公式化为下面的结构:

【陈述类语气助词的词义球结构=属性值指示义(陈述语气助词)+属性蕴涵义(肯定基础性句义项为事实)+对象蕴涵义(基础性句义项)】

【祈使类语气助词的词义球结构=属性值指示义(祈使语气助词)+属性蕴涵义(祈使基础性句义项成为事实)+对象蕴涵义(基础性句义项)】

【疑问类语气助词的词义球结构=属性值指示义(疑问语气助词)+属性蕴涵义(不确定基础性句义项为事实)+对象蕴涵义(基础性句义项)】

【感叹类语气助词的词义球结构=属性值指示义(感叹语气助词)+属性蕴涵义(赋予基础性句义项浓厚的感情)+对象蕴涵义(基础性句义项)】

根据词义球结构模型,以上公式化的词义球结构可以构建为图6-14所示的模型。

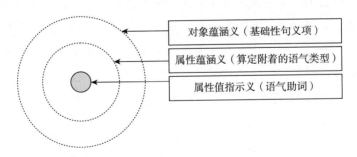

对象蕴涵义(基础性句义项)

属性蕴涵义(算定附着的语气类型)

属性值指示义(语气助词)

图6-14　语气助词的词义球结构(剖面)示意

我们把"算定附着的语气类型"作为语气助词的属性蕴涵义,是一种更抽象的概括。具体来说,"算定附着的语气类型"实质分别等价于四种语气,即肯定基础性句义项为事实(俗称陈述语气)、祈使基础性句义项成为事实(俗称祈使语气)、不确定基础性句义项为事实(俗称疑问语气）、赋予基础性句义项浓厚的感情（俗称感叹语气）。图6-14中，我们用抽象的表达来替代具体的四种表达。由于语气助词的属性蕴涵义是相对有限的四大类，因此图6-14中的属性蕴涵义的虚线圆也可以改成属性指示义的实线圆。这和结构助词、动态助词、比况助词等的词义球结构模型中的属性义的显隐性状态具有共性，此不赘述。

6.2.5　数词和量词的词义球结构

6.2.5.1　数词问题的两个普遍认同

汉语数词的词类地位问题，历史上曾有过较长时期的论争。从《马氏文通》（马建忠，1898/1983：111）把数词归为形容词，合称"静字"开始，至今已经120多年。从《中国现代语法》（王力，1943/1985）把数词正式单独立类开始，数词才与名词、动词、形容词等词类地位平等。自此以后，汉语学界都普遍认同数词的一级词类地位。例如，《现代汉语语法讲话》（丁声树等，1961）按性质和用法把词划分为十大类，其中就包括数词。但与此同时，汉语学界也都普遍认同另一个事实：数词同形容词、代词等词类存在很多纠结。汉语学界对数词问题的这"两个普遍认同"是我们思考汉语涉数问题的缘起。[1]

笔者否认第一个普遍认同，认为数词不具备一级词类地位，数词跟名词、动词、形容词等的词类地位不平等，应看作二级词类。我们探析了第二个普遍认同的原因，认为数词同形容词和代词的关系复杂而让人纠结的原因在于汉语学界传统的"数词"概念没有严格区分数值（也叫数目）概念涉及的三种认知域（也叫认知范畴）：值域、类域、序域。值域也叫"数值大小域、数值域、数域"。类域也叫"数值类别域、数类域、数量域、量域"。序域也叫"数值次序域、数序域"。汉语学界对这三种涉数认知域各自的内涵及其之间的认知系统性缺乏足够的认识，对"序数词、数量词、序数量词"在语言社会交际中的一级词类地位的性质把握不准，对"序词、数词、量词、序数词、数量词"的概念内涵及其上下位关系缺乏

---

① 本书涉数概念的外延包括数序、数值、数类，而不仅仅指数值。

合理的界定和把握。缘于此，汉语学界在数词的词类归属、词类划分以及数词的意义和功能等相关问题上缺乏系统性的认识。

笔者对此问题的研究思路有以下几点。首先，重新界定"序词、数词、序数词"的概念内涵，辨明"序词、数词、序数词、量词、数量词、序数量词"的词类地位以及彼此间的上下位关系。这是对汉语涉数问题向外看的视角，主要涉及数词的词类地位、与数词相关的词类和次类词之间的层级关系、三种涉数认知域和相关词类及其次类之间的关系等问题。其次，以新界定的涉数术语的概念内涵为基础，全面分析"三、三斤、三斤鱼"之间以及"三、第三、第三名、比赛（成绩）第三名"之间各自由简单到复杂的认知语义计算的层级关系，并以此为主线索，探明三种涉数认知域的性质内涵以及三者之间的系统性认知关系，厘清"数"概念的认知体系和认知机制，解释数词跟形容词和代词关系密切的语义认知原因。这是对汉语涉数问题向内看的视角，主要涉及数词及其相关词类的词义构成与理解问题。

6.2.5.2　涉数术语的概念内涵及其层级关系

回顾汉语数词研究一百多年的历史，我们认为有必要先对"数词、序词、量词、序数词、序数量词"的概念内涵做出新的阐释和界定，这有助于推进汉语涉数问题研究。

数词也叫"数目词"或"数值词"，多在纯数学领域使用。我们不认同汉语学界已有的包括"基数词"和"序数词"在内的"数词"概念，而把"数词"界定为"数目词"或"数值词"，并认定"数词"是表数目多少或数值大小的词。笔者认为，"数词"是"数"概念的语言符号化和社会交际化的语言体现，在语言社会交际中使用时，其含义实质等同于传统的作为数词次类的"基数词"（包括分数、概数、倍数等）。数词的意义由"表数目和次序"更新为"只表数目或数值"，这是需要特别注意的问题。

序词是"第、老、初"等这些具有标记序范畴义功能的语言单位，和量词具有同等的词类地位。这是因为数词要进入语言社会交际，就必须跟"序词"或"量词"结合，单独的数词是不能在语言社会交际中使用的。

换句话说，纯表"数值"的数词必须"次序"化（跟"序词"组合）或"类别"化（跟"量词"组合）才能进入语言社会交际。正如"量词"是用来计算（划分、标记）数值的类别一样，"序词"是用来计算（划分、标记）数值的次序的。

量词是表示人、事物或动作的"数量单位"的词。"数量单位"是理解量词的关键。笔者认为，这里的"数量"实质是指数值大小，"单位"则是指数值涉及的类别。量词的语义功能主要就是对数值进行分类，并且一般都表示具体的数值类别。比如"三个"这个结构中的量词"个"实际上就是"个数"，它表明数值"三"涉及的是"个数"范畴；而"第三名"这个结构中的量词"名"实际上就是"名次"，它表明序数词"第三"涉及的是"名次"范畴。总之，量词表意的特殊性应该引起我们的重视，量词具有计算（划分、标记）数值类别的作用，既可以用来标记与其组合的数值的类别，也可以用来标记与其组合的名词或动词的类别。以物量词为例，在"三本书"这个"数量名"短语中，量词"本"就起到了标记数值"三"的计算类别的作用，因为通过"三本"的组合，我们知道了这里的数值"三"是"计算本数"（按"本"计算个数）的数值。我们知道，同样是"数量名"短语，"三本书"中的数值"三"就和"三斤书"中的数值"三"的计算类别不同，后者是"计算斤数"（按"斤"计算重量）的数值。可见，量词具有计算（划分、标记）数值词的计算类别的作用。再比如"三本书"和"三本鱼"，前者是成立的，后者不成立。究其原因就是"书"可按"本"计算，而"鱼"不可按"本"计算。这也是"书"和"鱼"的区别之一。根据能否按"本"计算，事物名词可以划分为"本类"和"非本类"名词。因此，物量词是用来标记事物的某一类别的，标记名词所指称的事物可以按量词的形状或功用而被归入该量词这一类别。比如，在"三本书"中，量词"本"标记"书"这种物体可按照"本"的形状或功用而被归为"本"这一类别。由此可以称"书"为"本类名词"。由于不同的数量单位跟不同类型的名词相匹配，量词区分名词的功能实质上就是通过量词表示不同的数量单位这一途径间接实现的。综上所述，作为数量单位的量词，具有标记"数词、名词"类别的语义计算功能。也正是在这个意义上，汉语涉数概念的三种认知域之一的"量域"也可以叫作"数值类别域、数类域、类域"。因为这里的"量"不是指传统意义上的数目多少，而是指衡量数目多少的单位，不同的"单位"又标记数值在语言社会交际中所指示的不同类别。为了跟传统的"量"的概念义（表数量多少）区别开来，我们把"量"的含义界定为"（数值的）类别"，并且把"量域"改称"类域"。"量"的含义由"表数量多少"更新为"表数值类别"，这也是我们需要特别注意的问题。

序数词是指"第三、老三、初三、卷三"等这样的由"序词 + 数值词"构成的词。本书认为序数词不是传统"数词"的次类，序数词是"序词"和"数值词"的合称，并且认定序数词跟名词、动词、形容词等是同级别的一级词类，而把原来作为一级词类概念的"数词"降为二级词类。

序数量词和已有的"序数词"含义不同，它是指"第三斤、初三日、第三卷、甲等"等这样的通过"序数词 + 量词"组合构成的词。至于"序数量词"的词类地位和性质问题，可从"形式"和"内容"两个视角得出两种看法：从结构形式上看，可以不把它当作独立的一级词类，而把它叫作"序数量结构"（短语），因为它是组合短语，不是词。本书称其为"序数量词"是为了表述上的简洁。从语义内容上看，因为"序数量结构"在表意上具有相对独立性和完整性，而且在语言社会交际中使用时跟词的语义功能类似。"序数量词"实质上是序数词"表序功能"的进一步强化和明晰化，其表序意义要比序数词的表序意义更加精细和明确。当然，如果在结构形式上把序数词看成"序数量词"的缩简，或把"序数量词"看成序数词的显性扩展，那么也就可以把"序数量词"看成跟"序数词、数量词"一样，具有一级词类地位的词。笔者立足于语义表达时的相对完整性和独立性原则，把"序数量词"划归一级词类。需要说明的是，笔者主要是从涉数范畴义的相对完整性和独立性表达这一角度来认定"序数量词"相当于一级词类，从表序义的语义标记功能这一角度来认定"序词"归属二级词类。

综上所述，加之已有的涉数术语"数量词"，汉语涉数范畴的 6 个术语就形成了如图 6 – 15 所示的层级关系。

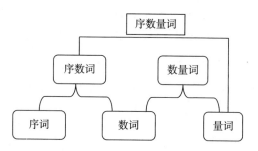

图 6 – 15 "序数量词、序数词、数量词、序词、数词、量词"的层级关系

根据一般的认知经验，在语言社会交际中，实际上只存在序数词、数量词和序数量词，也只有这三类词才能直接进入语言社会交际，而"序词、数词、量词"都不能直接进入这一交际过程。由于在涉数范畴义上，"序数词、数量词、序数量词"的词义比"序词、数词、量词"词义相对独立和完整，所以笔者认定，"序数词、数量词、序数量词"都属于一级词类，可以作为意义相对独立和完整的语义单元直接进入语言社会交际，而"序词、数词、量词"都属于下位概念的二级词类，一般不能直接进入语言社会交际。比如，只有"三斤、第三、第三个"等这样的涉数词可直接进入语言社会交际，并且能以相对独立和完整的语义单元进行信息交流，而"三、第、斤、个"等则不能单独直接进入语言社会交际，也不能以相对独立和完整的语义单元进行信息交流。请看下面的例句①。

（80）这一时期的理论研究主要表现出如下几个特点：第一，研究方法简单，逻辑不够严密，研究结果有较大的出入。第二，研究问题较为分散，不系统、不深入。第三，研究人员只重视成年人学习方面的心理研究而忽视了其他方面的研究，如历史研究、哲学研究等。第四，研究成果大部分都是由社会学家所取得的。第五，研究主要集中在少数几个国家，如美国、英国、苏联、南斯拉夫等国家。第六，研究规模不大，进展不快，还没有能够真正显现出继续教育理论研究的发展方向。

---

① 例句来自北京大学中国语言学研究中心（CCL）现代汉语语料库。

（81）那阵儿蒸一锅窝头，就蒸这么大锅，一锅窝头，七个，这么大个儿。三斤面蒸七个窝头，四斤面也蒸七个。

例（80）中的序数词"第一、第二、第三、第四、第五、第六"，无论在书面上还是口头上，都可用"一、二、三、四、五、六"等数值词来替换，甚至还可用"一个、二个（两个）、三个、四个、五个、六个"等数量词来替换，但是这些形式上不同的替身词都无法改变它们在语义上优先表达"次序义"的本质特征。这其中的原因，除了语境因素对次序义的凸显作用以外，还有就是因为"数值"第一位的本质特征是"计算数目"（计数），而且"计数"本身是按照"大小/多少"的顺序依次递增或递减进行的，这自然就蕴涵了"计算次序"（计序）的特质。在认知理解"数"的意义上，"数表示数目多少"是第一位的，而"数表次序先后"是第二位的，是在第一位的基础上进一步进行认知语义计算的结果。实际上，"第一位"和"第二位"之间的关系应该理解为一枚硬币的两面，是互为构成和实现的关系。因为"数"（数值）是一个序列，所有的数值在认知上构成一个数轴，而"次序"和"位置"对数轴上的数值来讲，就是内涵性的因素。总之，数值词的"计数"（数值大小）和"计序"（数值次序）特质是互为认知结果的。或者说，数值词的"计数"意义是主观的，它的主观目的和功用就是"计数"，而"计序"意义则是客观伴随的。因此，"计数"本身就意味着"计序"，而"计序"又以"计数"为前提和基础。这就是数值词的意义所在，也是基数词可直接表示次序义的原因所在。汉语学界按照"表数目"还是"表次序"的意义标准给数词划分次类的实践之所以行不通，就是因为"表次序"不是序数词的专利，基数词也可直接"表次序"。这样一来，基数词直接"表次序"时也变成了序数词，也应该归入序数词，以至于所有的基数词都成了序数词。这就说明，数值词在意义上既表"数值"又表"次序"的二重性，使得按意义标准给传统的数词划分次类没有可操作性，无法把基数词和序数词分开，所得结果也毫无意义。鉴于此，我们主张取消基数词的叫法，认定数词就是数值词，就相当于学界已经使用的基数词。这样一来，数词和序词地位平等，都是二级词类。

总之，根据数词本身的"计数"和"计序"的辩证关系以及语境因素对语义的凸显作用，如果例（80）中"计序"的词是"一、二、三、四、五、六"或是"一个、二个（两个）、三个、四个、五个、六个"，那么它们在语义上也不是"数目词"或"数量词"，而仍然是"序数词"。例（81）中，如果把数量词"一锅、三斤、四斤、七个"中所有的"量词"或"数值词"全部去掉，那么这个句子就不能成立。这就说明，数量词中的"数词"和"量词"不能单独进入语言社会交际。所以，笔者认为，"序数词、数量词"应该跟"名词、动词、形容词"等其他一级词类一样，具有同样的词类地位。这样既符合涉数认知体系的完整性和认知机制的系统性，也符合词类体系的完整性和系统性，更符合语言社会交际应该相对独立和完整地表达涉数范畴义的要求。

6.2.5.3 认知结果及其词类体现

《马氏文通》（马建忠，1898/1983：21、111）把描写事物性质、状态和数量的词称为"静字"（凡实字以肖事物之形者，曰静字），并二分"静字"为"象静"和"滋静"。"象静者，以言事物之如何；滋静者，以言事物之几何也。"象静者如"薄物细故"中的"薄"和"细"，现在一般称为形容词，滋静者如"六律"之"六"，现在一般称为数词。[①]

马建忠立"静字"一类词，把"形容词"和"数词"合起来称为"静字"，这一方面规定了用什么样的词类来描述称代人们在认知实践过程中所得的认知结果，另一方面也变相地对"认知结果"进行了分类。笔者认为，马建忠立"静字"类，实际上是把人们在认知实践中所得的"认知结果"分成了两大类：一类是对象所具有的只能描述或评价的结果，这类认知结果只能定性，而且认知上的这种描述或评价在语言中主要用形容词或有形容词功能的词和短语来体现。我们称这类"认知结果"为对象的"特征"。另一类是对象所具有的可以测量或定量的结果，而且认知上的这

---

① 本书在论述数词已有的相关研究时，仍沿用已有的术语；只是在论述笔者自己的看法时，使用重新界定内涵的涉数新术语。

种可以测量或定量的结果在语言中一般用序数词、数量词或序数量词来体现。我们称这类"认知结果"为对象的"值"。这两类认知结果合起来，就是人们在认知实践过程中掌握对象时所得的全部"认知结果"——特征值（本书也称为属性值）。《马氏文通》之后，章士钊（1907）、陈承泽（1922/1982）、黎锦熙（1924/1992）、杨树达（1930/1984）、吕叔湘（1942/2002）等都把数词归入形容词，或将数列为形容词的附类。这些学者都认识到数词的性质跟形容词相近，但同时也存在一些差异。按照笔者的理解，形容词和数词都可以表达"认知结果"，这是二者的共性；形容词只能表达作为认知结果的"特征"，而数词只能表达作为认知结果的"值"，这是二者的差异。从"特征"和"值"都是认知结果的角度看，如果把"认知结果"看作"值"，那么形容词和数词就在更抽象的意义上统一起来了。我们把"特征值"改称"属性值"，即是基于此种观念。

6.2.5.4 数量词和序数词具有称代作用的认知原因

《中国文法要略》（吕叔湘，1942/2002）中把数词称为数量指称词，认为基数和序数，假如后头不跟名词，就有一种称代的作用。吕叔湘把数词称为"数量指称"词，按照我们的理解，这有两层含义。

其一，这里的"数量"应该理解为"数值词 + 量词"和"序词 + 数值词"，即现代汉语里的"数量词"和"序数词"。"数量词、序数词"与"数值词"显然不是一个概念。比如"一斤、第一"与"一"显然不同，前者是"数量词"和"序数词"，"一斤"的含义是表示重量为一斤，"第一"的含义是表示次序最前；后者"一"是数词，表数值大小义，但是光杆"一"在语言社会交际中含义不明确，不能表达相对独立和完整的语义单元。由此笔者认为，现代汉语词类中应该单立"数量词、序数词"这样的一级词类，而且要把它们跟数值词的不同含义区别开来。

其二，吕叔湘先生指出，假如数词后头不跟名词，数词就有一种称代作用。笔者认为，这里的"数词"显然不能理解为光杆的"数值词"（比如"一、三、五"等）。在现代汉语里，要理解吕叔湘先生这句话的含义，其前提是要重新把握"数词"的含义，要把吕叔湘先生所用的"数词"的含义理解为"数量词"、"序数词"或"序数量词"，因为只有"数量词、序数词、序数量词"才有明显且直接的称代名词的作用，光杆的表数值多少的"数词"（数值词）没有明显的称代作用。当数量词、序数词和序数量词称代名词时，它们的语法功能就相当于名词。我们感兴趣的是："数量词、序数词、序数量词"为什么具有称代名词的作用？这样的词义理解在人们的认知心理上是否有依据？下面，笔者将从人们对"数"（数值）的认知理解出发，对这个问题做出解答。

6.2.5.5 数值词的认知特征及其第一次认知语义计算

我们知道，"数"和人们的日常社会生活关系非常密切，"数"范畴是人类认知世界的基本范畴，也是人们认知世界的基本结果，这些范畴和结果在语言中体现为"数值词"（数词）。从认知的角度看，"数值词"具有以下三方面的认知特征。

第一，数值词的"计数"功能是无标记的。"数"本身标记一定的"数值大小"或"数目多少"。所有的"数"按照其本身指示的"数值大小"构成一个以"零"为原点的数轴。按照一定的方向和分度值，可以从数轴上提取任意多个不同类别的小数轴（比如奇数小数轴"1、3、5、7……"偶数小数轴"2、4、6、8……"位数小数轴"个、十、百、千、万……"）。所有这些小数轴也都遵循数轴的一般特点。数轴最本质、最基础的特点就是其"数性"（数值的大小）和"轴性"（数值的位置）。在数轴上，所有的数都有一个固定的位置。一个数本身的"数值"和其所处的"位置"是一一对应的，数值的变化意味着位置也必然发生变化，反之亦然。"数值"和"位置"之间的这种对应关系在任何情况下都不会改变。从数值和其位置之间的一一对应关系来说，要理解一个数所指示的数值大小，也可以换成理解这个数在某个梯级中的梯级位置与其他数的梯级位置之间的次序关系。比如"三"，这个数值的位置一定在"二"和"四"之间的中点位置，这样一来，其数值大小也就可以理解了。此外，数值的大小和这个数所处的梯级位置的重要性在认知上不一定成正相关。比如，在"一级、二级、三级"这个次序梯级中，"一级"的数值"一"小于数值"二、三"，但是，这在语言社会交际中并不意味着"一级"的重要性就低于"二级、三级"。梯级位置的重要性具有社会性和主观性，是约定俗成的。

第二，数值词要想在语言社会交际中使用，首先必须确定数值的计算功能，也就是数值的计算类别（计类）或计算次序（计序）。换句话说，任何一个数值词要进入语言社会交际，就必须首先跟"量词"组合，实现"计类"的功能；或跟"序词"组合，实现"计序"的功能。

第三，确定数值词的计算功能以后，还必须明确该计算功能的具体所指，也就是要确定与数值词组合的具体量词或序词是什么。我们知道，"计序"是在"次序"范畴内进行的，而"计类"则是在"类别"范畴内进行的。从语言符号学的角度看，数值词在语言社会交际中无论担当"计类"还是"计序"的语义功能，都需要其他相应的语言符号（词）来标记数值词，帮助数值词呈现相应的功能。就汉语来说，数值词要呈现"计类"的功能，就必须跟"量词"组合从而构成"数量词"；而要呈现"计序"的功能，就必须跟"序词"组合从而构成"序数词"。数值词所跟的"量词"或"序词"是确定数值的类别或次序的关键因素。比如，数值词"三"如果分别跟"斤、个、天"组合，那它就分别属于"计算重量、计算个数、计算时间（天数）"类的数值词。数值词"三"如果分别跟"第、老、初"组合，那它就分别属于"计算一般次序、计算排行次序、计算特定时间次序"类的数值词。以上这些表"数值类别"的词"斤、个、天"和表"数值次序"的词"第、老、初"等都是数值词进入语言社会交际时需要确定的、具体的量词和序词。尽管这种由"量词"和"序词"分别体现的"类别义"和"次序义"蕴涵在数值词的词义之中，但是通过基本的认知能力和语言形式标记，人们是可以把握的。

根据以上三点和词义球结构理论（SSWM），笔者把数词（数值词）的意义结构概括为三个要素：属性值义（数值的大小）、属性义（计类、计序）、对象义（量词、序词）。这也就是说，如果数值词跟量词结合，就意味着该数值词在"计类"，属于数值的应用类别范畴的语义计算；如果数值词跟序词结合，就意味着该数值在"计序"，属于数值的次序范畴的语义计算。数值词的这三个词义要素在词义结构中的显隐性状态不同：属性义和对象义都是蕴涵着的，处于隐含状态，我们称其为属性蕴涵义和对象蕴涵义，这二者构成数值词词义结构的蕴涵义层。属性值义是直接呈现出来的，处于显现状态，我们称其为属性值指示义，并构成数值词词义结构的指示义层。数值词的词义球结构模型可构建如图6－16所示。

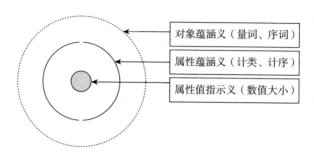

对象蕴涵义（量词、序词）

属性蕴涵义（计类、计序）

属性值指示义（数值大小）

图6－16　数值词的词义球结构（剖面）示意

图6－16说明，数值词词义结构中的属性义本质上具有区分数值的计算功能类别的作用。由于数值大小是数值本身直接呈现的，图中用实心的圆点表示，看作属性值指示义。数值的计算功能类别只有两种，分别是"计类"（计算类别）和"计序"（计算次序），图中用两条分离的线段组成的圆来分别表示，并看作词义结构的属性蕴涵义。在语言的词汇中，只有"量词"和"序词"可分别体现数值的"计类"和"计序"功能。换句话说，当我们想把数值用于计算某一类别的数目或计算某一类别的次序时，我们首先就会选择相应的量词或序词与其组合，用量词或序词去标记一下数值的计算功能类别。图6－16中的点状虚线圆表示数值词蕴含的对象义，即"量词"和"序词"，圆周上的小点表示具体的"量词"或"序词"的数目都有很多。总之，语言社会交际中的词语组合"三个、三斤、三元"和"第三、初三、老三"等语言形式，实际上分别是数值词的"计类"和"计序"功能的体现。这是数值词进入语言社会交际的第一次认知语义计算，计算的结果是获得了"数量词"和"序数词"。

总之，根据数值词的认知特点，数值词必须首先跟"量词"或"序词"组合，完成第一次认知语义计算，以便构成"数量词"或"序数词"，才有社会生活交际的实际意义和价值。因此，在语言社会交际中，理解一个"数值词"的交际意义，实际上就转化为理解一个"数量词"或"序数词"的交际意义。

6.2.5.6 数值词的第二次认知语义计算与数量范畴义的表达

随着经济社会向纵深发展，汉语语义信息在表达上追求精细化。这一需求是汉语交际中出现"量词"和"序词"的根本认知动因。数值词经过第一次认知语义计算以后，尽管生成了"数量词"和"序数词"，但是"数量词"和"序数词"承载的语义信息的颗粒度仍然较粗，而且缺乏相对独立性和完整性，不能满足语言社会交际需要，必须分别进行第二次、第三次和第四次认知语义计算。为了叙述方便，第二次认知语义计算只针对数量范畴义的完整性，第三次和第四次认知语义计算则针对序范畴义的完整性。下面先论述数值词进入交际的第二次认知语义计算。

第二次认知语义计算的前提和基础不是数值词本身，而是第一次认知语义计算以后形成的结构式——数量词。比如"三个、三斤、三元"等。换句话说，经过数值的首次认知语义计算以后，我们获得了由词义球结构模型体现的数值词词义的内容信息，而经过数值的第二次认知语义计算，我们也将获得"数量词"的由词义球结构模型体现的词义内容信息。通俗地说，在数值词的首次认知语义计算中，我们关注的是数值本身（比如一、三、五等数值）的计算功能类别是"计类"还是"计序"，量词可体现"计类功能"，而序词可体现"计序功能"。数值本身的大小（属性值义）、计算功能类别（属性义）以及体现计算功能类别的具体词（对象义），这三者就是数值词词义球结构的三个要素（见图 6 - 16）。在数值词的第二次认知语义计算中，由于数值已经经过首次认知语义计算，我们已经知道数量词"三斤"计算的是"重量"范畴的语义，因此本次运算我们关注的不仅是数量词"三斤"所蕴含的语义上的对象，而且还必须弄清楚对象的具体所指，所指就是数量词在语言社会交际中所蕴含的对象。

数量词所蕴含的对象在语言中都是由名词或动词来体现的。例如数量词"三斤"，当人们在现实生活中用到"三斤"的时候，肯定都指向一定的对象，比如可能指向"苹果、石头"甚至"梦、思想"等。换句话说，在语言社会交际中，从语义单元的相对独立性和完整性来说，实际上也不存在"三斤"，只存在"三斤苹果、三斤石头、三斤梦、三斤思想"等这样的语义信息表达式。因此，根据词义球结构理论（SSWM），数量词的词义球结构三要素是：属性值指示义（数量多少）、属性蕴涵义（数值所属的语义类别，如"个数、重量"等）、对象蕴涵义（语义类的具体所指，如"苹果、馒头"等）。数量词的词义球结构模型可构建如图6-17所示。

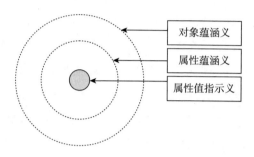

图6-17　数量词的词义球结构（剖面）示意

具体数量词的词义球结构可根据图6-17进行描写。比如具体数量词"三斤"的词义球结构模型可构建如图6-18所示。

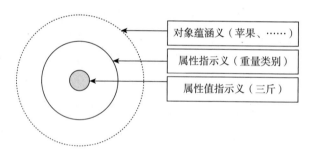

图6-18　数量词"三斤"的词义球结构（剖面）示意

从图6-18可以看出，属性义由图6-17的虚线圆变成了实线圆。这是因为数值"三"和数量"三斤"是不同的，数值"三"不能单独进入语言社会交际，因为其蕴涵的计算功能类别不固定，可蕴涵很多种计算功能类别，所以就用虚线圆来表示（见图6-17）。数量"三斤"则可进入语言社会交际，因为其蕴涵的计算功能类别是固定的，当人们谈论"三斤"的时候是在"重量类别"这个范畴内进行的，所以就用实线圆来表示。又由于量词"斤"的计算功能类别可唯一确定为"重量"，所以数量词"三斤"的属性义就由图6-17的蕴涵状态直接改为指示状态，称为属性指示义（见图6-18）。在图6-17和图6-18中，最外围的对象蕴涵义都用虚线圆表示，这说明数量"三斤"所蕴含的对象很多，可以是人们认为需要衡量其重量的任何对象，比如"苹果、石头、钞票、鞋子、思想"等。

6.2.5.7　数值词的第三次认知语义计算与序范畴义的表达

数值词进入语言社会交际的第二次认知语义计算导致了数量范畴义的完整性表达，而数值词进入交际的第三次认知语义计算则会导致序范畴义的完整性表达。序范畴义的完整性表达是为了把序范畴的语义信息表达得更为精细和完整。第三次认知语义计算的前提和基础不是数值词本身，而是首次认知语义计算以后形成的结构式——序数词。例如"第三、初三、老三"等。

我们知道，"三名"这样的数量词具有表次序的意义，是因为数值词本身就具有"计序"（计算次序）的功能。"第三"这样的序数词具有表次序的意义，不仅是因为数值词本身具有"计序"（计算次序）的功能，而且数值词本身也被序词"第"标记了（数值词跟序词组合）。实际上，数值词的这种"数值中有次序，次序中有数值"的二重性词义特点学界也有发现。比如王霞（2011：16）曾指出，序数具有对比性、数量性和序列性。对比性是指序数的构成暗含了比较，序数建立在同一集合内相联系的、具有可比性的事物进行比较的基础上。数量性是指序数是一种数，主要表示数目。序列性是指两个以上的事物形成系列，并且事物之间具有次序关系。问题是，尽管数量词"三名"和序数词"第三"都有表次序的意义，但表达得都不够明显、明确和精细，因为前者没有表次序义的形式标记词，后者尽管有表次序义的形式标记词"第"，但是我们不知道它是计算什么类别的次序。只有用"序数词＋量词"这样的结构式（比如"第三名"）来表达次序范畴义，才能表达出更为明显、明确和精细的序范畴义。因为我们知道"第三名"是"名位次序第三"，而不仅仅只是知道"次序第三"。

从前文的论述可知，体现"数值词表次序义"的第一次认知语义计算是让"数值词"与"序词"组合，以此确定其具有"计序"的功能，只是此时所得的次序范畴义还比较模糊。比如"第一"，我们只知道其表示某种次序的首位，但不知道这种次序具体是什么认知范畴。也就是说，我们还需要再进行一次认知语义计算，以便确定其表示次序范畴义的具体类别。计算的方法就是用一定的"量词"跟这个"序数词"组合，用"量词"去标记"序数词"，构成"序数量词"。事实说明，由"序数词 + 量词"构成的"第三名"比由"序词 + 数值词"构成的"第三"在次序范畴义的表达上更为明显、明确和精细，也更加完整和独立。序数量词的出现，预示着数值词进入语言社会交际所需要的第三次认知语义计算的完成，其结果使得序范畴义在表达上更加完整和细致。

需要说明的是，若要理解序数量词（如"第三名"）表次序义的特征，其前提是要理解"第三名"这个结构的层次切分。据上文的分析，数量概念不等于数值概念，数量词是"数值词 + 量词"，而数值词就只是"数值词"，数值词的次序化就形成了"序数词"。但是，我们能以此说明，数量词的次序化（"序词 + 数量词"）就形成了"序数量词"吗？显然不能。这是因为"量词"的"序数词化"（"序数词 + 量词"）的结果也可以形成"序数量词"。这就说明"序数量"的结构切分具有两种可能性："序数/量"或"序/数量"。例如，"第三名"是切分成"第三/名"还是"第/三名"，这也许是个见仁见智的问题。笔者采用"序数/量"（第三/名）这种切分方法。这种切分方法既可以说成是"序数词的量词化"，也可以说成是"量词的序数词化"。换句话说，这种切分方法的实质既可看成"用量词去标记序数词"，也可看成"用序数词去标记量词"。

在此需要思考的是，"第三"和"第三名"在词义结构上是什么关系。根据 SSWM 的扩展特性可知，"第三名"是"第三"的词义球结构扩展生成的众多结果中的一种。我们需要对"第三"的词义球结构进行扩展，就能厘清"第三名"的认知语义计算过程。序数词的词义球结构模型可构建如图 6 - 19 所示。

具体序数词的词义结构可据图 6 - 19 进行描写。比如具体序数词"第三"的词义球结构模型可构建如图 6 - 20 所示。

从图 6 - 18 和图 6 - 20 可看出，"三斤"和"第三"具有同样形状的词义球结构，只不过各自蕴涵的对象不同而已。数量词"三斤"一般以具体的事物为对象，序数词"第三"则以相对抽象的"次序类别"（比如名

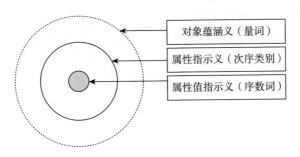

图6-19 序数词的词义球结构（剖面）示意

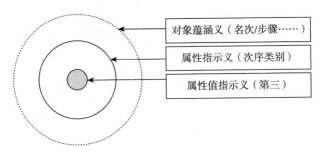

图6-20 序数词"第三"的词义球结构（剖面）示意

次、重要性、难易度、步骤、操作程序等）为对象。这里，我们用一个例子，再谈谈序数词和数量词的认知差异。我们知道，"三名"这个结构一般会有歧义，歧义的原因是"名"的多义性。因为"名"既可指具有"次序类别"的"名次"义，此时"三名"意为"第三名"；也可指具有"数值类别"的"量词"义，此时"三名"意为"三个"（或三位）。也就是说，"名"既可以是"表数目义"的量词，也可以是"表次序义"的量词，二者成了同形同音词。

因此，根据词义球结构理论（SSWM），像"第三名"这样的由"序数词+量词"构成的"序数量词"的词义球结构三要素分别是：属性值指示义（序数词）、属性蕴涵义（次序类别）、对象蕴涵义（次序类别的具体所指）。至此，"第三名"这样的"序数量词"的词义球结构模型可构建如图6-21所示。

具体序数量词的词义球结构可据图6-21进行描写。比如具体的序数量词"第三斤"的词义球结构模型可构建如图6-22所示。

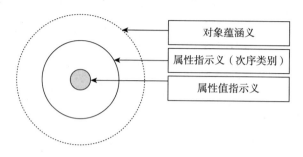

图 6 – 21 "序数量词"的词义球结构（剖面）示意

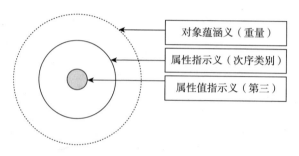

图 6 – 22 序数量词"第三斤"的词义球结构（剖面）示意

　　需要说明的是，因为"第三"这样的"序数词"的次序义很明显，所以我们就把原本属于"蕴涵义"的属性义直接改成"属性指示义"。这样一来，图 6 – 21 和图 6 – 22 中的属性义就可以用实线圆来表示，这和一般的词义球结构模型有所区别，但本质相同。

　　至此，我们知道，"第三、老三、初三、三名、第三名"等这些表达式都蕴涵着数值"三"在语言社会交际中所具有的"次序义"，其中数量词"三名"的次序义尽管相对最弱，但是一定是具有的。这些"次序义"是"数值词"在语言社会交际中必须具有的，而且多用显性的语言符号"第、老、初"等这些"序词"加以标记。鉴于此，我们认为，"基数词"表次序义是无标记的，"序数词"表次序义是有标记的。而且序数词在"次序类别"的蕴涵义上有一个独特而固有的特点——所有的序数词的"属性蕴涵义"都是"次序类别"。也就是说，无论是"第三"，还是"老三、初三、卷三"，它们的属性蕴涵义都是"次序类别"。另外，数量词"三斤"的属性蕴涵义也很明显，只能是"重量类别"。也正是在这个意义上，我们可以把序数词、序数量词以及具体数量词的词义球结构要素中的属性蕴涵义直接改成属性指示义（见图6-18至图6-22），因为它们都是唯一呈现的。

6.2.5.8 数值词的第四次认知语义计算与序范畴义的表达

我们把认知范畴二分为"独立型"和"依附型"两类，独立型认知范畴也叫"实体型认知范畴"（如葡萄、自行车、梦想、吃、喝等），依附型认知范畴也叫"非实体型认知范畴"（如名次、数量、重量、价格、美丽等）。数值大小关系和次序先后关系都属于重要的依附型（非实体型）认知范畴，数值和次序都属于依附型认知范畴，这种认识对重新理解"数量词"和"序数词"的词义球结构有重要意义和价值。例如，现实生活中，数值"三"除了做抽象的数学计算以外，当人们用到"三"的时候，首先要进行第一认知语义计算，确定其具有"计类"或"计序"的功能。如果确定其具有"计类"的功能，然后就形成"三斤"等"数量词"，紧接着还要确定"三斤"具体指向什么样的实体型认知范畴（如苹果、石头、馒头、思想等），最终形成"三斤苹果"等这样的语言表达式。如果确定其具有"计序"的功能，然后形成"第三"等"序数词"，紧接着还要确定"第三"具体指向什么样的非实体型认知范畴（如名次、等级、时序等），最终形成"第三名、第三等、第三天"等这样的语言表达式。"等级"作为认知范畴和"苹果"作为认知范畴相比，前者显然更抽象一些，属于依附型（非实体型）认知范畴；而后者则要具体得多，属于独立型（实体型）认知范畴。但无论是实体型认知范畴还是非实体型认知范畴，都能作为人们认知实践活动的范畴。这里的"等级"和"苹果"等就是这个"数值词"所指代的认知范畴，这些认知范畴都是蕴涵着的。

据前文有关"数值词"的认知特点可知，所有的"数值词"进入语言社会交际时都要首先确定功能：是计算类别（计类）还是计算次序（计序）。而"类别"和"次序"都可成为人们实践活动的认知范畴，这样的认知范畴显然属于"非实体型"（依附型）认知范畴。但需要特别指出的是，随着认知语义计算的不断深入，我们会发现，"非实体型"（依附型）认知范畴背后其实还蕴涵着实体型认知范畴。就上述所举的蕴涵着依附型认知范畴的"名次、等级、时序"等来说，在由它们生成的语言表达式"第三名、第三等、第三天"的背后依然蕴涵着独立型（实体型）认知范畴。因此，在解决了"序数量词"（比如第三名）的序范畴义的认知语义计算以后，根据认知范畴的不同类型，在序范畴义的认知计算上，我们还必须更进一步，继续对"比赛成绩第三名"和"第三斤苹果"等这样具有"表序范畴义"的结构进行认知理解。这个问题实际上可以转化为以"序数量词"为着眼点的词义球结构的认知理解与描写问题。这也就是说，为了更加完整地掌握序范畴义，我们需要进一步描写"序数量词"的词义球结构，以便找出"序数量词"所蕴涵的实体型（独立型）认知范畴。总之，这种对"序数量词"词义球结构的实体对象义的认知语义计算追求，会导致序范畴义的表达更加精细和完善。

下面以"第三名"为例，来说明寻找序数量词所蕴涵的实体型认知范畴的基本过程。按照上文的分析，"第三名"由两个部分组成，分别是"第三"和"名"。我们以"第三"为起点进行认知语义计算，根据词义球结构理论（SSWM），"第三"的词义球结构要素赋值扩展以后，就能得到众多的最小词义球结构，其中的一个最小词义球结构是：

【"第三"的一个最小词义球结构 = 第三（属性值指示义）+ 次序（属性蕴涵义）+ 名位（对象蕴涵义）】

这个最小词义球结构语言符号化以后就得到了"第三名"。在此基础上，我们需要对"名次"涉及的具体内容进行寻找，也就是要知道是哪个方面的"名次"。比如可以是"比赛（书法赛、诗歌赛、径赛、田赛）成绩、考试成绩"等。比赛或考试成绩作为实体型认知范畴，就可以看成"名次"涉及的具体内容。这样一来，比赛（或考试）成绩第三名在序范畴义的表达上就具有相对独立性和完整性，也更为精致和完善。有时候在语言表达上，"比赛第三名"这样的表达式可简称为"比赛第三"。这也间接证明了在理解"第三名"的词义球结构过程中，其词义球结构三要素分别是：属性值指示义（序数词，比如第三）、属性蕴涵义（次序类别，比如名次）、对象蕴涵义（排序的具体对象，比如考试成绩、比赛成绩等）。这样一来，像"第三名"这样的序数量词的词义球结构模型可构建如图 6 – 23 所示。

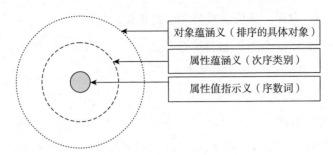

对象蕴涵义（排序的具体对象）

属性蕴涵义（次序类别）

属性值指示义（序数词）

图 6 – 23　序数量词"第三名"的词义球结构（剖面）示意

图 6 – 23 说明，序数量词的词义球结构是在"序词、数值词、量词、序数词"的词义球结构的基础上复合生成的。其复合生成的过程如下。首先，我们在完成"序词、数值词"词义球结构的基础上，完成"序数词"的词义球结构。其次，我们在完成"序数词"词义球结构的基础上，再考虑"量词"本身具有的语义范畴分类作用，进一步完成"序数量词"的词义球结构。

至此，我们发现，经过四次认知语义计算，无论是数量词（比如三斤）还是序数量词（比如第三斤），在完整表达数量范畴义或序范畴义的认知计算过程中，都会努力寻找其所蕴涵的实体型（独立型）认知范畴。也就是说，找到实体型认知范畴是数量词或序数量词在表达数量范畴义或序范畴义的认知计算过程中的归宿点和终结点。归根溯源，也可以说所有的"数值词"都蕴涵着某种实体型（独立型）认知范畴。这也就是说，在纯数学概念之外，人们在语言社会交际中理解和运用"数值词"的时候，最终都有相应的实体型（独立型）认知范畴作为呈现语义的载体。或者说，纯粹的"数值词"本身只用在抽象的数学计算上，语言社会交际中用到的"数值词"都蕴涵着某种特定的实体型（独立型）认知范畴。据笔者的理解以及词义球结构理论模型，在涉数词的词义球结构中都深层次地蕴涵着实体型（独立型）认知范畴，这也许就是吕叔湘（1942/2002）认为的"数词"具有称代作用的深层认知原因。总之，进一步寻找依附型（非实体型）认知范畴（比如"数值"和"次序"范畴）背后蕴涵的独立型

（实体型）认知范畴，这对重新掌握"序数量词"的词义结构则有重要的意义和价值。

6.2.5.9　数序、数值、数类之间的认知系统性

在汉语涉数概念中，数序（数值次序）、数值（数值大小）、数类（数值类别）是人们认知实践中的三种基本对象，也是三种重要的涉数认知域，一般简称为"序域、值域、类域"。其中，表示"数值大小"的数值概念（值域）是三者之中最为基础的核心概念，但是这种纯粹的具有"计算数目"功能的数概念要进入语言社会交际必须借助另外两种方式——计算次序和计算类别——形成"数序概念"（序域）和"数类概念"（类域）。

笔者坚持认为，纯粹的数值概念不能直接参与语言社会交际。这一点通过大量的含有数值的具体语料就可以得到证明。因为具体语料中出现的"数值"，都具有"数序"或"数类"的语义内容，都是以"数序概念"或"数类概念"的意义形态存在。换句话说，在值域、序域（序词就是次序的标记）、类域（量词就是类别的标记）这三种涉数认知域中，"值域"是"序域"和"类域"的认知前提和基础，"序域"和"类域"是"值域"在语言社会交际中具体运用的化身（跟"序域"和"类域"结合，化身为"序数概念"、"数量概念"以及"序数量概念"），没有现实交际意义的"值域"必须借助这两个化身并且在语言社会交际中运用才能表达相对独立和完整的序范畴义和数量范畴义，才有实际的交际意义和价值。总之，抽象的值域是"数概念"的认知基础和前提，数轴上的数值之间本身就蕴涵着逻辑语义计算（运算）的特性，这种逻辑语义计算不仅涉及不同数值在数轴上次序前后的计算（数值的次序问题），而且进入语言社会交际以后，还必须明确该数值在语义计算上跟什么类别的计算单位相联系（数值所表示的语义类别问题）。我们知道，"次序前后的计算"和"单位类别的计算"都是需要语言符号来标记的，这些标记就是"计算标记"。例如，"第"是计算次序的语言符号标记，只要发现跟数值结合的"第"，我们就知道这是计算对象的前后次序的，至于对象处在次序的什么位置，那是由"第"后的具体数值来说明的。再比如，"斤"是计算单位类别的

语言符号标记，只要发现跟数值结合的"斤"，我们就知道这是计算对象的具体重量，也就是用重量单位来衡量对象的数目多少，至于对象到底有多重，那是由"斤"前的数值来说明的。一个数值只有在确定了次序和计量单位的类别后，才可以进入语言交际。换句话说，一个数值要进入语言交际，要么跟"序词"结合，构成"序数词"，要么跟"量词"结合，构成"数量词"，甚至可以同时跟"序词"和"量词"结合，构成"序数量词"。"序词"是标记数值次序的语言符号，例如"第、老、初、卷"等就分别标记"一般次序、排行次序、特定时间次序、卷次"等数值的次序。"量词"是标记数值类别的语言符号，例如"个、斤、双"等就分别标记"个数、重量、双数"等数值的类别。

　　以上就是我们认为的三种涉数认知域"序域、值域、类域"的系统性认知特征。这三种涉数认知域及其系统性关系也必然会通过语言符号来表现，那就是作为语言符号的"序词、数值词、量词"以及进入语言交际的"序数词、数量词、序数量词"。总之，解决汉语涉数问题必须从这三个认知域出发，才能获取更为细致和完善的语义信息，以便深入掌握汉语的涉数概念。

6.2.5.10　小结与感想

　　从是否能够表达相对独立和完整的语义单元这个角度出发，我们重新界定了"数词、序词、量词、序数词、序数量词"的概念内涵，并且把"序数词、数量词、序数量词"看成一级词类，具有跟"动词、名词、形容词"一样的词类地位，而把"数值词（数词）、序词、量词"看成下位概念的二级词类。在此基础上，我们构建了汉语涉数术语的层级关系（见图 6-15）。汉语的"数词"（数值词）概念如果要作为相对独立和完整的语义单元进入语言社会交际，就必须跟"序词"或"量词"组合，取得"序数词"、"数量词"或"序数量词"的身份。一个"数值"只有在确定了"次序类别"和"计量单位类别"后，才可以进入语言社会交际，才能表达相对独立和完整的语义单元。

　　汉语"序词、数值词、量词"之间具有系统性的认知语义关系，分别标记汉语涉数概念中的三种认知域：数序域、数值域、数类域。序词、数值词、量词的出现，反映了序域、值域、类域之间的认知系统性。或者说，序域、值域、类域之间的认知系统性，决定了序词、数值词、量词必须出现在语言符号中。

人类实践活动的认知结果一般分为两类。一类是对象的"特征"，即只能定性描述或评价的认知结果，这在语言中主要用形容词或具有形容词功能的词和短语来体现。另一类是对象的"值"，即可以测量或定量的认知结果，在语言中一般用序数词、数量词或序数量词来体现。这两类认知结果合起来，就是人们认知事物时所得的全部"认知结果"——特征值。把传统的数词归为形容词，是人类把在实践过程中获取的认知结果语言符号化的必然表现。形容词和传统的数词都可以表达"认知结果"，这是二者的共性；形容词只能表达作为认知结果的"特征"，而传统的数词只能表达作为认知结果的"值"，这是形容词和传统数词的差异。这就是形容词和传统数词之间关系密切但又纠缠不清的认知原因。

根据词义球结构理论（SSWM），本节描写了数值词、序数词、数量词、序数量词的词义球结构，构建了各自的词义球结构模型。笔者认为，为了数量范畴义和序范畴义的完整性和精细化表达，数值词进入语言社会交际一般需要经过四次认知语义计算，这是由数值词的"计类"和"计序"的语义功能决定的。由一定的认知语义计算可知，序数词、数量词、序数量词的词义球结构中都蕴涵着某种实体型（独立型）认知范畴，都具有实体型对象义要素。这就是数量词和序数词具有称代作用的深层认知原因。

第7章

词义球结构扩展与词义活力和语法结构生成

本章考察词义球结构理论（SSWM）在词义活力和语法结构生成与解释方面的实践应用情况，主要包括三个方面，一是考察词义球结构扩展与词义活力之间的关系，这是 SSWM 在词义方面的实践应用。二是考察词义球结构扩展与句法结构生成机制之间的关系，这是 SSWM 在句法结构方面的实践应用。三是考察 SSWM 跟合成词的词义新生与接受模式之间的关系，这是 SSWM 在合成词内部结构方面的实践应用。

7.1 词义球结构扩展使得词义鲜活生动

由三要素"对象义、属性义、属性值义"构成的词义球结构理论（SSWM）模型是词义内容的结构化、模型化、抽象化表达，是我们使用和理解词义的总路径和总机制。所谓词义内容的结构化表达，是说一个词有什么结构就有什么内容。比如，一个苹果，我们说它由果皮、果肉、果核三个部分构成，这既是说苹果的结构，也是说苹果的内容。

如果具体到一个词的词义内容有哪些，那就需要我们根据该词的词义球结构理论（SSWM）模型这个总路径、总机制去具体化。词义内容的具体化就是给词义球结构三要素进行具体的语义赋值，只有经过具体的语义赋值，一个词的词义内容才能具体产生。词义球结构三要素的具体赋值，会引起词义球结构的扩展。而词义球结构的扩展，会引发具体的词义信息产生。从信息论的角度看，词义内容也是词的信息。基于以上理念和判断，词义球结构三要素的具体赋值、词义球结构扩展、词义信息的生成，这三者就具有内在的一致性，是同一个问题的不同表述。

当我们面对一个词的时候，当我们想知道这个词的词义内容有哪些的时候，我们首先就会按照词义球结构模型去寻找。基于词义球结构模型去寻找词义内容，是大的认知方法和认知方向，是一个可行的总路径。比如，"喜欢"是一个独立型的认知范畴，属于对象指示义的词，表示一种心理行为，在传统词类里归为心理动词。当我们想要获取"喜欢"这个词的词义内容时，我们就要按照词义球结构理论（SSWM）模型来寻找，首先把词义球结构中的对象指示义赋值为"喜欢"，然后再看这个对象指示义的词有哪些属性义，最后再看与这些属性义相匹配的属性值义又有哪些，也就是要给属性蕴涵义和属性值蕴涵义进行具体的语义赋值，只有这样，我们才能掌握"喜欢"一词的词义内容。

关于属性义的赋值，经过认知思考可知，"喜欢"一词的属性义可以赋值为"受事、施事、时间、地点、原因、方式、动态、语气、程度"等。也就是说，这些属性都可以成为"喜欢"一词的属性义。紧接着，我们还要给这个词的属性值义进行具体的语义赋值，就是要寻找与以上属性相匹配的属性值，把这些属性值作为"喜欢"一词的属性值义。

关于属性值义的赋值，我们仅以"受事、施事、时间"这三个属性义为例，略做说明。经过认知思考，在"喜欢"一词的属性值义的赋值上，我们可以获取的信息如下。①与"受事"属性义相匹配的属性值义可以赋值为：所有的独立型对象和依附型对象，即一切认知范畴都可以成为与"受事"属性义相匹配的属性值义，数量上是无限多的。②与"施事"属性义相匹配的属性值义可以赋值为：一切具有心理活动能力的对象，比如各种"人、动物"都可以赋值为"施事"属性的属性值义。甚至经过隐喻表达，一些无心理活动能力、无生命的对象（比如"石头、面包"等），也可以成为有心理活动能力的人或动物，这样一来，这些对象也就可以赋值为与"施事"属性相匹配的属性值义了。语言表达中的"石头喜欢青草""面包喜欢牛奶"等具体形式，实际上就是认知隐喻化表达的结果。从理论上说，与"喜欢"一词的"施事"属性相匹配的属性值义的赋值也是无限多的。③与"时间"属性义相匹配的属性值义可以赋值为：一切的时间，比如昨天、三点、下午、以前等，都可以赋值为与"时间"属性义相匹配的属性值义，理论上也是无限多的。

总之，如果单从词义球结构的"对象义、属性义、属性值义"这三个要素出发，认为"喜欢"一词的词义内容也包含这三个层面，那么就会觉得"喜欢"的词义内容很抽象、很干瘪、很贫乏而且缺乏活力。如果从词义球结构的"对象义、属性义、属性值义"的具体语义赋值出发，也就是词义球结构的扩展出发，那么就会觉得"喜欢"的词义内容很具体、很丰满、很丰富而且鲜活生动。经过具体的语义赋值以后的词义呈现出了更丰富、更具体、更灵动的信息内容。词义强大的生命力和功能，就在于词义球结构的扩展性，就在于以词义球结构要素的语义赋值为特征的扩展。一个词的词义球结构的扩展能力强，就意味着该词的词义功能强。词义球结构的扩展，不仅导致词义信息的具体生成，还意味着词义功能的具体发挥。这是一个词的生命力所在。

下面，我们以"喜欢"一词为例，用公式来诠释一下词义球结构的扩展和词义信息的具体生成。

【词义球结构＝对象义（　）＋属性义（　）＋属性值义（　）】

【扩展的词义球结构＝对象义（喜欢）＋属性义（受事、施事、时间、地点、原因、方式、动态、语气、程度……）＋属性值义[（馒头、王二……）、（张三、李四……）、（昨天、明年……）、（车站、海边……）、（爱、天真温顺……）、（暗自、公开……）、（着、了、过）、（的、啊、吧……）、（很、最……）……]】【（　）表示词义要素等待语义赋值的状态，（昨天）表示词义要素已经进行了语义赋值的状态，……表示具体的语义值是无限多的】

比较以上两个公式可知，扩展以前的词义球结构比较抽象，除了三个要素以外，没有其他的具体信息呈现出来，而扩展以后的词义球结构，不仅有抽象的三个词义要素，还有无数的具体的语义赋值，这些语义赋值使得词义信息大量产生并呈现出来。需要特别指出的是，扩展的词义球结构中的省略号表示词义的信息内容具有开放性，随着社会和认知发展，一个词的词义也会不断地大量产生。一个词携带丰富的词义信息，也是语言经济性原则的体现。从历时的角度来看，一个词的词义是非常多的，但是从共时的角度来看，一个时期内一个词常用的信息内容又是相对稳定的，不至于混淆，也不至于增加学习运用的负担。

7.2　词义球结构扩展导致句法结构生成

词义球结构扩展，就是给词义球结构的三要素进行具体的语义赋值。这不仅会促使词义信息内容的产生，并使之鲜活生动，也会导致句法结构的生成。从原则上而言，一个基本的句子，实际上可以看作一个词的词义球结构扩展的结果。下面，我们用具体的例子来说明词义球结构的扩展是如何导致句法结构生成的。

7.2.1　句法结构的右向生成

请看下面的例子：

（82）我

（83）我吃

（84）我吃馒头

例（84）的句法结构生成，实际上是例（82）的"我"这个词的词义球结构扩展的结果。我们知道，每个人（包括"我"）都是有"动作"属性的，与"动作"属性相匹配的属性值非常多，像"吃、喝、玩、打、哭"等，都可以是"动作"属性的属性值。例（83）的"我吃"这个句法结构的出现，就是给"动作"这个属性赋值为"吃"以后产生的，这个结构的生成，就是"我"的词义球结构的一次扩展引发的结果。紧接着，我们再以"吃"为认知起点，对"吃"这个词的词义球结构进行扩展。我们知道，"吃"这个动作跟其他及物动作一样，都有"受事"属性，与"受事"属性相匹配的属性值也非常多，像"馒头、饭、鸡、黄瓜"等，都可以是"受事"属性的属性值。例（84）的"我吃馒头"这个句法结构就是在例（83）的基础上，选择"馒头"作为"受事"属性的一个属性值，从而进一步扩展"吃"的词义球结构（给"吃"的词义球结构的属性要素进行具体的语义赋值）以后生成的。

从例（82）到例（84），可以看作句法结构的右向生成过程，也可以称为词义球结构的右向扩展过程。所谓右向生成句法结构，是指在扩展一个词的词义球结构时，把对词义结构要素的所赋之值，放在这个词的右边（或者后边），从而生成的句法结构。

我们再看稍微复杂一点的句法结构的右向生成过程：

$$(85)\ 在 + （X） + （Y）$$

例（85）是一个待完成的句法结构，（X）（Y）分别表示等待进入的语义项 X、Y。如果我们认定"在"是介词，而介词属于属性值指示义的词，那么语义项"X"的具体化必须根据介词"在"的属性义——介词计算的语义类——来确定。根据前文 6.2.2 的统计，"在"的属性义有：算定定地点、算定定时点、算定定物点。假如"在"的属性义是"算定定地点"，那么 X 的取值就应该是表示"地点"的语义项。这样一来，X 就可以是任何一个表示"地点"的语义项，比如"家里、地板上、桌子下、手中"等这些词都可以充当"地点"，都可以具体替代 X。我们知道，"家里"是"地点义"的语义项，但是经过介词"在"的语义类别的计算作用以后，"地点义"的语义项变成了"定地点义"的语义项。为便于说明问题，我们仅以 X 取值为"家里"时的句法结构为例。根据词义球结构理论（SS-WM），当"X = 家里"时，例（85）就可以转化为下面的一个待完成的句法结构：

$$(86)\ 在家里 + （Y）$$

这时，"在家里"是表示"定地点"义的一个介宾结构，"在家里"这个结构的生成，是"在"的词义球结构的一次扩展产生的结果。这个扩展的过程公式化为：【在家里 = 属性值指示义（在）＋属性蕴涵义（算定定地点）＋对象蕴涵义（家里）】。接着，我们就应该考察"在家里"和"Y"这两个语义项之间的词义球结构关系。我们知道，由于"定地点"是任何动词或者动词性结构都具备的一个属性，所以说，在理论上所有的动词或者动词性结构都可以出现在"Y"的位置上，比如"在家里睡""在家里说""在家里看""在家里听"等；反之，一旦确定属性"地点"的动作对象是"吃"，那么不仅是"在家里"这样的属性值可以出现在"吃"的前面，其他所有的可以为"地点"这一属性赋值的语义项在理论上都可以出现在对象"吃"的前面，比如"在江边吃""在山顶吃""在餐厅吃"等。总之，根据"在家里"这个介宾结构的语义项是"算定动作的定地点"这个属性的一个属性值，因此其词义球结构的对象蕴涵义 Y 就可以是"睡、说、看、听、吃"等动词或者动词性语义项。当"Y = 睡"时，例（86）这个待完成的句法结构的最终生成过程就可以具体公式化为：【在家里睡 = 属性值指示义（在家里）＋属性蕴涵义（动作）＋对象蕴涵义（睡）】。

以上我们所描写的词义球结构扩展导致句法结构右向生成的过程，就是待完成的句法结构"在 + X + Y"最终生成类似于"在家里睡"这样的句法结构的演化过程。

7.2.2 句法结构的左向生成

与上述句法结构的右向生成相反，也可以把对词义球结构要素的所赋之值置于该词的左边（或者前边），从而左向生成句法结构。请看下面的例子：

（87）馒头

（88）白馒头

（89）一个白馒头

例（89）的句法结构生成，实际上是例（87）的"馒头"这个词的词义球结构扩展的结果。我们知道，馒头作为一种食品，都是有颜色属性的，而与颜色属性相匹配的属性值非常多，像白色、黑色、黄色、咖啡色等，都可以是颜色属性的属性值。例（88）的"白馒头"这个句法结构，就是在给"馒头"的"颜色"属性赋予"白"这个属性值并将这个属性值置于"馒头"之左（之前）形成的，是"馒头"这个词的词义球结构的一次左向扩展生成的。紧接着，我们再以"白馒头"为认知起点，对"白馒头"这个语义项的词义球结构进行扩展。我们知道，"白馒头"这个表示食品的语义项跟其他具体的事物一样，都是有数量属性的，与数量属性相匹配的属性值也非常多，像一个、一筐、一屋子等，都可以是数量属性的属性值。例（89）的"一个白馒头"这个句法结构就是在例（88）的基础上，选择"一个"作为数量属性的一个属性值，从而进一步扩展"白馒头"这个语义项的词义球结构（给"白馒头"这个语义项的词义球结构的属性要素进行具体的语义赋值）以后生成的。例（87）到例（89）的生成过程，就是左向生成句法结构的过程。当然，例（89）也可以看成"馒头"的词义球结构两次扩展以后，把两次扩展的两个所赋之值，一个是"颜色"属性的属性值"白"，一个是"数量"属性的属性值"一个"，顺次置于"馒头"之左（之前）所生成的句法结构。

7.2.3　小结与感想

从句法和语义的界面关系来看，"家里"和"睡"这样的语义项之所以能够进入"在 + （X） + （Y）"这样的句法结构式，关键是由其中的语义项 X 和 Y 的语义本质决定的，X 和 Y 在这里都是对象义词，都是表示普通事物和动作的对象义词。由此我们认为，不同的句法组合结构实际上是由结构中词的对象义决定的，什么样的对象义又决定了该词具备什么样的属性义，而一个词的属性义又决定了与其组配的词必须是该词的属性义的一个属性值义。这样层层关联，互显依存，依存互显，以语言符号特有的组合特性完成思想交流和信息表达。我们知道，对象在语言中体现为动词和事物名词，这也就是说，词的对象义都是由动词或者事物名词来体现的。因此，句法组合结构中的动词和事物名词就处于主导地位。这样看来，语言学界所探讨的句法结构的"动词中心论"和"名词中心论"也可以从词义的对象义和属性义以及属性值义之间的依存和互显关系得到某种印证。

另外，属性义在组词造句过程中的桥梁作用也不容忽视。我们知道，在具体的语言交际过程中，交际双方或者多方总是会围绕一个对象进行信息交流活动，但是信息的产生需要消除不确定性因素，而给词的属性义赋值就是为了消除属性的不确定性，因为只有这样，语言负载的信息才能显现出来，也才能被人们所接收。这就是说，没有信息的地方就是被不确定性占据的地方，而有信息的地方就是消除了不确定性的地方。"信息论"的奠基人香农（C. Shannon）就曾指出："信息是用以消除不确定性的东西。"鲁川（2001：1～3）也说，信息的作用就是消除不确定性，消除人类在认识和改造客观世界中必然要遇到的大量的不确定性。人们传递信息（说话）的过程很能说明这个问题。人在说话时，总是首先说出一个话题（topic），然后再对这个话题加以说明（comment）。这就是说，说话者先用话题来提出一个不确定性，以引起听话者的悬念，然后再用说明去消除这个不确定性，从而解除听话者的悬念。因此，从信息论的角度来说，在语言交际的过程中，为了消除不确定性因素，词的属性义和属性值义必须互相调整，互相满足对方的需要，最终到达属性义和属性值义匹配一致的状态。为了获得更多、更准确的信息，人们势必会不断地加长语言的组合链，从词到词组，从词组到句子，从句子到段落，从段落到篇章。而决定语言组合链的可能性的内在因素之一就是词的属性义，事实上我们也正是通过递归的方法不断地给词的属性义赋值从而消除话语交际中的不确定性。

从语言运用的角度来说，通过不同的角度掌握词义的不同属性义，也可以看作通过不同的使用环境来理解和使用该词，因此，不同的使用环境也是我们准确掌握词义的重要因素。事实上，如果我们知道了一个词的使用环境，那么我们就能掌握该词的属性义。反之亦然，如果我们掌握了一个词的属性义，那么我们也就能正确地使用该词。这也就是说，我们知道一个词该如何正确地运用，前提是我们掌握了这个词的属性义；我们只有掌握了一个词的属性义，才知道如何正确地使用这个词。语言单位的使用环境一般可以简称为语境。而语境又分很多次类，例如，"话语发生的实际场合"这一语境，又可以细分为"时间、地点、说话者、听话者、身份"等很多次类语境，而且每一种次类语境又有不同的语境值，例如"时间"和"地点"等次类语境在理论上可以取"星期一"和"广场"等任何语境值。至此可以看出，不同的次类语境实际上是认识上位语境的不同角度，或者说是掌握上位语境的不同的属性，而次类语境的语境值实际上就是属性的具体状况，我们称其为属性的属性值。词义的属性义在句法组合结构中的存在状态是或隐或显的，但隐性存在是常态，是经常性的，属性义显现在句法结构中往往是为了某种特别的意图，具有语用目的。比如可以说，"红颜色的纸"，也可以说"红的纸"，其中"纸"的属性义"颜色"可以出现也可以不出现，最终是否出现是由说话者决定的。

按照认知组合性词义观（CCMO）和词义球结构理论（SSWM）模型，词义球结构的扩展可以递归，扩展方法可以重复使用，因此，词义球结构的扩展导致句法结构的生成就具有可操作性和可解释性，复杂句的结构生成可以看作简单句的结构"叠加"或"组合"。在句法结构和词汇语义的关系问题上，我们一直强调的一个理念是，句法结构的生成表面上看是词和词的组合，实际上，词义和词义之间的认知语义关系才是词和词可以组合的内在语义动因。词义球结构理论（SSWM）通过词义三要素之间的匹配组合关系，把词 A 当作词 B 的词义结构要素，用词 A 来体现词 B 的词义结构要素，这样一来，词 A 和词 B 的组合既实现了句法结构的生成，又实现了词 B 的词义球结构的扩展。总之，基于词义球结构要素的具体语义赋值导致的扩展就成为句法结构生成的、内在的、隐性的认知语义动因。

7.3 词义球结构扩展催生合成词词义结构

词义球结构理论（SSWM）不仅可以模式化生成句法结构，也可以解释句法结构生成的认知语义动因，同时，还可以模式化催生合成词以及描写解释合成词的内部语义关系。本节实践性应用词义球结构理论（SS-WM），先考察"裸捐"的词义新生的认知动因，然后以"裸"类同素词语为例，考察词义球结构作为"裸"类同素词语的意义生成与接受模式的应用价值和理论意义。

7.3.1 "裸捐"的词义新生模式与词义灵动动因

7.3.1.1 "裸捐"的词义新生的认知模式

熊焰（2005）归纳了"裸捐"一词的五种意义。这五种意义分别是：①全部彻底、毫无保留的捐赠（流行之初的意义）；②空头捐赠、言而无信的捐赠（迅速变更后的意义）；③只捐现金，不捐物资（可能的潜在意义）；④捐金时不用红包，也不用支票，而是直接递交现金（可能的潜在意义）；⑤一分钱也不捐（可能的潜在意义）。熊焰对"裸捐"一词有五种意义的原因做了可能的推测与思考，但是没有给出明确而系统的答案。为方便讨论，我们把熊焰（2005：80）的相关论述节录如下。

> 初看上去，"空头捐赠""言而无信的捐赠"义与"全部、彻底地捐赠"义相去很远，甚至毫不相关，但从字面义到词里义，从构词义到成词义又是那么自然，几乎达到一言即明的地步。只要有一定的使用者，前一义（指"空头捐赠""言而无信的捐赠"义——笔者注）的流传开去并不是没有可能。"裸捐"一词已经具有了两个书面语的例子，再加上人们曾经给予的猜测义，它还有着其他几个潜在的可能义，这些都使人们感受到新词义的产生是那么的灵通、圆转而不羁地游移着。它给人们以启发，类似的语言的推衍与更新，词义的新生与旁转，这是一种心理的联想产生，还是语境的助燃作用，或是语言要素的组合能力。原因可能是不易确定，但它却在语言现实中是触目可见，带给人们的却是对充满精灵的语言的美的感受。

基于熊焰的上述思考与疑惑，我们继续探究考察"裸捐"的词义迅速变更及大量新生的认知动因与认知隐喻机制。从词义生成与接受的角度解释

"新词义的产生是那么的灵通、圆转而不羁"的原因，并构建"裸捐"及其同类型词语的意义生成与接受模式。

我们知道，"裸捐"是由两个语素"裸"和"捐"构成的状中结构的合成词，"捐"是表"动作义"的语素，在词义结构中是中心语，是认知过程的起点；"裸"是表"具体的认知结果义"的语素，在词义结构中是修饰语，是认知过程的终点。人们掌握"裸捐"的意义的过程实质是一个结构化的认知过程。根据认知结构的三要素，这个结构化的认知过程就可以公式化表述为下面的结构式：【认知结构＝对象＋属性＋属性值】。在此基础上，如果确定了一个认知对象，又确定了这个对象的一个属性，还确定了与这个属性相匹配的属性值，那么就形成了一个最小认知结构：【最小认知结构＝（一个）对象＋（一个）属性＋（一个）属性值】。

我们知道，在认知实践过程中，选定一个认知对象就是认知过程的起点，确定该对象的一个属性就是认知过程的中点，而确定该属性的一个属性值就是认知过程的终点。需要特别指出的是，由于认知过程的"对象、属性、属性值"这三个要素之间有因应和匹配关系，所以这三个要素实际上都可以各自充当认知过程的起点、中点和终点。但是，无论哪个要素充当起点，"从起点经过中点到达终点"这样一个认知过程不会变。就"裸捐"一词来说，人们对"裸捐"意义的掌握过程就体现为一个认知过程，这个过程也具备"对象、属性、属性值"这三个要素，其中"捐"是认知过程的起点，充当对象，"裸"是认知过程的终点，充当与某一个属性相匹配的属性值。具体而言，表"动作义"的"捐"是人们首先确定的一个对象，是认知活动继续进行的起点；而表"动作义"的"捐"又有很多属性，比如"施事、受事、方式、时间、地点、结果"等都是动作"捐"的属性，也是人们掌握"捐"这个动作的角度，确定了"属性"就是确定了认知过程中起关联"起点"和"终点"作用的"中点"；表动作义的"捐"的每一个属性又都有很多与其匹配的属性值，比如"施事"属性就有"他、张三、李四、学校"等很多属性值与其匹配。确定了"捐"的认知过程（认知结构）的三要素以后，我们根据"中点"关联"起点"和"终点"的认知组合规律，可以把在认知活动过程中得到的认知结果用语言符号的形式表示出来。由于这个认知过程（认知结构）包含很多个最小认知过程（最小认知结构），每一个最小认知过程（最小认知结构）都会得到一个认知结果，因此，认知结果可以通过许多最小认知过程（最小认知结构）并且以公式化的结构方式来表达。例如：

（a）【"捐"的认知结构＝对象（动作"捐"）＋属性（全部属性）＋属性值（与属性相匹配的全部属性值)】

（b）【"捐"的最小认知结构1＝对象（动作"捐"）＋属性（施事）＋属性值（他)】

（c）【"捐"的最小认知结构2＝对象（动作"捐"）＋属性（受事）＋属性值（裸：什么东西都不捐)】

（d）【"捐"的最小认知结构3＝对象（动作"捐"）＋属性（结果）＋属性值（裸：所有东西都捐了)】

（e）【"捐"的最小认知结构4＝对象（动作"捐"）＋属性（方式）＋属性值（裸：裸体去捐)】

（f）【"捐"的最小认知结构N＝对象（动作"捐"）＋属性（……）＋属性值（裸：……)】

在认知结构过程中，当把认知的"起点、中点、终点"三者关联起来时，上述（c）（d）（e）这三个最小认知结构可分别公式化为：

（c1）【"捐"的最小认知结构2＝起点（对象－捐）＋中点（属性－受事）＋终点（属性值－裸)】

（d1）【"捐"的最小认知结构3＝起点（对象－捐）＋中点（属性－结果）＋终点（属性值－裸)】

（e1）【"捐"的最小认知结构4＝起点（对象－捐）＋中点（属性－方式）＋终点（属性值－裸)】

我们知道，正常的人都具有一定的认知能力，再加上语言表达一般要受到经济原则的制约，因此，当把认知结果通过语言符号表达出来时，一般会在语言符号组合的表层形式上隐去认知结构中的"属性"要素。这样一来，当我们把 c1、d1、e1 这三个最小认知结构进行具体的语言符号化并隐藏认知结构中的"属性"这一"中点"要素而凸显"起点"和"终点"要素以后，就得到了同一个语言符号串"裸捐"。这个具体过程如图 7－1 所示。

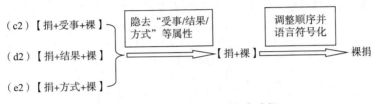

图 7－1 "裸捐"的认知生成过程

以上分析说明，在对动作"捐"的认知过程中，由于对认知过程中的"属性值"这一认知结果的隐喻化表达，使得与不同属性（比如受事、结果、方式等）相匹配的不同属性值（比如什么东西都不捐、所有东西都捐了、裸体去捐等）都有了"裸捐"这个相同的语言符号表达形式。也就是说，"裸捐"这个组合形式实际上蕴涵着以多种属性为中间关联点的多种认知结构。这就是"裸捐"一词的语义丰富和灵动的认知动因，"裸捐"一词的多义性也从隐喻角度得到了认知解释。

综上可知，"裸捐"的词义结构描写要从"对象、属性、属性值"三个要素入手，其中"对象"（动作"捐"）是起点要素，"属性"（有很多）是中点要素，"属性值"（有很多）是终点要素。只要完成一个最小认知过程，也就是说，只要确定了一个对象，然后又确定了该对象的一个属性，最后又确定与这个属性相匹配的一个属性值，那么就会新生一个词语来体现这个最小认知过程。人们之所以感受到"裸捐"的"新词义的产生是那么的灵通、圆转而不羁地游移着"，是因为表动作义的"捐"的"属性"非常多，而且与每一个属性相匹配的属性值也非常多，因而在"起点、中点、终点"三要素的匹配组合中存在多种组配形式，这些不同的组配形式所承载的意义在语言符号的表层呈现的是表"对象义"的一个动词"捐"和表"属性值义"的很多词语，而表"属性义"的很多词语则隐藏于词义结构的深层。当把经过众多的最小认知过程分别得到的众多的认知结果（由表"属性值义"的词语体现）进行抽象概括，统一用一个词语"裸"来表示时，"裸捐"一词就生成了。实际上，"裸捐"是在认知"捐"的过程中，集合了众多最小认知过程以后生成的一个词语，其词义的丰富性（多义性）即缘于此。

基于上文的描写分析，以"对象义、属性义、属性值义"为词义球结构的三个要素，可以把"裸捐"的词义生成模式构建如图 7-2 所示的模式。

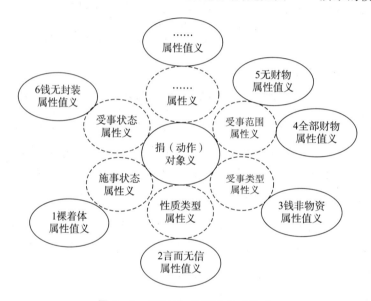

图 7-2 "裸捐"的词义生成模式

从图 7-2 可以看出，这个模式是词义球结构的变化模式，是"捐"的词义球结构的扩展模式，包含"捐"和"裸"的认知组合过程。人们掌握动作对象"捐"（图中用粗实线圆表示）的角度（属性）（图中用虚线圆表示）有很多，比如图中所示的"施事状态、性质类型、受事类型、受事范围、受事状态"等，而从每一个属性出发去认知动作对象"捐"都会得到很多与该属性相匹配的认知结果（属性值）（图中用细实线圆表示），把粗实线圆和每一个细实线圆分别通过相应的虚线圆串联起来，就各自完成了一个最小认知过程。当人们把认知得到的这些概念意义进行语言符号化处理以后，再根据"中点要素"关联"起点要素"和"终点要素"的组合规律，就得到了"〈终点（属性值）＋中点（属性）＋起点（对象）〉"这个结构模式，最后再隐藏"中点要素"以便凸显"起点要素"和"终点要素"，就得到了"〈终点（属性值）＋起点（对象）〉"这个结构模式，再把该模式进行具体的语言符号化转换，就得到了以下六种语言结构形式：①裸着体捐；②言而无信的捐；③只有钱没有物的捐；④全部财物都捐；⑤没有任何财物捐；⑥现金无封装地直接捐。

　　需要特别说明的是，由于和对象"捐"的众多属性分别相匹配的众多属性值都具有某种共性特征，人们便以隐喻化的方式把众多属性值的这种共性特征用一个语言符号"裸"来表达，于是以上六种语言结构形式统一符号化为"裸捐"。由此可见，"裸捐"集合了众多的认知语义组合形式，这就是"裸捐"一词的意义"那么的灵通、圆转而不羁地游移着"的认知语义根源，实质是基于隐喻思维的语义认知组合的多样性形成的。

7.3.1.2　裸捐的词义灵动的认知动因

　　根据词义球结构的生成模式，"裸捐"的意义其实还可以增加一种，即"裸体捐赠"一义。这样"裸捐"的意义就有六种。需要说明的是，由于社会的伦理道德和修辞语用心理，人们一般很难接受"裸体捐赠"这样的社会现实，认为其低俗且不雅、不文明。现实生活中也许真的不存在"裸体捐赠"，但从理论上来说，"裸捐"（裸体捐赠）和"裸奔、裸购（裸体购物）、裸跪、裸浴、裸睡"等一样，在语言中都是可以存在的。

　　"裸"的基本义是成年男女仅用或者不用遮羞布遮住私处的身体，引申为身上一丝不挂，没有任何遮掩。由此，笔者认为作为字面义的"裸体捐赠"应该是"裸捐$_1$"这一词义推衍与新生的基础。基于认知隐喻的心理推动，"人体的无遮掩为裸"的裸体概念逐渐向"其他事物的无遮掩也为裸"的裸体概念域投射，这使得"裸捐"的词义无比灵动和丰富。具体来说，如果"人体"没有包裹物时为"裸体"，那么"钱（现金）"没有包裹物时就可以为"裸钱"，这就是"裸捐$_6$"（捐金时不用红包，也不用支票，而是直接递交现金）这一词义生成的认知隐喻基础。同理，如果一个身无衣服和财物的"裸体"人去捐赠，结果只能是"一分钱也不能捐，无财物可捐"，再进一步由"客观"的无财物可捐到"主观"的任何财物都不想捐，这就是"裸捐$_5$"（一分钱也不捐）这一词义生成的认知隐喻基础。如果一个人把身上的衣物钱财全部捐赠出去，那自然就"裸体"了，这就是"裸捐$_4$"（全部彻底、毫无保留的捐赠）这一词义生成的认知隐喻基础。如果一个受捐者得到的只是钱而没有衣物，而且也没有去买衣物穿，那自然就"裸体"了，这就是"裸捐$_3$"（只捐现金不捐物资，受捐者依然会"裸体"，因为现金不能直接蔽体）这一词义生成的认知隐喻基础。之所以断定一个人是裸体，是因为他身上"空无衣物"，而由"衣物空无法蔽体"到"言语空无法实现"则是认知隐喻投射的结果，这就是"裸捐$_2$"（言而无信的空头捐赠）这一词义生成的认知隐喻基础。

综上可知，"裸捐"词义的推衍和新生，从认知的角度来说，关键是人们对"裸"的认知隐喻的理解是多元的、开放的。而从词义结构的角度来说，关键是人们对词义的结构要素"属性义"和"属性值义"的理解是多元的、开放的，最终在认知组合性词义观（CCMO）的驱动下，词义三要素"对象义、属性义、属性值义"尤其是"属性义、属性值义"的具体赋值不同，就形成了不同的语言组合结构，最终经过具有认知隐喻基础的形象化的抽象概括，把所有的彼此有差异的属性值义统一符号化为"裸"，至此，"裸捐"的词义中"充满精灵的语言的美"就"灵动"起来了。

总之，关于"裸捐"的"词义的新生与旁转"的可能的原因，熊焰（2005：80）这样表述："这是一种心理的联想产生，还是语境的助燃作用，或是语言要素的组合能力。"在这三个可能的原因中，笔者认为"心理的联想"和"语言要素的组合能力"是最为基础的内在原因，也是最为可信的原因，而"语境的助燃作用"则是社会语用性的外在原因，是建立在前两个原因的基础之上的。"心理的联想"本质上属于认知隐喻范围，因为隐喻是词义推衍与新生的重要方式，是基本的心理行为、语言行为和文化行为。从语言的角度来说，隐喻无处不在，这个世界就是一个隐喻的世界。"语言要素的组合能力"实际上是词义要素的组合能力，词义是语言的核心要素，隐性地处于语言符号的深层，对语言要素的表层符号组合具有决定作用。这种词义要素组合能力，具体体现为三种词义结构要素（对象义、属性义、属性值义）之间的匹配组合能力。

7.3.2 "裸"类同素词语的意义生成与接受模式

邱庆山（2015：237 ~ 249）指出，在现代汉语中，其他"裸捐"类词语如"裸奔、裸购、裸视、裸照、裸戏、裸替、裸播、裸葬、裸卖、裸考、裸辞、裸恋、裸爱、裸婚、裸奏、裸妆、裸装、裸治、裸疗、裸退"等都和"裸捐"有同样丰富的词义推衍和新生现象。由于这些词语都有一个共同的词素"裸"，我们就称其为"裸"类同素词语。面对众多的"裸"类同素词语，我们的问题是：以"裸"为词素，何以能大批量生成"裸"类同素词语？大批量的"裸"类同素词语何以能便捷地被广泛接受？生成与接受这些词语是否有规律可循？如果有规律，那该如何描写？"裸"类同素词语的意义生成与接受在认知上是否有内在一致性？本节我们从这些疑问出发，以 25 组"裸"类同素词语为语料，以认知词义学和信息论为理论基础，通过描写"裸"类同素词语内部的两个词素和词素间互相组合的原因各自在词义结构中的义类、认知地位和语义角色的异同，来构建"裸"类同素词语的意义生成和接受模式，以便深度说明词义球结构理论（SSWM）在词义新生现象上的解释力，最终对上述疑问做出回答。

7.3.2.1 裸的语义及裸类同素词语的词类考察

《现代汉语词典》把"裸"单列词目，归为"动词"类，意为"露出，没有遮盖"，并以"裸露、裸体、半裸、赤裸裸、裸着身子"为例来释其语义。《现代汉语词典》在词目"裸"下共单列词条 10 例：裸露、裸体、裸大麦、裸麦、裸机、裸视、裸线、裸眼、裸照、裸子植物。其中"裸子植物"无标注词类；"裸大麦"和"裸麦"《现代汉语词典》均释义为"青稞"，均为名词；"裸视"释义为双义项的兼类词，分属动词（用裸眼看）和名词（裸眼的视力）。《现代汉语词典》的词类标注显然存在一些问题。根据常识，"裸子植物"是种子植物的一个大类，是类的名称词，当属名词，不知《现代汉语词典》为何不标注，也许是考虑到"裸子植物"更像词组，所以才不标注词类的。如果把"裸子植物"当作词组，那么"裸子"就应该是词，但"裸子"在《现代汉语词典》中未见单列词条，无从查其词类。"赤裸裸"在《现代汉语词典》中尽管被单列词条，但同时说明其常跟"的"连用构成"赤裸裸的"，属于形容词中的状态词。"赤裸"在《现代汉语词典》中单列词条并标注为"动词"，"半裸"未见单列词条。综上，如果把"裸子植物"的"裸子"划归"动词"，再加之《现代汉语词典》已有的词类标注，那么"裸"类同素词语的词类就有三种（见表 7 – 1）。

表 7 – 1 "裸"类同素词语的词类及例词

词类	单列条目的词例
动词	裸露/裸视（用裸眼看）/裸体/裸子/赤裸
名词	裸机/裸视（裸眼的视力）/裸线/裸眼/裸照/裸大麦/裸麦
形容词	赤裸裸（的）

综上可知，《现代汉语词典》中"裸"的释义及其同素词语的词类划分存在一些问题。①"裸"释义为"露出，没有遮盖"，这不够深刻全面，认知上缺乏整体性的关联观念，没有兼顾"裸"类同素词语中词素间的意义关系，不能很好地涵盖"裸色、裸考、裸官、裸捐"等同素词语中的"裸"。②词目"裸"下单列的词条过少，"裸"类同素词语的词类列举不全面。③"裸"类同素词语的释义简单，甚至互相抵牾。例如《现代汉语词典》认定"裸体"是动词，而认定与之类似的"裸照"是名词。其实，"裸体"不仅是《现代汉语词典》所释的"光着身子"（动词），还可以是"光着的身子"（名词）；而"裸照"也不仅是《现代汉语词典》所释的"裸体照片"（名词），也可以是"裸体照相"（动词）。

因此，"裸"类同素词语的词类划分不仅要考虑"裸"的语义内涵，也要兼顾与其组合的词素的语义内涵，同时还要考虑词素组合以后的整体语义变化和语用修辞等因素，具体应注意以下三点。①"裸"是动词，语义上有基本义、引申义和"同义动词义"的区别：基本义是"成年男女仅用或者不用遮羞布遮住私处的身体"；引申义指"身上一丝不挂，没有任何遮掩",其中由称"人体的无遮掩为裸"到称"其他事物的无遮掩为裸"也属于引申义范畴;"同义动词义"是指"裸与脱、捋等其他一些动词同义",例如"裸衣(脱衣而露体),裸袖(捋袖而露胳膊)"。②"裸"是形容词,意指"随着动作的发生而产生的没有遮蔽物的状态"。此时的"裸"类同素词语多为名词,例如"裸模",意指"随着动作的发生而产生的没有遮蔽物的状态的模特"。③在形容词词义的基础上,可进一步用作副词,意指"以没有遮蔽物的状态作为伴随方式而发生某种动作行为"。此时的"裸"类同素词语为动词,例如"裸奔",意指"以身体没有或少有遮蔽物的状态奔跑"。总之,"裸"可以是动词、形容词和副词,而"裸"类同素词语可以是动词、形容词和名词。

7.3.2.2 裸类同素词语群

经检索北京大学中国语言学研究中心(现代汉语)语料库,同时兼顾近年来的"裸"类同素流行词语,得到一个由 165 个"裸"类同素词语构成的词语群。这个"裸"类同素词语群可细分为 25 组,是我们研究的基本语料(见表 7-2),其中包括四种特殊情况。①"裸"作谓语动词时,其前可出现"他"等作主语的词,与"裸"组合成"他裸"等结构。这类组合结构的数量在理论和实践上都是无数的,但它们的语义生成模式却是相同的。②"裸"作谓语动词时,其后也可接"着、了、过"等助词,构成"裸着、裸了、裸过"等结构。这类组合结构的语义内涵尽管有区别,但它们的语义生成模式也是相同的。③像"不裸、要裸"这样的组合结构,尽管数目很多,但它们的语义生成模式也是相同的,具有一致性。因此,我们从广义同素词语的角度把前述三种特殊组合结构也都称作"裸"类同素词语,分别记作三个不同的词语类别。④"裸"类同素词语中有一些多义项的词语和多义项的兼类词语,如"裸视、裸照、裸妆、裸戏、裸播、裸替、裸捐、裸购、裸影"等,根据其义项和词类的不同,可以把它们分别归入相应类别的同素词语中进行词义结构描写,但在统计此类同素词语时表 7-2 不重复,只记作一例。

表 7-2 "裸"类同素词语群

组号	"裸"类同素词语	组号	"裸"类同素词语
1	裸着/裸过/裸了	14	裸奔/裸出/裸现/裸呈/裸见/裸播/裸教/裸聊/裸行/裸浴/裸睡/裸卧/裸跑/裸死/裸葬/裸跪/裸诵/裸拍/裸摄/裸秀/裸逛/裸吃/裸唱/裸晒/裸乘/裸跳/裸演/裸画/裸走/裸写/裸闹/裸乞/裸讨/裸游/裸聚/裸航/裸蹦
2	裸一回（等）	15	裸卖/裸售/裸卖空/裸考/裸爱/裸婚/裸恋/裸辞/裸奏/裸烧/裸治
3	裸一天（等）	16	裸退/裸捐/裸献
4	裸一点（等）/全裸/半裸	17	裸人/裸美人/裸俑/裸猿/裸妻/裸民/裸肤/裸汉/裸男/裸女/裸体/裸形/裸身/裸肩/裸足/裸腿/裸背/裸面/裸眼/裸臂/裸胸/裸腮/裸腹/裸芽/裸仁/裸虫/裸颊/裸鲤/裸线/裸炮/裸贷/裸展/裸舞/裸物/裸甲藻/裸尸/裸鱼/裸鼠/裸奇点/裸钻/裸子/裸麦/裸燕麦/裸粒/裸蕨/裸盖菇/裸地/裸岩/裸野/裸土/裸缸/裸模
5	袒裸/裸袒/裸裎/赤裸/裸露	18	裸博/裸机/裸官/裸床/裸运/裸网
6	裸衣/裸袖/裸产	19	裸神/裸仙
7	裸证/裸装/裸标/裸牌	20	裸视/裸替
8	他裸（等）	21	裸照/裸戏/裸影/裸镜/裸片
9	没裸/不裸/要裸（等）	22	裸雪/裸夜/裸语言/裸妆/裸皮/裸风/裸年/裸香/裸豆腐/裸肉/裸木
10	能裸（等）	23	裸国/裸族
11	光裸裸/净裸裸/赤裸裸	24	裸川
12	剥裸	25	裸价/裸色/裸色调
13	裸购		

7.3.2.3　裸类同素词语的词义结构描写

"裸"类同素词语一般由两个词素构成。像"裸一回、裸一天、裸一点、裸卖空、裸燕麦、裸奇点、裸甲藻、裸语言、赤裸裸、净裸裸、光裸裸"等词语形式上是由三个语素构成的同素词语，但语义上可以看作两个部分组合的结果。为了表述的简便，我们把三个语素构成的同素词语看成由两个词素块组合而成的同素词语。在描写"裸"类同素词语的词义结构时，笔者坚持认知组合性词义观（CCMO），从认知语义学的角度考察同素词语的两个词素和词素间可以组合的关联关系（两个词素可以互相组合的原因）各自在词义结构中的"义类、认知地位和语义角色"的异同，从中提炼出三个共性要素（对象义、属性义、属性值义）作为词义结构生成的基本要素（见表 7-3），最终根据三要素之间的认知组合性的语义结构关系构建词义生成与接受的基本模式。

表 7-3 "裸"类同素词语的词义结构描写状况一览

组号	词语举例	词素"裸/裸裸"的			其他词素的			词素间语义关联的		
		义类	认知地位	语义角色	义类	认知地位	语义角色	义类	认知地位	语义角色
1	裸着	裸的动作	显性独立	对象	现在进行	显性依附	属性值	时态	隐性依附	属性
2	裸一回	裸的动作	显性独立	对象	次数多少	显性依附	属性值	动量	隐性依附	属性
3	裸一天	裸的动作	显性独立	对象	时间多少	显性依附	属性值	时量	隐性依附	属性
4	裸一点	裸的动作	显性独立	对象	面积大小	显性依附	属性值	面积	隐性依附	属性
5	袒裸	裸的动作	显性独立	对象	动作	显性独立	属性值	同义并列	隐性依附	属性
6	裸衣	裸的动作	显性独立	对象	衣物	显性独立	属性值	受事	隐性依附	属性
7	裸证	判断（无）	显性独立	对象	证件	显性独立	属性值	受事	隐性依附	属性
8	他裸	裸的动作	显性独立	对象	人物	显性独立	属性值	施事	隐性依附	属性
9	没裸	裸的动作	显性独立	对象	否定	显性依附	属性值	有无发生	隐性依附	属性
10	能裸	裸的动作	显性独立	对象	肯定	显性依附	属性值	能否发生	隐性依附	属性
11	光裸裸	裸的状态	显性依附	对象	重	显性依附	属性值	程度	隐性依附	属性
12	剥裸	无包裹	显性依附	属性值	动作	显性独立	对象	结果	隐性依附	属性
13	裸购	非货币	显性依附	属性值	动作	显性独立	对象	支付手段	隐性依附	属性

组号	词语举例	词素"裸/裸裸"的			其他词素的			词素间语义关联的		
		义类	认知地位	语义角色	义类	认知地位	语义角色	义类	认知地位	语义角色
14	裸奔	体无遮掩	显性依附	属性值	动作	显性独立	对象	方式状态	隐性依附	属性
15	裸卖	无附加	显性依附	属性值	动作	显性独立	对象	方法	隐性依附	属性
16	裸退	全部	显性依附	属性值	动作	显性独立	对象	范围	隐性依附	属性
17	裸人	无遮掩	显性依附	属性值	人事物	显性独立	对象	状貌	隐性依附	属性
18	裸博	缺乏	显性依附	属性值	人事物	显性独立	对象	特性有无	隐性依附	属性
19	裸神	不蔽体	显性依附	属性值	人/神仙	显性独立	对象	嗜好	隐性依附	属性
20	裸视	无遮掩	显性依附	属性值	人事物	显性独立	对象	性质类型	隐性依附	属性
21	裸照	人不蔽体	显性依附	属性值	事物	显性独立	对象	内容	隐性依附	属性
22	裸雪	晶莹剔透	显性依附	属性值	事物	显性独立	对象	性状	隐性依附	属性
23	裸国	不蔽体	显性依附	属性值	人/民族	显性独立	对象	风俗	隐性依附	属性
24	裸川	男女共浴	显性依附	属性值	事物	显性独立	对象	功用	隐性依附	属性
25	裸价	低	显性依附	属性值	价格	显性依附	对象	高低	隐性依附	属性

根据表7-3的描写要素，表7-2的25组同素词语又可分为四类。第一类（第1～10组）词语的意义结构中，处于显性独立地位的"动作"对象义是唯一的，都是动作"裸"，而认知动作的角度（动作的属性义）和认知结果（与属性义匹配的属性值义）是多元的。第二类（第12～24组）词语的意义结构中，处于显性依附地位的属性值义是唯一的，都是特征"裸"，而处于显性独立地位的对象义和处于隐性依附地位的属性义（角度）是多元的。第三类（第11组）词语的意义结构中，处于显性依附地

位的"状态"对象义是唯一的,都是"裸裸",而认知状态的角度(状态的属性义)和认知结果(与属性义匹配的属性值义)是多元的。第四类(第 25 组)词语的意义结构中,处于显性依附地位的属性值义是唯一的,而处于显性依附地位的表"价格/颜色/色调"的对象义以及处于隐性依附地位的属性义都是多元的。最终经过"对象义、属性义、属性值义"三者间的匹配组合,这四类词语的意义结构要素各自具体赋值以后就都会形成大量的同素词语。这说明"裸"类同素词语群是一个开放的群。

7.3.2.4 词的本义－引申义理论与 SSWM 的差异

在分析引申性语义的词义结构时,我们首先需要考虑的是所分析之词的词义是属于近引申义(引申关节点之义)性质的词,还是属于远引申义(引申之后理解的新义)性质的词。就"裸雪"和"裸价"的词义而言,笔者认为这两个词都属于"远引申义性质的词"。因为我们一般更倾向于认为"裸雪"是"晶莹剔透"的雪,侧重于"雪的状貌美好",而不倾向于认为是侧重于"雪的性能"的"透视无碍"的雪。一般我们把"晶莹剔透的雪"看作"裸雪"最常用的意义。因此,"裸雪"的近引申义(引申关节点义)当是"雪"的"无遮蔽"(透视无碍),其引申路径是由"人体的无遮蔽"到"其他事物的无遮蔽"(如"雪"没有被污物遮蔽,透视无碍),再到"雪"的"晶莹剔透"(远引申义)。而"裸价"一般认为是"低/最低"价,侧重的是"价格数的高低",而较少认为是指侧重于"价格要素的构成成分"的"去虚增"以后的价格。因此,"裸价"的近引申义(引申关节点义)当是价格的"无浮夸虚报成分"(去虚增),其引申路径是由"人体无遮蔽"到"其他事物的无遮蔽"(如"价格"没有被浮夸虚报的成分遮蔽,去虚增),再到价格的"低/最低"(远引申义)。因此,在分析像"裸雪""裸价"之类的属于远引申义性质的词的词义时,最好取引申之后理解(形成)的新义,也就是远引申义。因为,基于句法－语义界面的词义结构描写,旨在关注词义的哪些要素影响句法以及如何影响句法。词的近引申义和远引申义都可能影响句法,因此,如果是近引申义影响了句法,那就把着眼点放在近引申义上,主要描写近引申义;如果是远引申义影响了句法,那就主要描写远引申义。当然了,如何区别远/近引申义也是一个十分棘手的问题，不过这是另一个话题。另外，就"裸雪"而言，我们还认为它的"远/近引申义"在词义球结构理论（SSWM）模型下还属于并列语义关系。正如上文的分析，"晶莹剔透"可以看作"雪"的"状貌"属性义的一个属性值义，而"透视无碍"则可以看作"雪"的"性能"属性义的一个属性值义，同为"属性值义"的"晶莹剔透"（远引申义）和"透视无碍"（近引申义）当然可以看作并列关系的语义。此外，"裸雪"的"远/近引申义"不仅是并列关系的语义，而且彼此在认知上还有相通之处，因为"晶莹剔透"和"透视无碍"实际上是对同一语义——干净——从不同角度进行理解而形成的结果。基于认知语义运算我们知道，如果"雪"可以"透视无碍"，那这"雪"一定是"晶莹剔透"的；反之，如果"雪"是"晶莹剔透"（孔穴明晰，光亮而透明）的，那这"雪"一定可以"透视无碍"。这就是它们的相通之处。同理，"裸价"的分析和"裸雪"相同。就"裸价"而言，它的"远/近引申义"在词义球结构理论（SSWM）模型下也属于并列语义关系。正如上文的分析，"低/最低"可以看作价格的"高低"属性义的一个属性值义，而"去虚增"则可以看作价格的"构成成分"属性义的一个属性值义，同为"属性值义"的"低/最低"（远引申义）和"去虚增"（近引申义）当然可以看作并列关系的语义。此外，"裸价"的"远/近引申义"不仅是并列关系的语义，而且彼此在认知上也有相通之处，因为"低/最低"和"去虚增"实际上还可以看作对同一语义——价格大小——从不同角度进行理解而形成的结果。基于认知我们知道，如果"价格""低"，那这"价格"一定得"去虚增"；反之，如果"价格""去虚增"了，那这"价格"一定"低"。这就是它们的相通之处。总之，在词义引申过程中，产生了很多大大小小的认知语义运算过程。

笔者的上述分析引发了另外一个值得思考的问题：能否借助远/近引申义的区分，进一步系统地解释"裸"类同素词的语义问题？我们知道，引申义和本义是相对的概念。本义一般指词语的原始意义或较早的意义，多倾向于跟词语的文字形式或声音形式相关联的意义。引申义是由本义推衍而派生出来的意义，据其与本义关系的亲疏远近可将引申义分为近（直接）引申义和远（间接）引申义。近引申义是直接由本义派生出来的意义，远引申义则是由引申义再引申而来的意义。"本义/引申义"以及"远/近引申义"理论（以下简称"本引理论"）对厘清词义（词语义项或词义间）的演变关系有重要作用，"本义/引申义"以及"远/近引申义"的区分也有助于更深入地认知词语的意义，因为引申义的出现，本质上是对词义球结构三要素（属性义、属性值义、对象义）进一步或者深度认知的结果。我们如果能对某词语的指示义有更深入、更全面的了解，那么具有该指示义的词语的引申义就会越多地被我们发掘出来，词语的意义也就会越来越丰富。但是，笔者认为本引理论有以下四点不足。①本引理论对词义的区分颗粒度太大，只有本义、远/近引申义是不够的，很难挖掘出词义蕴涵的句法信息，对解决句法-语义界面问题作用不大。②本引理论区分出的引申义在很大程度上可看作与本义不同的词义，而不是同一个词的不同词义层面。这和词义球结构理论（SSWM）模型描写的同属一个词义结构的三种词义要素是不同性质的概念。简言之，本引理论是向外观照词义的结果，更多地考察词义间的关系；词义球结构理论（SSWM）是通过词义外在的句法组合表现而对词义向内观照的结果，立足点是内向观照词义结构。③本引理论不能运用于所有词语的意义，不能对所有词语的意义生成和接受规律进行统一的模型化描写。这不仅因为有些词语的原始义无从考证（词的本义有缺损）、有些词语没有引申义（词的引申义有缺损）、有些词语没有远引申义（词的远引申义有缺损），而且因为"远/近""直接/间接""原始""较早"等都是相对性概念，实际鉴别起来主观性太大，可操作性不强。而词义球结构理论（SSWM）中的三种词义要素都是无缺损的，任何词的词义结构中都具备，这有助于统一描写词义结构。例如"裸考"一词，一般有四个义项（意思）。a. 裸露着某些便于考试作弊的身体部位参加考试。b. 无任何作弊行为的考试。c. 在完全没有准备或没有充分准备的情况下参加考试。d. 不享受任何加分政策、全凭自己的能力参加考试。根据本引理论，我们一般认为 a 是本义，b、c、d 是引申义，但这四个义项哪个"较早"出现是很难考证的，而且对引申义的"远/近"也很难再细分，我们无法较为客观地区分 b、c、d 到底谁是远引申、谁是近引申。一般在区分远/近引申义时所遵循的从"具体"到"抽象"的规律，也很难把握，因为我们很难确定"作弊行为""认真复习""加分政策"到底哪个更具体、哪个更抽象。再如"裸购"一词，一般有三个义项（意思）。a. 裸体（一般只穿比基尼内衣）可免费或低价购物。b. 用赚取的积分换购商品。c. 极低价（扣除中间价，以成本价甚至低于成本价）购买商品。就此三种行为而言，一般认为 a、c 出现较早，b 出现较晚。但对于 a 和 c 到底哪个更早，却是见仁见智的，甚至莫衷一是。再比如"向"，本义是"朝北的窗户"，引申义是"朝着、对着"。在笔者看来，"向"的本义和引申义完全可以看作两个不同的词义，其本义属于名词，而引申义属于动词。但就"向"的本义来说，该词义结构中就包含"颜色、质地、材料、样式、洁净度"等很多属性义，而这些属性义则不可能包含在作为动词的"向"的引申义中。同理，包含在动词"向"的引申义的词义结构中的属性义"受事、施事"等也不会包含在名词"向"的本义中。此外，无论是名词或动词"向"，根据词义球结构理论（SSWM）模型都能得到统一描写。笔者基于认知组合性词义观（CCMO）和句法-语义界面理论构建的词义球结构理论模型，目的之一是对词义的生成和接受机制进行统一的模型化描写。④本引理论区分出的本义和引申义之间只有认知语义关系，没有句法组合关系，我们构建的词义球结构模型中的三种词义要素之间不仅具有认知语义关系，而且有句法组合关系。

笔者认为，无论是词语的中心语义还是引申语义，都可以用词义球结构模型来统一描写，这也是笔者的国家级课题"基于句法-语义界面的现代汉语词义研究"所要探索实践的一个核心想法。这其中的关键点是词义球结构三要素的具体赋值，尤其是选定认知的角度（认知属性）很重要。属性一般有自然属性和社会属性之分，像语境因素作用下的意义生成大都涉及对对象的社会属性的把握。例如"苹果"一词，其中心语义是非常清楚的，但其引申义可以是社会性的，比如象征"平安"等，我们如果要对"苹果"进行词义球结构描写，那么其中必有一个最小词义球结构是【"苹果"的一个最小词义球结构＝对象义（苹果）＋（一个）属性义（象征什么）＋（一个）属性值义（平安）】。这个最小词义球结构跟"苹果"的其他很多最小词义球结构，比如【"苹果"的一个最小词义球结构 = 对象义（苹果）+（一个）属性义（颜色）+（一个）属性值义（青）】等一起，共同构成了苹果的词义球结构。所以，无论是自然属性还是包含语境因素的社会属性，无论是中心语义还是引申语义都可以通过词义球结构模型来统一描写。

7.3.2.5 "裸"类同素词语的四种意义生成与接受模式

第一种模式，适用于表 7 - 2 中的第 1 ~ 10 组的"裸"类同素词语。

我们以"裸着"为例。在描写"裸着"的词义结构时，认定词素"裸"的义类是"动作"，在词义结构中处于显性独立的认知地位，充当对象义的语义角色；认定词素"着"的义类是"动词的现在进行时"，在词义结构中处于显性依附的认知地位，充当属性值义的语义角色；认定"裸"和"着"之间可以组合的关联关系的义类是"时态"，在词义结构中处于隐性依附的认知地位，充当属性义的语义角色。"裸着"的词义结构的描写过程可用一句话来概括：表动作的显性独立型义类对象"裸"的属性之一是时态，和时态属性相对应的认知结果之一是由词素"着"体现的现在进行时。换句话说，词素"裸"的表"动作"的对象义，通过"时态"这一表"动作的属性"的属性义作为组合关联剂，就相应地跟表"现在进行时"的由词素"着"体现的属性值义关联组合起来，最终构成了一个"裸"类同素词语"裸着"。在"裸着"一词的词义结构中，词义要素的对象义和属性值义是显性的，处于结构的表层；词义要素的属性义是隐性的，处于结构的里层。在"裸"类同素词语的词义结构中，对象义有两种认知地位，一种是显性的独立地位（第 1 ~ 10 组和第 12 ~ 24 组），是表"动作行为和人事物"的义类的词素所具有的语义角色，另一种是显性的依附地位（第 11 组和第 25 组），是表"状态/价格/颜色/色调"等的义类的词素所具有的语义角色。属性是人们了解和把握义类对象的角度，是义类对象和属性值（认知结果）之间的关联关系，是人们在认识和改造世界的过程中感知或认识到的主客观对象的各种可供认知或比较的方面，它们依附于特定的对象，不能独立存在。这种"角度"或"关联关系"通过属性词来体现，在词义的认知结构中处于隐性的依附地位，充当属性义的语义角色。属性值是从某种特定的属性出发，掌握对象时所获得的由

"质"(特征)和"量"(数值)两个方面构成的认知结果,在词义的认知结构中处于显性的依附地位,充当属性值义的语义角色。就"裸"类同素词语的词义来说,词义球结构理论(SSWM)依然适用。以"裸着"为例,词素"裸"是表动作的对象义,只有一个;这一个对象的属性却不止一个(属性义有很多),比如"时态、动量、时量、面积、程度、受事、施事、原因、条件"等都是这个对象义的属性义;从每一个属性出发去认知该对象,得到的认知结果(属性值)一般也不止一个,也就是说,和某一个属性义相匹配的属性值义一般也不止一个,比如从"裸"的一个属性"时态"出发去认知"裸"这个动作,得到的认知结果就有三个,分别是:现在进行时(用"着"表示)、过去完成时(用"过"表示)、现在完成时(用"了"表示)。这样一来,"裸着、裸过、裸了"的词义实际上只是"裸"的词义内容在时态属性方面的三个不同的凸显。这就是说,"裸"类同素词语的意义生成是"对象义、属性义、属性值义"这三种词义结构要素互助关联、互相确证、互相依附与凸显的结果。这种结果最终体现为一个以对象义和属性值义为显性的表层、以属性义为隐性的里层的球形词义结构。下面以"裸"的"动作"对象义为基点,通过属性义和属性值义的互相匹配关系,把第1~10组"裸"类同素词语的意义生成模式图示如下(见图7-3)。

图 7 - 3   第 1 - 10 组 "裸" 类同素词语的意义生成模式

图 7-3 描述的意义生成模式适合表 7-2 第 1~10 组的"裸"类同素词语的意义结构。图 7-3 中,粗实线圆(一个)、细实线圆(多个)和虚

线圆（多个）表示的义类在词义结构中分别处于显性独立地位、显性依附地位和隐性依附地位，分别充当对象义、属性值义和属性义的语义角色。图7-3说明，当词素"裸"充当"动作"对象义的认知语义角色时，由"裸"构成的同素词语的意义生成具有极强的规律性：经过一个虚线圆的关联作用，粗实线圆和一个细实线圆串联起来就会生成一个"裸"类同素词语。具体而言，通过一个虚线圆（"时态"属性义）的关联，粗实线圆（"动作"对象义"裸"）可以串联起三个细实线圆（"过去完成"属性值义、"现在进行"属性值义、"现在完成"属性值义），把认知意义语言符号化以后就得到了"裸过、裸着、裸了"三个"裸"类同素词语的意义。同理，通过虚线圆（"施事"属性义、"动量"属性义，等等）的关联，粗实线圆（"动作"对象义"裸"）可以分别串联起多个虚线圆（"他"属性值义、"一次"属性值义，等等），把认知意义语言符号化以后就得到了"他裸、裸一次"等大量的"裸"类同素词语的意义。

第二种模式，适用于表7-2中的第12～24组的"裸"类同素词语。

与"裸着"同样的道理和描写方法，当词素"裸"以外的其他词素表示的义类处于显性独立认知地位时，该"裸"类同素词语的意义生成依然遵循词义球结构的生成模式。我们以第14组的词语为例，以"裸"的属性值义为基点，通过属性义和对象义的互相匹配关系，把第12～24组"裸"类同素词语的意义生成模式图示如下（见图7-4）。

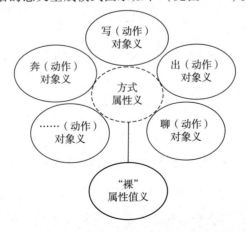

图7-4　第12～24组"裸"类同素词语的意义生成模式

图7-4描述的意义生成模式适合表7-2第12~24组的"裸"类同素词语的意义结构。图7-4中,粗实线圆(一个)、细实线圆(多个)和虚线圆(一个)表示的义类在词义结构中分别处于显性依附地位、显性独立地位和隐性依附地位,分别充当属性值义、对象义和属性义的语义角色。图7-4说明,当词素"裸"充当属性值义的认知语义角色时,由"裸"构成的同素词语的意义生成具有极强的规律性:经过虚线圆的关联作用,粗实线圆和一个细实线圆串联起来就会生成一个"裸"类同素词语。具体而言,经过虚线圆("方式"属性义)的关联,粗实线圆("裸"属性值义)可以串联起多个细实线圆("写-动作"对象义、"奔-动作"对象义、"聊-动作"对象义,等等),把认知意义语言符号化以后就得到了"裸写、裸奔、裸聊"等多个"裸"类同素词语的意义。

第三种模式,适用于表7-2中的第11组的"裸"类同素词语。

与前文同样的道理和描写方法,当"裸"类同素词语中的两个词素表示的义类都处于显性依附认知地位时,该"裸"类同素词语的意义生成依然遵循词义球结构的生成模式。我们以第11组为例,通过对象义、属性义和属性值义的互相匹配关系,把第11组"裸"类同素词语的意义生成模式图示如下(见图7-5)。

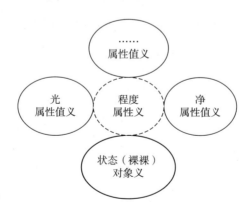

图7-5 第11组"裸"类同素词语的意义生成模式

图7-5描述的意义生成模式适合表7-2第11组的"裸"类同素词语的意义结构。图7-5中,粗实线圆(一个)、细实线圆(多个)和虚线圆(一个)表示的义类在词义结构中分别处于显性依附地位、显性依附地

位和隐性依附地位,分别充当对象义、属性值义和属性义的语义角色。图
7-5 说明,当词素块"裸裸"充当对象义的认知语义角色时,由"裸裸"
构成的同素词语的意义生成具有极强的规律性:经过虚线圆的关联作用,
粗实线圆和一个细实线圆串联起来就会生成一个"裸"类同素词语。具体
来说,经过虚线圆("程度"属性义)的关联,粗实线圆 ["状态(裸
裸)"对象义] 可以串联起多个细实线圆("光"属性值义、"净"属性值
义,等等),把认知意义语言符号化以后就得到了"光裸裸、净裸裸、赤
裸裸"等多个"裸"类同素词语的意义。

  第四种模式,适用于表 7-2 中的第 25 组的"裸"类同素词语。

  与前文同样的道理和描写方法,当"裸"类同素词语中的两个词素表
示的义类都处于显性依附认知地位时,该"裸"类同素词语的意义生成依
然遵循词义球结构的生成模式。我们以第 25 组为例,通过对象义、属性义
和属性值义的互相匹配关系,把第 25 组"裸"类同素词语的意义生成模
式图示如下(见图 7-6)。

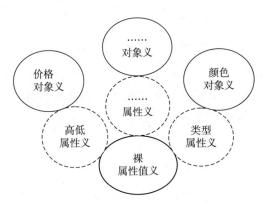

图 7-6　第 25 组"裸"类同素词语的意义生成模式

  图 7-6 描述的意义生成模式适合表 7-2 第 25 组的"裸"类同素词语
的意义结构。图 7-6 中,粗实线圆(一个)、细实线圆(多个)和虚线圆
(多个)表示的义类在词义结构中分别处于显性依附地位、显性依附地位和
隐性依附地位,分别充当属性值义、对象义和属性义的语义角色。图 7-6
说明,当词素"裸"充当属性值义的认知语义角色时,由"裸"构成的同素
词语的意义生成具有极强的规律性:经过一个虚线圆的关联作用,粗实线圆

和一个细实线圆串联起来就会生成一个"裸"类同素词语。具体来说，经过虚线圆（"高低"属性义、"类型"属性义，等等）的关联，粗实线圆（"裸"属性值义）可以串联起多个细实线圆（"价格"对象义、"颜色"对象义、"色调"对象义、"重量"对象义，等等），把认知意义语言符号化以后就得到了"裸价、裸色、裸色调、裸重"等多个"裸"类同素词语的意义。

此外，"裸购""裸官""裸考""裸雪""裸价"这五个词尽管在表层的句法组合结构类型上存在差异，但在深层的词义球结构类型上没有本质的差异，具有内在的统一性。具体阐释如下。

首先，这五个词语的语义是不同的。"裸购"指动作行为，主要有三种意思：①用赚取的积分换购商品；②裸体（一般只穿比基尼内衣）可免费或低价购物；③极低价（扣除中间价，以成本价甚至低于成本价）购买商品。"裸官"指人或动作行为，主要有两种意思：①裸露身体的官员［如网络爆出的不雅照（淫照或艳照）官员］；②家庭和财产都在国外，自己孤身一人在国内做官。"裸考"指动作行为，主要有四种意思：①裸露着某些便于考试作弊的身体部位参加考试；②遵规守纪参加考试（无任何作弊行为）；③在完全没有准备或没有充分准备的情况下参加考试；④不享受任何加分政策、全凭自己的能力参加考试。"裸雪"指普通事物，主要有两种意思：①没有被他物覆盖的雪；②晶莹剔透、透视无碍的雪。"裸价"指非普通事物，主要有两种意思：①扣除中间价（去虚增价）后的最低价；②出厂价（而非最低价）。根据语义的不同，这些词语在其内部两个词素的语法组合结构类型上的确有差异。笔者判定"裸购、裸官（指动作行为）、裸考"属于状中偏正结构类型，而"裸官（指人）、裸雪、裸价"属于定中偏正结构类型。

其次，词素间的语法组合结构类型的差异并不影响词语的词义球结构类型，这五个词语的词义球结构类型本质上没有差异，具有统一性。因为这些词语的词义结构都是由"对象义、属性义、属性值义"三个要素组成，而且这三个要素之间具有认知语义关系（哪个词素充当对象，对象的属性和相应的属性值是什么）和句法组合关系（以哪一个词素为中心，词素间是何种语法结构类型）。此外，在这些词语的中心词素的词义球结构中，所有的属性值蕴涵义都隐喻性地统一用"裸"来表示，这就使得这些词语的词义球结构类型具有了更高的一致性。

最后，这五个词语的词义球结构模型的确是有一些区别，但都是非本质的区别。因为在这些词语的中心词素中，"购、官、考"和"雪"属于动词和事物名词，表示的是独立型认知范畴，其词义球结构模型如图 7-7 所示；而"价"属于属性词，表示的是依附型（非独立型）认知范畴，其词义球结构模型如图 7-8 所示。从表面直观看起来，图 7-7 和图 7-8 在外形上的确有些差异，但是如果在图 7-7 或图 7-8 的基础上只是更改一下三要素的文字标识（如把图 7-7 的对象指示义改为属性指示义，把图 7-7 的属性蕴涵义改为对象蕴涵义，属性值蕴涵义不变，此时的图 7-7 就表示了图 7-8 的内容），这两个图就合二为一、彼此一致了。

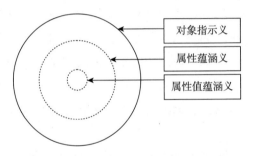

图 7-7 独立型对象词词义球结构模型

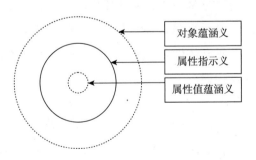

图 7-8 依附型属性词词义球结构模型

7.3.3 小结与感想

"裸"类同素词语的语义的迅速变更和极强的推衍与新生能力这一语

言事实，恰好说明了认知组合性词义观（CCMO）和词义球结构理论（SS-WM）模型对人们理解和使用语词有基础性的导引作用。"裸"类同素词语的意义生成都是对象义和属性值义经过属性义的关联作用而串联组合起来的结果，都遵循一个基本模式，人们只需按照这个生成模式，给其中的结构要素"对象义、属性义、属性值义"进行具体的语言赋值即可批量生成"裸"类同素词语。具有认知接受性的这个模式，不仅是词义生成的模式，也是人们理解接受词义的模式。这也说明，语言的生成和理解是同构的，具有内在的一致性。

某词素表示的义类对象具备什么属性？与这些属性相匹配的属性值是什么？这种追问是"裸"类同素词语内部的词素互相匹配组合从而生成词义的认知心理动因。因为对象确定以后，人们对属性和属性值的确认过程就是掌握对象的认知过程。人们从对象中获取的属性和属性值越多，对人们而言，对象本身的不确定因素就越少，对象本身的信息量就越大。这是因为信息的产生需要消除不确定的因素，而给词义结构的属性义和属性值义具体赋值就是为了消除属性和属性值的不确定性，从而消除对象本身的不确定性，因为只有这样，词语负载的信息才能显现出来，也才能被人们接收。

基于词义球结构理论（SSWM）模型，我们构建的"裸"类同素词语的意义生成与接受模式也是一个需要对其结构要素进行具体的语义赋值的模式。因此，该模式是一个开放的模式，这导致了"裸"类同素词语群成为一个开放的群。这种开放性也直接导致了"裸"类同素词语极强的生成力和极为丰富的意义内涵。

词义球结构的三要素"对象义、属性义、属性值义"具有三元组合的句法特性，这三要素之间基本的句法组合特性也存在于"裸"类多词素同素词语的意义结构中。因此，词义球结构理论（SSWM）模型是词义作为最精密语法的一个基本体现，词义球结构就是语法生成机制的模型化体现。

第 8 章

词义球结构理论与词的属性义知识本体构建

8.1　属性在认知、信息、词义结构中的地位

笔者坚持"认知、信息、词义"三位一体，"认知结构、信息结构、词义结构"三者同构的理念。我们知道，信息是指认知对象所蕴含的内容，认知的目的也就是获取认知对象所蕴含的内容，而词义是信息的载体，是认知实践的语言符号化的表现。认知、信息、词义这三者具有内在的一致性，都是为人类的发展和完善服务的。信息是人类发展完善所必需的要素。信息的获取离不开认知，而认知能力（cognitive ability）就是指人脑加工、储存和提取信息的能力，就是指把握认知对象的各种属性并获取相应的认知结果的能力。在某种意义上人类社会就是一个语言社会，人类社会的发展完善也就体现在对词义（语义）的生成和理解的完善上，词义（语义）的生成和理解能力与人类社会语言化的程度成正相关关系，也是人类社会语言化的最基础、最根本的体现。综上所述，信息是人类发展完善的核心要素，认知是人类发展完善的核心能力，词义是人类发展完善的核心体现。因此，超强的认知能力，有助于提升词义的生成与理解能力，这些能力可以帮助人们获取更多有用的信息，从而最终促进人类个体和整个社会更快更好地发展完善。而要具备超强的认知能力、生成理解词义的能力、获取信息的能力，从而达成人类发展完善的目标，就必须有抓手，这个抓手就是属性，就是认知对象的属性。属性是人类在认知实践活动中掌握实践对

象的路径和角度，是认知活动顺利进行并成功获取认知结果的重要抓手。一种属性意味着一种认知视角，多种属性意味着多种视角。在认知活动过程中，多视角、全方位地考察认知对象，显然比单视角、单方位考察有更深刻更全面的认知收获。因此，属性在认知实践、信息获取、词义生成与理解的过程中具有基础性的核心地位。在认知实践过程中，在信息和词义的生成与理解过程中，我们都应该重视属性的发掘与利用。

原则上说，对属性的发掘是一个无止境的过程，因为随着认知能力的提高，随着人类社会的不断发展，人们会从新的角度出发去重新认识认知对象。另外，新事物、新现象的大量涌现，也会引起新属性的出现。但是，从现实实践上来看，无论是旧瓶装新酒还是旧酒装新瓶，无论是旧酒装旧瓶还是新酒装新瓶，只要是进入人类认知实践的认知对象，都是可以被认知的，或者说，总是能够或多或少地被认知。这或许能够说明，在一个相对稳定的时期内，认知对象的属性不可能也没有必要无限多。本章，我们基于语料库，在描写名词的属性义知识本体的实践中发现，和属性值义的巨大数目相比，某个名词的属性义的数目则小得多。相对较少的属性义关联起了大量的属性值义和对象义，使得语义信息大量生成，满足人类社会的发展完善之所需。这也说明，属性义在语言信息生成和理解的过程中具有重要的桥梁纽带作用。

总之，认知活动顺利进行，离不开属性，一个认知实践过程必须具备一个确定的认知对象、该对象的一个属性、与该属性相匹配的一个属性值。我们认为，认知对象所蕴涵的内容（信息），也是以三元组要素组合的形式产生的，也就是说，一个确定的认知对象、该对象的一个属性、与该属性相匹配的一个属性值，这三者的匹配组合可以消除一些不确定的东西，从而产生一个相对确定的东西——信息。信息和词义的生成与理解也离不开属性。1948 年，信息论的创始人、美国数学家香农在《通讯的数学理论》（The Mathematical Theory of Communication）的论文中指出，信息是人们对事件了解的不确定性的消除，是用来消除随机不确定的东西。人们对事件的不确定性消除的程度越大，获取的信息量就越大。如何消除事件的不确定性，这是至关重要的。从事件的属性入手，寻找尽可能多的事件的属性，并且相应地获取与属性相匹配的属性值，这是消除事件的不确定性因素的重要（甚至是唯一）的方法。从语言表达的角度来说，消除事件的不确定性因素的方法就是给一个事件的关键词不断地进行词义球结构的扩展，就是给这个关键词的词义球结构要素尤其是属性义要素赋值，同时也给众多的属性义匹配相应的属性值义。这样做的结果就是这个关键词会不断地被其他词组合，其他的词又会不断地被其他词组合，于是一个携带丰富信息的句子就逐渐生成了。由此可见，属性在认知、信息、词义结构中占核心地位，在认知过程、信息生成、词义结构扩展中起桥梁纽带作用。

8.2　知识本体的基本内涵

"知识本体"是 ontology 的英译术语，哲学上称为"本体论""存在论"。ontology 原本是一个哲学范畴，用于研究事物的存在，试图为存在的一切事物建立科学的理论。当哲学家探讨"什么是存在""是什么东西存在着"等问题时，他们就是在研究"本体论"（ontology）。

古希腊著名的哲学家亚里士多德的"四因说"被认为是自然哲学的集大成思想，体现了他有关事物的本源和存在的系统论观点。亚里士多德认为，自然界的万事万物普遍具有"形式因、质料因、动力因、目的因"。"质料因"即"事物所由产生的，并在事物内部始终存在着的那东西"，这显然来源于德谟克利特（Democritus）的"原子论"。可见，自然哲学家们在追寻万物之本源时都强调了"质料"的根基作用。"动力因"即"那个使被动者运动的事物，引起变化者变化的事物"，这显然来源于赫拉克利特（Heraclitus）的"火"和恩培多克勒（Empedocles）的"爱憎说"。以"火"为万物之本源，强调了它善变的动力作用；以"爱""憎"为万物之本源，则强调了动力具有吸引和排斥的双面特性。"形式因"即"事物的原型亦即表达出本质的定义"，这显然来源于毕达哥拉斯（Pythagoras）的"数"和柏拉图（Plato）的"理念"。以"数"和"理念"为万物之本源，强调的是"通式"的定性作用。"目的因"即"事物最善的终结"，这可追溯到巴门尼德

（Parmenides of Elea）的"存在"和阿那克萨戈拉（Anaxagoras）的"理性"。因为，以永恒不变的"存在"为万物之本源，强调的是因果的同一性；以"理性"作为安排万物秩序的"善"更表明了其趋向性。四因说中，"目的因"是终极的，是最重要的，自然界的每一件事物都有其目的。对此，亚里士多德解释说，若有某一事物发生连续运动，并且有一个终结的话，那么这个终结就是目的。须知并不是所有终结都是目的，只有最善的终结才是目的。无论在技艺制造活动中和在自然产生中都是这样，一个个前面的阶段都是为了最后的终结。既然技术产物有目的，自然产物显然也有目的（叶侨健，1995：26~31）。亚里士多德指出了"四因"在自然界具有普遍性，成为人们认知自然的本源性的知识，成为人们认知万事万物存在和变化的本体性知识。实际上，如果我们把整个自然界看成一个庞然大物的话，那么"四因说"其实就是这个庞然大物的"物性结构"的相关知识。当然，这个知识是带有本源性质的，是本体论性质的知识。"四因"之间存在关联性，这和中国古人的"阴阳、五行"思想具有诸多相似性，都是对世界是什么的本源性的解释说明，都成为人们认知自然的本体论性质的知识。以上是在哲学范畴里，学者们早期对知识本体（ontology）的构建。

我国东汉著名经学家、文字学家许慎，花费半生心血、精心编纂的《说文解字》，可以看作早期汉字知识本体构建的集大成之作。《说文解字》以 540 部系联 9353 个汉字，以六书理论进行字形分析，比较系统地建立了分析文字的本源性理论与方法，完整呈现了具有本体论性质的汉字知识本体。《说文解字》不仅在具体的汉字结构方面利用了概念关联，而且在汉字与汉字之间的关系上，也利用了概念关联。在字形结构方面，许慎系统地阐述了汉字的造字规律——象形、指事、会意、形声。在汉字使用方面，许慎恰当地阐释了汉字的使用规律——转注、假借。在字间关系方面，许慎创立了 540 个部首，将 9353 字分别归入 540 部，又将 540 部"据形系联"归并为 14 大类，字典正文也就按这 14 大类分为 14 篇。《说文解字》中的汉字之间是具有某种概念关联关系的。总之，《说文解字》是具有知识本体性质的字书，呈现了有关汉字的本体性的知识。以"六书"

（四体二用）为核心的汉字构造和使用理论，应该是唯一有资格列入世界非物质文化遗产名录的具有本体论性质的文字学理论。

以上我们说明了哲学范畴的知识本体和汉字范畴的知识本体的基本状况。就人工智能领域而言，知识本体能够以一种显式、形式化的方式来表示语义，可以给出构成相关领域词汇的基本术语和关系，提高异构系统之间的互操作性，促进知识共享。我们知道，计算机在处理当前的信息时，需要调用先前存在的东西来协助当前的信息处理。相对于当前信息来说的"先前存在的东西"就是人工智能的"知识本体"。Studer（1998：161～197）对知识本体所作的定义，被人工智能领域和相关领域广泛认可。在Studer 看来，知识本体是共享概念模型的明确形式化规范说明。该定义包含了四层含义：①概念化，即通过抽象出客观世界中一些现象的相关概念而得到的模型，其含义独立于具体的环境状态；②明确，即所使用的概念及使用这些概念的约束都有明确（显式）的定义；③形式化，即知识本体是计算机可读的；④可共享，即知识本体中体现的是共同认可的知识，反映的是相关领域公认的概念集，它所针对的是团体而不是个体。知识本体的目标是捕获相关的领域知识，提供对该领域知识的共同理解，确定该领域内共同认可的词汇，并从不同层次的形式化模式上给出这些词汇（术语）和词汇之间相互关系的明确定义。人工智能和计算机科学领域的知识本体原则上是一个概念体系，描写与构建知识本体的关键是概念术语及其相互间的关联关系。一般来说，领域概念体系构建通常用一个词表来表示，这个词表要明确描述词的含义、词与词之间的关系，并在该领域的专家之间达成共识，使得大家能够共享这个词表。这个词表是对概念体系明确的、形式化的、可共享的规范化的说明，就是领域"知识本体"，因为词表表达了一个领域中的本体论性质的知识。知识本体可用于对领域知识进行规范化的抽象，描述其中的概念及概念间的关系，以实现领域知识的表达、共享、重用、推理等。

在一个领域中，本体知识构成了该领域任意知识表达系统的核心。我们知道，本体知识的表达离不开语言，都借助语言化的知识本体得以表达和呈现，而语言的基本单位是词，所以大部分的语言化的知识本体都以词为内容，领域概念知识体系需要通过领域中必用的一些词项来表达。这些被称为概念术语的领域词项，是领域的根本知识和信息的承载单位。一个领域知识空间中的本体大多是由术语及不同术语所承载的相关概念的关系所构成的。假如我们把每一个知识领域抽象成一个概念体系，再用一个"词表"来表示这个概念体系，在这个词表中，要明确地描述词的含义、词与词之间的关系并在该领域的专家之间达成共识，使得大家能够共享这个词表，那这个词表就构成了该领域的一个知识本体。

通过上述说明，我们知道，除了"形式化"这一特征主要是面向计算机科学和人工智能领域而规定的以外，知识本体的其他三个特征"概念化、明确、可共享"，在人工智能和计算机科学领域之外是普遍存在的。像哲学范畴的四因说、《说文解字》类字书等都具备成为知识本体的特征，的确具有知识本体的功用性质。实际上，在词汇语义学领域、汉字学领域、词典学领域，已经有很多学者在构建可以形式化的知识本体。例如，Pustejovsky（1995）的衍生词汇理论（生成词库理论）就提出了一种语言知识的表达结构——qualia structure。关于 qualia structure 的含义，于水源、杜利民（2002：36～42）译作"本质结构"；张秀松等（2009：267～271）译作"物性结构"；洪嘉馡、黄居仁（2012：461～466）译作"经验结构"。衍生词汇理论已经具备了词汇语义知识本体的基本特征，可以用来构建词义知识本体。总之，人工智能多年来花费很大的精力探索知识的形式化问题，核心概念是知识本体（ontology）。知识本体构建最常用的词义形式化系统就是"词汇网络"。普林斯顿大学英文 WordNet 是词汇网络的原型，就是通过词汇之间的组合关联关系来表达词义知识本体。

8.3 词的属性义知识本体构建实践

8.3.1 构建遵循的基本理论、原则与方法

基于大规模的语料库和词义球结构理论（SSWM），具体考察一个或一些对象词（事物名词和动词）在语料中的实际用法，利用词和词组合时的

互信息关系，抽取词的属性义，并对相关的属性义数据进行加工分析，从而得到词的属性义知识集，经人工抽象概括，最终构建词的属性义知识本体。这是我们在构建词的属性义知识本体时所依据的基本理论、坚持的基本原则、使用的基本方法。换句话说，属性义知识本体的描写与构建，是利用语料库进行数据的分析和统计，考察语句中的词间语义关系，分析词与词可邻现组合的认知语义动因，说明属性义在获取词义的认知过程中所具有的关联性的桥梁作用，统计出对象指示义的词（事物名词和动词）的属性义的具体名称、数目和类别，描写出属性义在获取词义的过程中的语义关联机制，最终构建对象指示义的词的属性义知识本体（属性义本体知识集）。

根据我们的实践，从寻找词的属性义入手，从语句组合中抽取词的属性义知识，是可行的。词的属性义是获取具有开放性的词义内容的基本方法、途径和视角，而全面考察语句中的词间语义关系则可以便捷地获取词的属性义，因为在自然语言的语句中，词间组合关系提供了足够的语义信息。这就是"观其伴，可知其义。知其义，须观其伴"的 CCMO 的基本精神。根据索绪尔的语言学理论，在语言系统中，每一种符号的价值由系统组成成分的各个要素之间的相互关系来决定，而不是由它本身的性质决定。这就说明，通过词间语义关系，通过词与词组合的互信息关系，可以解释说明这些词之所以能互相匹配组合的认知语义动因。

我们知道，在句法组合结构的语义分析中，词本身的语义信息特别重要，而获取词义信息可以从组合和认知两个方面入手。前者通过观察词的组合能力和组合个性从而获取词义信息，这种方法我们称为词义的组合获取法。这是因为句法组合结构的语义生成遵循组成性原则，整个句法组合结构的语义实际上是由结构中词的意义以及词间的语义关系组成的。词和词之所以能够邻现组合，深层的原因是词的语义具有某种关联性，这就导致了"观其伴，可知其义"是一种很好的获取词义的方法。由于人们是在组合的前提下理解语义和词义的，因此，观察自然语言中词的组合能力和组合个性就成为人们获取词义从而进一步获取句义的最有效、最根本的方法。因为尽管词义内涵丰富、涉及的知识领域宽广，但是词义终归是要通过词间组合构成的句法结构从而显性地呈现出来。后者通过把握对象的属性以及与属性相匹配的属性值从而获取词义信息，这种方法我们称为词义的认知获取法。这是因为词义获取不仅是组合行为，也是认知行为，更是认知能力的体现。选取什么样的属性（认知视角/角度）去理解对象，不仅是认知能力的重要体现，也直接影响人们对指称对象的词的意义的获取。因为认知一个词的所指对象时的认知结构和词的意义结构有内在的投射关联。

在语义的生成和理解上，有组成就会有结构。邱庆山（2012，2014c，2015）曾指出，人们理解一个认知范畴是通过一定的认知结构来实现的。这个认知结构可公式化为：【认知结构 = 对象 + 属性 + 属性值】。这个认知结构是一个抽象的上位概念的认知结构，构建该认知结构需要实现很多具体的下位概念的认知结构（最小认知结构），实现的方法就是给认知结构要素进行具体的语义赋值，一次赋值即可形成一个最小认知结构。以"朋友"为例，其上位认知结构和最小认知结构可分别表示为：

【上位认知结构 = 对象（朋友）+ 属性（　）+ 属性值（　）】［（　）表示认知结构要素等待语义赋值的状态，（朋友）表示认知结构要素已进行语义赋值的状态，下同］

【最小认知结构（之一）= 对象（朋友）+ 属性1（性别）+ 属性值1（男）】

【最小认知结构（之二）= 对象（朋友）+ 属性1（领事）+ 属性值1（我）】

日常交际中，"我的男性朋友"这个句法组合结构实际上就是"朋友"的众多的最小认知结构中的两个最小认知结构的句法实现。因此，从认知的角度看，人们从语言交际中获取语义信息的过程实质上是个不断完成、实现许多最小认知结构的过程。

在坚持以上基本理论、原则和方法的基础上，我们选取水果名词和面食名词作为对象名词的代表，选取"喝"作为对象动词的代表，考察这些对象词的属性义，并且通过概念和认知语义关联，分别描写构建对象指示义的词的属性义知识本体。

8.3.2 水果名词的属性义知识本体构建

8.3.2.1 语料概况

水果名词是指表示水果名称的一类名词。我们以北京大学中国语言学研究中心现代汉语语料库为语料来源，检索到含有"苹果"的语料 3995 条，含有"椰子、杧果"的语料 1193 条（其中 166 条为"椰果"和"椰树"的语料），这两项共计 5188 条。同时，我们还参考了《现代汉语词典》和互联网的相关释义。在进行属性义抽取时，前后组合一样的语料属于重复语料，只算作一次有效语料。

8.3.2.2 属性义的抽取方法

我们采取经验主义和词汇主义的操作方法，人工抽取全部属性义。我们举语料库中的真实语例（为分析方便，只截取与目标词紧密相关的部分），把属性义的抽取方法说明如下。

（90）一颗狗牙可以买到 100 个 [椰子] 或 50 只菠萝。

（91）每一个形状各异的 [椰子]。

（92）一个个圆圆的 [椰子]。

（93）年产 [椰子] 750 万个。

（94）西部的杧果，以及遍及全岛的天然 [椰子]、橡胶……

例（90）中"100 个椰子"是说"椰子（数量）100 个"，椰子的属性"数量"没有出现在句子中。"椰子或"是说"椰子"可以用的"连词"是"或"，属性"连词"没有出现在句子中。例（91）中"形状各异的椰子"是说"椰子形状各异"，椰子的属性"形状"直接出现在句中。与之相反，例（92）中"圆圆的椰子"是说"椰子（形状）圆圆的"，椰子的属性"形状"却没有出现在句中。例（93）是说"椰子（年产量）750 万个"，椰子的属性"年产（量）"在句中出现。例（94）中"西部的杧果"和"遍及全岛的天然椰子"是说"杧果/椰子（分布区）西部/遍及全岛"，杧果/椰子的属性"分布区"没有出现在句中。同样,"天然椰子"是说"椰子(品质)天然",椰子的属性"品质"没有出现在句中。总之,基于以上五例,根据 CCMO 和 SSWM,可分别提取椰子的六个属性:数量、连词、形状、年产量、分布区、品质。这就是我们从语料中抽取水果名词的属性义的基本操作方法。

8.3.2.3 水果名词的属性义知识本体

笔者的一个看法是,随着人类社会发展和人们认知水平的提高,尽管水果名词的属性义数目不易确定,但是也不可能无限多,应该有一个相对固定的数目。因为具体的属性义数目若无限多,人们就很难理解和掌握一个词,也很难灵活运用一个词。然而,就一个儿童来说,当其成长到一定的年龄阶段时,他对母语词汇的掌握和理解基本上达到了熟练的程度,组词造句的水平也是较高的。对此现象,我们的一个基本猜想就是,当人们成长到一定的阶段后,他们对词的属性义的掌握是较为全面的。这就说明,词的属性义的数目是相对可知的。人们对词义理解上的差异,主要体现在对与属性义相匹配的属性值义的理解不同。简而言之,水果名词的属性义是相对有限的,而与其相匹配的属性值义则是无限多的。自然语言中之所以有无限多的含有"杧果、椰子、苹果"等这样的句法组合结构,是因为与属性义相匹配的属性值义是无限多的。我们的研究目的之一,就是基于语料和经验,考察水果名词的属性义名称、数目以及属性义之间的认知关系(考察结果见表8-1),以佐证我们的"属性(义)相对有限而属性值(义)无限"的看法。

表 8-1 水果名词的属性义知识本体

上位属性义 (11 个)	下位属性义 (75 个)	对象是否有该属性 *			属性值 (举例)
		椰子	杧果	苹果	
量度	数量	+	+	+	一个
	重量	+	+	+	20 千克
	产量(年产量/总产量)	+	+	+	高
	面积(表面积/种植面积)	+	+	+	38 万亩

续表

上位属性义 （11 个）	下位属性义 （75 个）	对象是否有该属性 *			属性值 （举例）
		椰子	杧果	苹果	
量度	体积	+	+	+	最大的
	大小（个头）	+	+	+	大
	直径	+	−	+	30 厘米
	半径	#	−	+	15 厘米
	周长	#	−	+	90 厘米
	高度	+	#	+	20 米
	长度	+	#	+	一米多
	粗度	+	#	+	拦腰粗
	温度	+	#	+	冰凉
	物质/元素含量	+	+	+	丰富
	价格	+	+	+	1 元一个
	产值	#	+	+	高
	收入	#	+	+	不高
	出口额	+	+	+	8 亿美元
	销售量（经销量）	#	#	+	大
	年龄（树龄/存在时间）	+	#	+	老化的
类级	种类（品种/类别）	+	+	+	海
	落叶型类别	+	+	+	常绿乔木
	叶型类别	+	+	+	复叶
	花序类别	+	+	+	圆锥花序
	花性类别	+	+	+	雌性
	等级（级别）	+	+	+	普通
	界	+	+	+	植物界
	门	+	+	+	被子植物门
	纲	+	+	+	双子叶植物纲
	目	+	+	+	无患子目
	科	+	+	+	漆树科
	属	+	+	+	杧果属
	种	+	+	+	杧果种
材料	所含物质/元素类别	+	+	+	维生素

续表

上位属性义 （11个）	下位属性义 （75个）	对象是否有该属性 *			属性值 （举例）
		椰子	杧果	苹果	
结构	部件	+	+	+	壳
	是否有花	+	+	+	有
	是否有核	+	+	+	有核
	是否有汁	+	+	+	有
形貌	包装	#	+	+	金装
	长势	+	+	+	郁郁葱葱
	状貌（形状/形态/样貌）	+	+	+	伟岸
	颜色	+	+	+	绿绿的
性质	品格（风格）	+	#	+	蓬勃向上
	（中文/拉丁/英文）学名	+	+	+	椰子
	别称（又名）	+	+	+	闷果
	象征	+	+	+	海南文明
	雌雄同株	+	+	+	同株
	生命力	+	#	+	极强
	秉性（个性/性质）	+	+	+	独特
	味道	+	+	+	甘甜
功用	相关加工物	+	+	+	饮料
	功能（用途）	+	+	+	可以吃
	价值	+	+	+	食疗
	（作工具用时的）承载物	+	#	+	鱼翅汤
	冠名产品（作品牌名的产品）	+	+	+	罗汉汤碗
处置	后置动作（施动、行为）	+	+	+	落下
	前置动作（受动、处置）	+	+	+	包着
位置	产地（原产地/故乡/分布区）	+	+	+	海南文昌
	部位	+	+	+	里面
评价	是否多汁	+	−	+	多汁
	成熟度	#	+	+	半熟的
	新鲜度	+	+	+	刚下树的
	营养（度）	#	+	+	丰富
	知名度	+	+	+	著名的

续表

上位属性义 （11 个）	下位属性义 （75 个）	对象是否有该属性 *			属性值 （举例）
		椰子	杧果	苹果	
评价	真（假）	#	#	+	真
	有（无）毒	#	#	+	有
	口感	+	#	+	细腻
	畅销度	#	+	+	深受人们喜爱
关系	示例	+	+	+	例如
	并联者	+	+	+	茶叶
	（并列/选择）连词	+	+	+	和、或
	（前置）介词	+	+	+	在
	（前置）副词	#	#	+	仅
	属事	+	+	+	图案
	领事	+	+	+	菲律宾的

　　* ＋表示该对象具有该属性，－表示该对象不具备该属性，#表示语料考察中该对象无该属性，但实际上这是受语料所限，从认知的角度看，该对象可以具有该属性。表 8 - 2 中的标示符号的含义与本表同。

　　表 8 - 1 基本呈现了水果名词属性义的名称、数目和属性义之间的认知层级关系，佐证了"属性（义）相对有限而属性值（义）无限"的观点。需要指出的是，由于所用语料的数量有限，通过内省可以得到的属性义在语料中没有出现，比如"宽度、湿度、洁净度、利用率、进口额、保质期、保存期、手感"等这些属性义，名词"椰子、杧果、苹果"也是可以具有的，这仍然无法否定属性的相对有限性，因为和属性值义的数量相比，属性义的数量显然要少得多，也正是在这个意义上，我们才认为"属性（义）相对有限而属性值（义）无限"。而且通过内省得到的属性义也都可以归入 11 种上位概念的属性义。这也说明表 8 - 1 是一个相对完整的知识本体。

　　从语料中的词间语义关系分析得出的这 75 种下位概念的属性义可以进一步抽象概括为 11 种上位概念的属性义，它们是认知水果名词的初始视角。这 11 种上位属性义的含义分别是："量度"属性义是着眼于名词所指对象的所有可计量的精确或非精确的数量、度量等认知视角。"类级"属性义是着眼于名词所指对象的种类、等级等认知视角，包括整体的和局部的分等、分类等。"材料"属性义是着眼于名词所指对象的构成物质或元素等认知视角，包括抽象的或具体的物质或元素。"结构"属性义是着眼于名词所指对象的构造特征和组成部分等认知视角。"形貌"属性义是着眼于名词所指对象的形态、样貌等所有的外在可见的认知视角，也叫"外形"视角。"性质"属性义是着眼于名词所指对象的内在的不可直接看见的性状等认知视角，也叫"内神"视角。"功用"属性义是着眼于名词所指对象的功能、用途等认知视角。"处置"属性义是着眼于名词所指对象能够发出或承受的动作、行为等认知视角。"位置"属性义是着眼于名词所指对象的空间位置关系等认知视角。"评价"属性义是着眼于人们对名词所指对象的主观情感感受等认知视角。"关系"属性义是着眼于名词所指对象与其他对象相互作用和影响时的语义计算关系等认知视角。

8.3.3 面食名词的属性义知识本体构建

8.3.3.1 语料概况

面食名词是指表示面食名称的一类名词。面粉也可以当作面食食品，因为把面粉炒熟，也是可以直接吃的。另外，面粉是面食食品的主要原材料，跟"馒头"等面食名词关系密切。所以，我们也把面粉看作面食名词。我们以北京大学中国语言学研究中心现代汉语语料库为语料来源，检索到含有"馒头"（包括馍馍、窝窝头）的语料2190条，含有"包子"的语料1240条，含有"面条"的语料1480条，含有"油条"（包括油馍）的语料460条，含有"面粉"的语料2850条，含有"面包"的语料5921条，以上合计14141条。同时，在属性义抽取的过程中还参考了《现代汉语词典》和互联网的相关释义。在进行属性义抽取时，前后组合一样的语料属于重复语料，只算一次有效语料。

8.3.3.2 属性义的抽取方法

下面是语料库中的真实语例（为分析方便，只截取与目标词紧密相关的部分）。

（95）这白面［馒头］是用参汁和面，蒸出来的。

（96）一两［馒头］三毛，一两燕麦粥四毛，才多一毛钱。

（97）松软可口的［馒头］，香喷喷的大面包。

（98）干的［馒头］可以搓碎了放在肉馅里炸丸子。

（99）好像一个个安放在大地上的巨型［馒头］。

例（95）中"白面馒头"是说"馒头（材料）白面"，例（96）中"一两馒头三毛"是说"馒头（重量）一两，（价格）三毛"，例（97）中"松软可口的馒头"是说"馒头（口感）可口""馒头（硬度）松软"，例（98）中"干的馒头"是说"馒头（类别）干的"。以上四例中，"馒头"的属性"材料、重量、价格、口感、硬度、类别"都没有出现在句子中。与之相反，例（99）中"巨型馒头"是说"馒头型（样式）巨（大）"，"馒头"的属性"型"（样式）出现在了句中。总之，基于以上五例，根据词义球结构理论（SSWM）和认知组合性词义观（CCMO），可分别提取馒头的 7 个属性：材料、重量、价格、口感、硬度、类别、样式。这就是我们从语料中抽取面食名词的属性义的基本操作方法。据此方法，一共抽得面食名词的属性义 96 个，这 96 个下位属性义可以分属 11 类上位概念的初始属性义（见表 8 - 2）。

8.3.3.3 面食名词的属性义知识本体

按照水果名词的属性义知识本体的构建思路和方法，同为事物名词的面食名词的属性义知识本体可以构建如下（见表 8 - 2）。

表 8 - 2 面食名词的属性义知识本体

上位属性义（11 个）	下位属性义（96 个）	对象是否有该属性						属性值（举例）
		面条	油条	馒头	面包	面粉	包子	
量度	数量	+	+	+	+	+	+	一个
	指量	+	+	+	+	+	+	这个
	重量	+	+	+	+	+	+	20 斤
	体积	#	#	#	#	+	#	比水大
	产量/产能	+	+	+	+	+	+	高

上位属性义（11 个）	下位属性义（96 个）	对象是否有该属性						属性值（举例）
		面条	油条	馒头	面包	面粉	包子	
量度	供应量	+	+	+	+	+	+	充足
	需求量	+	+	+	+	+	+	大
	微量元素含量	+	+	+	+	+	#	丰富
	含沙量	−	−	−	−	+	−	0. 02%
	保质期／保存期	+	+	+	+	+	+	90 天
	湿度／水分	+	−	+	+	+	#	干燥
	大小	−	#	+	+	−	+	大
	长度	+	+	−	+	−	−	长
	细度	+	+	−	−	+	−	细
	厚度	+	#	−	+	+	−	厚
	硬度	#	#	+	+	−	+	硬
	温度	+	+	+	+	+	+	凉
	首现时间	#	#	#	+	+	#	3500 年前
	规格	+	#	#	+	+	#	800 克
	价值／总金额	+	+	+	+	+	+	三百多元
	价格	+	+	+	+	+	+	每包 9 元
类级	种类／品种	+	+	+	+	+	+	繁多
	类别	+	#	+	+	+	+	洋
	级别	+	+	#	+	+	#	一级
	型号	+	−	+	+	+	+	微型
	样品／样本	+	+	+	+	+	+	真实
	档次／等级	−	+	#	+	+	#	高
	品牌	+	#	+	+	+	#	云腿
材料	组成成分	+	#	+	+	+	#	面粉
	馅	−	−	−	+	−	+	韭菜
	掺和物	+	+	+	+	+	+	奶油
	强化剂／添加剂	+	+	+	+	+	+	维生素
	配方／秘方	#	+	+	+	#	+	祖传
	原材料	+	+	+	+	+	+	荞麦

续表

上位属性义 （11 个）	下位属性义 （96 个）	对象是否有该属性						属性值 （举例）
		面条	油条	馒头	面包	面粉	包子	
结构	部件	#	#	+	+	#	+	皮
	部位	+	+	+	+	+	+	中间
	表面	+	+	+	+	+	+	光滑
形貌	形貌	+	+	+	+	#	+	难看
	形态	+	+	+	+	#	+	焦的
	形状	+	+	+	+	+	+	圆形
	造型	+	+	+	+	#	+	金蟾
	同形物	#	#	+	+	#	+	车
	变形物/派生物	+	+	+	+	+	+	棍
	样式	#	+	+	+	−	+	法式
	纹理	#	+	+	+	−	#	清晰
	包装	+	+	+	+	+	+	精美
	颜色	+	+	+	+	+	+	白
性质	喻词	+	+	+	+	+	+	像
	象征	#	#	+	+	#	#	自由
	起源	#	#	#	+	#	#	扁饼
	质地	+	+	+	+	−	#	酥脆
	质量/品质	+	+	+	+	+	#	合格
	卫生度/干净度	+	+	+	+	+	+	不卫生
	毒性	#	+	#	#	+	#	有
	口感	+	+	+	+	#	+	滑软
	味道	+	+	+	+	+	+	香甜
功用	功能	+	+	+	+	+	+	保健
	适用对象	#	+	#	+	#	+	儿童
	用途	#	#	+	+	+	#	供品
处置	后置动作	+	+	+	+	+	+	掉
	前置动作	+	+	+	+	+	+	吃
	制作者	+	+	+	+	+	+	师傅
	管理单位	+	+	+	+	+	#	办
	销售者	+	+	+	+	+	+	不法分子

续表

上位属性义 （11个）	下位属性义 （96个）	对象是否有该属性						属性值 （举例）
		面条	油条	馒头	面包	面粉	包子	
处置	制法	+	+	+	+	+	+	手工
	吃法	+	+	+	+	+	+	蘸酱
	生产工艺/生产线	+	#	+	+	+	#	先进
	销售状况	+	+	+	+	+	+	很旺
	销售方法	+	+	+	+	+	+	零售
	促销方法	#	#	#	+	+	#	广告
	经营方式	+	#	+	+	+	#	中外合资
	制作工具	+	+	+	+	+	+	机器
	储存方法	+	+	+	+	+	+	避光
	承载工具	+	+	+	+	+	+	盘子
位置	国别	#	+	+	+	+	#	法国
	产地	+	#	+	+	+	+	天津
	加工场合	+	+	+	+	+	+	坊
	销售场合	+	+	+	+	+	+	店
	储存地	+	#	#	+	+	#	冰箱
	来源	+	#	+	+	+	#	进口
评价	熟度	+	+	+	+	+	+	快熟的
	稀度	+	−	−	−	−	−	稀稀的
	新鲜度	+	+	+	+	+	+	发霉
	筋度	+	+	#	#	−	#	高筋
	白度	+	#	+	#	+	#	高
	知名度	+	+	+	+	+	+	很有名
	畅销度	+	+	+	+	+	+	畅销
关系	英译	+	#	#	+	#	#	bread
	示例	+	+	+	+	+	+	例如
	并联者	+	+	+	+	+	+	稀饭
	并列/选择连词	+	+	+	+	+	+	和/或
	替选者	+	+	+	+	+	+	咸菜
	前置/后置介词	+	+	+	+	+	+	对于/从

续表

上位属性义 （11 个）	下位属性义 （96 个）	对象是否有该属性						属性值 （举例）
		面条	油条	馒头	面包	面粉	包子	
关系	前置/后置副词	+	+	+	+	+	+	仅仅/就
	属事	+	+	+	+	+	+	酵母
	领事	+	#	#	+	#	+	总统

表 8 - 2 中的 11 种上位概念的属性义的术语内涵和表 8 - 1 中的术语内涵相同。

8.3.4 动词"喝"的属性义知识本体构建

8.3.4.1 语料概况

和传统的研究方法相比，利用基于语料库的大数据信息来考察动词的句法语义特征，是一种更可信、更科学、更有优势的方法，据此得出的结论也更接近语言事实。我们基于北京大学中国语言学研究中心现代汉语语料库，根据动词"喝"的实际用法，考察"喝"与句子中其他跟"喝"直接语义相关的词之间的词义球结构关系，分析抽取动词"喝"的属性义知识。所用的语料一共有 42083 条。

8.3.4.2 属性义的抽取方法

下面是语料库中的真实语例（为分析方便，只截取与目标词紧密相关的部分）。

（100）他［喝］了两杯啤酒。

（101）他能［喝］得过所有的人，从没有人看见他［喝］醉过。

（102）猛［喝］一口。

（103）没有机会［喝］。

（104）免费［喝］。

例（100）中的"他喝"是说"喝的施事是他"，喝的属性"施事"没有出现在句子中。"喝了"是说"喝的动态是现在完成"，喝的属性"动态"

没有出现在句子中。"喝（两杯）啤酒"是说"喝的受事是啤酒"，喝的属性"受事"没有出现在句子中。例（101）中的"能喝"是说"喝的可能性是能"，喝的属性"可能性"没有出现在句子中。"喝得过"是说"喝的可能结果是'得过'（可以取胜）"，相反的可能结果则是"不过（不能取胜）"，喝的属性"可能结果"没有出现在句子中。"喝醉过"是说"喝的实际结果是醉过"，喝的属性"实际结果"没有出现在句子中。例（102）中的"猛喝"是说"喝的力度猛"，喝的属性"力度"没有出现在句子中。"喝一口"是说"喝的受事的量是一口"，喝的属性"受事的量"没有出现在句子中。例（103）中的"没有机会喝"是说"喝的机会是没有"，喝的属性"机会"出现在了句子中。例（104）中的"免费喝"是说"喝的费用免除"，喝的属性"费（用）"出现在了句子中。

总之，根据动词"喝"与其他相关成分的语义直接相关这一基本原则，我们从上述五例中分别抽取得到了"施事、动态、受事、可能性、可能结果、实际结果、力度、受事的量、机会、费用"等10种属性。

8.3.4.3 动词"喝"的属性义知识本体

按照以上的具体抽取方法，在4万多条语料中，我们一共得到了动词"喝"的69种下位属性义（具体见表8-3）。

表8-3 动词"喝"的属性义知识本体

上位属性义 （10种）	下位属性义 （69种）	句法组合（举例）	属性值（举例）
行动元	施事元	我喝	我、谁
	受事元	喝水	水
	数量施事元	三个喝	三个、一班
	数量受事元	喝半斤	半斤、一口
状态元	施事定地点	在咖啡馆喝	（在）咖啡馆、哪里
	施事起地点	从家里开始喝	（从）家里（开始）、哪里
	施事终地点	到门口喝/喝到门口	（到）门口、哪里
	受事起地点	从碗里喝	（从）碗里
	受事终地点	喝到肚子里	（到/在）肚子里

续表

上位属性义 （10 种）	下位属性义 （69 种）	句法组合（举例）	属性值（举例）
状态元	路径元	经过嘴巴喝	（经过）嘴巴
	共事元	跟朋友一起喝	（跟/和/同/与）朋友（一起）
	受益元	奖励我喝	（让/给/叫/奖）我
	受损元	罚我喝	（让/给/叫/罚）我
	比较元	比老师喝得/喝得比老师	（比）老师
	工具元	杯子喝/喝纸杯	（用）杯子
	关事元	喝坏了胃/胃喝坏了	眼、头、肚子、胃
态向	动态	喝着/即将喝	着、了、过、即将、将要
	趋向	喝下去	下去、进、出
情景	天气	湿冷的天气喝	湿冷的天气、
	时节	夏季喝	夏季、国庆节、端午
	场合/场景/氛围/环境	暗地里喝	人多的地方、昏黄的灯光下、暗地里、当面
	声音	咕嘟咕嘟地喝	咕嘟咕嘟地
	施事的情态/状貌	不停地喝	不停地、一杯接一杯地、高兴地、高兴了、站着、尽管、只管、专门、特意、滥、不滥
法则	费用来源	自费喝	自费、免费、公款、借钱
	办法	没办法喝	没（有）
	方式	泡水喝	泡水、蹭、一气、骗、（按）养生法、怎么、怎样
	方法	空腹喝	空腹
	习惯	习惯站着喝/喝（水）习惯站着	站着
	规则	按时喝	按时、按件、破例、按照规则、照样、照旧、碰杯、交杯
度量	力度/程度	猛喝	猛、狂、深深地、往死里、拼命、大、小、大大、稍许、稍微、大口、稍微、稍稍
	范围	喝遍/遍喝	遍
	动量	喝一次	一次、多、少
	难易度	难以喝	便于、难于、难以、易于

续表

上位属性义 （10 种）	下位属性义 （69 种）	句法组合（举例）	属性值（举例）
度量	速度	慢慢喝	慢慢、一下子、快速
	频率/频次	经常喝	经常、天天、光、净、一天三次、一天一杯
	次序	第一次喝	第一次、最后一次、先、再
	重叠	喝喝	喝、一喝、了又喝、了喝、了一喝
	连动	端起来喝	端起来、打开、来
	相关量的配比	两口喝一瓶	两口一瓶，一分钱一杯水、一瓶三个人
	时长	一直喝/喝半小时	半小时、一直、从头到尾、
	发生时间	到八点喝	20 分钟前、现在、（到）八点、（在）八点、平常、结婚
	结束时点（后置）	喝到八点	（到）八点
	动作发生前后	喝前/喝之后	后、之后、前、之前、
因果	实际结果	喝醉	醉、完、死、干、破、红了眼
	可能结果	喝得醉	得起、不起
	理由/根由	不宜喝	适宜
	原因	渴了喝	渴了
目的	目的	为健康喝	为养生、为健康、解渴
评价	真假/虚实	真喝	空、假
	价值	毫无意义地喝	毫无意义、珍贵、值得
	是否允许	不准喝	不准、让
	疑问	喝吗	吗、吧
	强调性肯定	的确喝	的确、确实、一定、是、只
	否定	不喝	不、没、别
	强调性否定	一定不喝	一定不
	待定	不一定喝	不一定
	机会	没有机会喝	没有、适当的
	可能性	能喝/喝得/喝不得	能、能够、会、可、可能、可以、得以；喝得、喝不得

续表

上位属性义 （10种）	下位属性义 （69种）	句法组合（举例）	属性值（举例）
评价	必要性	应该喝	急需、极需、应、应该、应当、该、当、须得、犯得着、犯不着、还得
	必然性	必然喝	必然、理当、当然
	意愿性	愿意喝	愿意、乐意、情愿、肯、要、愿、想要、要想、敢、敢于、乐于
	施事心理	想喝	想、爱、怕、不愁、舍不得、不习惯、习惯
	施事感觉/口感	好喝	好、难、寡淡地
关系	词类（词性）	动词喝	动词
	名物化/名词化	喝的、所喝、所喝的	的、所
	计算依存者	也喝（依存其他的某个动作）	也、又
	计算并列者	喝和/和喝	和、跟、同、与
	计算可选者	喝或/或者喝	或者、或、还是
	计算结果	喝得（烂醉如泥）	得、至、掉

表8-3说明，从语料中的词间语义关系分析得出的69种下位概念的属性义可以进一步抽象概括为10种上位概念的属性义，它们是认知动词"喝"的初始视角。这10种上位属性义的含义分别是："行动元"属性义是指从句子中与动词相关的施事和受事等主要语义成分出发的认知视角；"状态元"属性义是指从句子中与动词相关的非施事、非受事等次要语义成分出发的认知视角；"态向"属性义是指从动词的动态和趋向等语义成分出发的认知视角；"情景"属性义是指从动作发生的自然和社会环境以及参与者的情貌等语义成分出发的认知视角；"法则"属性义是指从动作发生的方式、方法、规则和要求等语义成分出发的认知视角；"度量"属性义是指从动作本身及其相关联的可以计算和度量的语义成分出发的认知视角；"因果"属性义是指从动作发生的原因和结果等语义成分出发的认知视角；"目的"属性义是指从动作发生的目的、目标等语义成分出发的认知视角；"评价"属性义是指从有关动作本身及其相关联的主观评价性

质的语义成分出发的认知视角;"关系"属性义是指从动词的词类归属和其他由虚词体现的句法语义运算关系出发的认知视角。

此外需要指出的是,动词"喝"的属性义知识本体和其论元结构体系有相同的地方,但是在构建的细化程度上,前者比后者更细致,因为我们构建的属性义知识本体在描写的颗粒度上更精细,这是笔者坚持了邻现组合的描写原则和基于具体用法来抽取词义知识的基本理念的结果。

8.4   词的属性义知识本体的基本功能

通过上述水果名词、面食名词和动词"喝"的属性义知识本体的描写与构建,我们发现一个很值得深思的现象:在语料库中,与具体用例的数目相比,相关对象词的属性义的种数是很少的。水果名词的用例 5188 条,属性义的种数只有 75 种,属性义种数和用例数之比为 1:69;面食名词的用例 14141 条,属性义的种数也只有 96 种,属性义种数和用例数之比为 1:147;动词"喝"的用例 42083 条,属性义的种数也只有 69 种,属性义种数和用例数之比为 1:610。这些统计数据对我们很有启发。

我们知道,随着人类社会发展和认知水平的提高,尽管对象词的属性义种数不易确定,但是也不可能无限多,应该有一个相对固定的数目。我们的描写实践也表明,上述三类对象词的属性义的数目都没有超过 100 种,是一个相对固定的数目。因为具体的属性义数目若无限多,人们就很难理解和掌握,也很难运用一个词。我们知道,当儿童成长到一定年龄段时,他们对母语词汇的掌握和理解基本上达到了熟练的程度,组词造句的水平也比较高。对此现象,笔者猜想:当人们成长到一定阶段后,他们对词的属性义的掌握是较为全面的。这说明,与无限多的属性值义相比,对象词的属性义的数目是相对可知的。成年以后,人们运用语言的能力主要体现在对属性值义的探索上。人们对词义理解上的差异,主要体现在对与属性义相匹配的属性值义的不同理解上。

需要特别提及的是,尽管属性义的种数相对较少、相对有限,但是与属性义相匹配的属性值义的数目却很多。自然语言中之所以有无限多的含有某种对象词的句法组合结构（具体语言用例），是因为与属性义相匹配的属性值义是无限多的。非常多的具体用例之所以彼此不同，大多是因为同一个属性义所赋予的值不同。也就是说，同一个属性义可以赋予不同的属性值义，这是造成句子多样性和语义信息多样性的关键因素。我们知道，以简驭繁是人脑认知世界的基本方法。在认知过程中具有桥梁作用的属性义的数目相对有限，这应该也是人脑组织认知经验的基础，具有普遍性。这些有限的属性义构成属性义知识本体，成为人们认知世界的本体知识。换句话说，在语言的认知组合过程中，属性义是相对有限的，相对可知的，是基础性的底层知识；而属性值义是相对无限的，相对未知的，是需要通过属性义的关联才能获取的表层知识。总之，以有限关联无限，以可知关联未知，以一个对象词为始发点，给其不同的属性义赋予不同的属性值义，或者给其同一个属性义赋予不同的属性值义，这就是属性义在获取词义的认知过程中所具有的语义关联机制和桥梁作用，也是句子生成和理解的基本机制。

本章对象词的属性义知识本体的构建实践，可以说明一个基本结论：词的属性义是一个（相对）封闭、数目（相对）有限的集合，而与之相匹配的属性值义在理论上则是一个开放的、数目无限的集合。属性义的相对有限说明以词汇为基础的语言是可以掌握的。与词的属性义相匹配的属性值义具有无限性和开放性，则说明语言具有丰富性和强大的使用功能。

对象词的属性义知识本体的基本功能或者价值，主要有以下五点。

第一，对象词的属性义知识本体彰显了词义球结构三要素在句法结构生成与理解过程中的不同作用和地位。对象义是认知过程的起始点，也是前提条件；属性义是认知过程的桥梁纽带，也是关节点，具有基础性的关联作用；属性值义是认知过程的结果，也是认知活动的归宿点。

第二，对象词的属性义知识本体呈现了词义球结构的属性义和属性值义要素在具体的语言用例中的数量占比状况。属性义的数目相对较少，也是相对有限和封闭的，这反映了人类通过语言来认知世界是可能的。属性值义的数目很多，也是相对无限和开放的，这反映了人类通过语言来认知世界所获取的认知结果是丰富多彩、多种多样的。

第三，对象词的属性义知识本体呈现了各个对象词在语言交际中的实际存在和运用状况，提供了人们理解和使用对象词所需的知识和思维路径，显示了对象名词的物性结构和对象动词的动性结构，展现了人们认知对象名词和对象动词的认知机制，有助于人们提高语言表达和理解能力。

第四，对象词的属性义知识本体提供了建设词义知识资源的路径和方法，为建设面向自然语言处理的更大范围的对象词的属性义知识本体提供了示范，也为句法结构和文本语义的计算机分析提供了基础性的语义知识资源。

第五，对象词的属性义知识本体构建，为进一步编纂"类书"和"类义"性质的对象名词或对象动词的属性义知识词典奠定了基础。后续研究中，我们将在大规模的属性义知识描写的基础上，尝试编纂"类书"和"类义"性质的词义知识词典。

8.5　小结与感想

21 世纪以来，词汇语义学与知识本体的关系越来越受到语言学界的重视。词汇的意义结构如何描写以及如何表征词汇语义，一直以来都是语言学和 NLP 领域的一个基础性问题。目前，语言学界较为看重的是从词间关系来抽取和表征词义。Burgess 和 Lund（1997，1999）提出了超空间模拟语言（Hyperspace Analogue to Language，HAL）理论，认为自然语言素材中词与词之间的关系提供了足够的语义信息，可通过对大量的语言素材进行加工，从词与词在句中共现的概率以及邻现组合的关系中提取语义语法范畴等语义知识。

20 世纪 50 年代后，依存语法和配价理论、句法－语义界面理论、框架语义学、联结主义理论、生成词库理论等相继兴起，这些理论的一个共同点是：都从词间组合的角度关注了词汇语义的内部构成，关注了词汇语义结构和句法组合结构的映射关系问题，为立足于词汇语义构建语言知识本体奠定了基础。上述理论给笔者的启示是：词义体现于句法组合，跟认知密切相关。词义结构跟句法组合结构有规律性的映射关系，知其义须观其伴，观其伴可知其义。笔者提出词义球结构理论（SSWM）和认知组合性词义观（CCMO），也是关注并重视了词间组合的语义关系的结果，词间组合的语义关系对词汇语义学和知识本体研究具有重要的指导意义。在笔者看来，词义球结构的三要素之间具有认知语义关联关系，其中属性义是起桥梁纽带作用的因素。就某一个语义范畴（领域）的对象词来说，其属性义的具体类别、上位属性义、下位属性义、各属性义之间的概念关联等，都是人们认知该领域的对象词的词义及其句法特征的重要的本体论性质的知识。

句法组合结构之中的词间语义关系既体现于共现的语义信息，也体现于非共现的语义信息。这是因为人类的知识信息尽管是通过与世界的直接接触获得的，但当人们做判断时，一定使用了大量的非共现信息。词与词的组合共现，的确可以说明两个词语间的语义信息，但是这些信息的获取，其实是跟那些不共现的词语（比如属性义词）密切相关的。就对象词的词义球结构扩展来说，其属性义词多数情况下不出现于句法结构的表层，往往不跟对象义词和属性值义词共现，少数情况下也可共现。我们认为，句法组合结构中大部分词的属性义就是非共现信息，对理解句子的意思来说，把握这些属性义词是至关重要的。

1983 年由美国麻省理工学院（MIT）出版社出版的《语义学与认知》（*Semantics and Cognition*）一书，是 Jackendoff 对语法和词汇所表达的概念结构进行长期探索的成果。该书被誉为首次在词汇语义学理论和知觉以及认知理论之间架起一座具体可行的桥梁，其核心思想是认为概念结构的形式跟句法结构比较一致，人类的知识系统涉及人类对外部世界的分类和对外部世界实体的认识，涉及人类对实体属性的认识以及实体和实体之间的关系的认识，因此人类的语言结构和"概念结构""外部世界""知识系统"等都是对应的。很显然，这种观点更符合人们的直觉。我们提出的词义球结构理论（SSWM）及认知组合性词义观（CCMO），也坚持认为认知结构、词义结构、句法结构和信息结构等都是同构的，词义是最精密的语法，句法结构的生成是词义球结构要素赋值扩展的结果，这些思想观点在直觉上也都更容易接受。

第 9 章

总结与展望

9.1　基本总结

词义内容以规则化和结构化的方式呈现，词义结构在某种意义上就是词义内容。词义内容和词义结构当然可以分开讨论，但是这并不影响二者之间内在的一致性。词义和语言信息关系密切，词义结构体现着信息结构。同时，词义和人类的认知也关系密切，词义结构也同样体现着人类的认知结构。

我们把词义结构看成一个由三元组〈对象义，属性义，属性值义〉构成的结构化、规则化的球型结构。词义三要素构成一个结构体，承载着词义的内容。词义结构的三要素可以具体赋值，丰富着词义的内容，也显示着词义在语言信息生成与接受过程中具有极大的张力和功能。词义结构之所以和信息结构同构，是因为在词义结构和信息结构之间，有人类的认知结构，而认知是信息生成的母体，是信息生成与接受的原始动力。词义是人类认知成果的基础性体现，人类的认知实践活动，只有取得一定的认知成果，才算是有效的认知实践活动，而体现承载这些认知成果的基础性单位就是词义，因此，词义结构和认知结构也具有天然的同构关系。从某种意义上说，信息可以看作人类的认知成果。这样一来，词义结构、认知结构、信息结构三者就具有内在的一致性，是天然的同构关系。例如，从认知的角度来说，汉语的"馒头"是一个认知对象，认知这个对象需要从不同的属性出发，获取与属性相匹配的属性值。属性（比如"颜色、味道、材料、含水量、洁净度、作用"等属性）发掘得越多，人们就能越全面地认知这个对象；与属性相匹配的属性值（比如与颜色属性相匹配的"白色、黄色、巧克力色"等属性值）获取的越多，人们就越能深刻地认知这个对象。认知实践活动过程中的对象、属性、属性值，这三个要素就构成了认知结构〈对象，属性，属性值〉。当我们把包含认知结果的整个认知实践活动过程用语言符号的形式记录下来时，"馒头"一词就诞生了。说词义结构是认知结构向语言符号投射的结果，具有合理性，也符合人们的直觉。当一个认知对象确定时，关于这个认知对象的很多知识都是不确定的，这时就需要消除有关这个对象的不确定性因素，从而获取这个对象的信息。给一个认知对象寻找属性，给找到的属性匹配相关的属性值，这都是在消除这个认知对象的不确定性因素，以确保这个认知对象的信息呈现出来。从这个角度来说，认知结构和信息结构就具有内在的一致性，也是天然的同构关系。总之，通过认知结构的关联，词义结构、认知结构、信息结构这三者就具有内在的一致性，是天然的同构关系。这是我们构建词义球结构理论（SSWM）时坚守的理论前提和基本原则。

另外，词义是语义的基础性核心要素，也是语言信息生成与接受过程中的基础性单位，它在语言系统中处于基础性的核心地位。或者说，词义是最精密的语法，是句义的基础性核心要素，它制约着句法结构和句法语义的生成与理解。词义结构和句法结构也具有天然的同构关系，词义球结构三要素的具体赋值可以导致词义球结构的扩展，而词义球结构的扩展最终导致句法结构的生成。因此，词义结构是句法结构生成的 DNA，是句法结构生成的基因，是句法结构生成的蓝图，它以自身结构要素的赋值扩展发出构建指令，来构建句法结构。这是我们对词义影响句法的基本看法，也是句法－语义界面理论的基本精神和价值追求。总之，我们构建词义球结构理论（SSWM）时，始终坚持"词义结构、认知结构、信息结构、句法结构"具有内在的一致性，这也符合人们在认知实践、语言表达与理解、信息生成与接受过程中的直觉。

基于词义和认知、句法的密切关系，我们提出了认知组合性词义观

（CCMO）。词义是什么？如何理解词义？这本身就是一个很棘手的问题。对这个问题，历史上有两种重要的解决方法。一种是"词典释义"，就是传统的词典对词的释义。这种方法从静态的角度力争全面罗列一个词的不同义项，并试图厘清各个义项之间的演变关系。另外一种是"随文释义"，就是传统的古书注解对词语的释义。这种方法从动态的角度出发，依据具体的一段话或前后文，对某个难懂的词语或句子做出解释。现代文中的一些词语注释，也属于这种"随文释义"的范畴。这两种方法都是基于实践和应用的理念，对词义的具体内容进行解释说明，帮助人们理解和使用词语。无论是"词典释义"还是"随文释义"，都对词义本身的系统性、生成与接受机制、与其他要素比如句法之间的关系缺乏解释说明，这两种方法的共同点都是就词义和为词义而研究词义，对词义在语义和句法中的重要作用认识不足，缺乏宏观的抽象和概括，没有一个合理的词义观，因而无法更本质地认识词义。笔者吸收前人研究词义的有益经验，从认知和句法组合的角度出发，挖掘词义的认知特性和句法组合特性，提出了认知组合性词义观（CCMO）。通过认知组合性词义观（CCMO）来观察词义，词义就是一个开放的知识集，这个知识集通过词间句法组合来具体呈现。词间句法组合的实质是词义球结构三要素的组合匹配，而词义球结构三要素的组合匹配的实质是认知结构过程的投射。这样一来，词义结构、句法结构、认知结构就具有了内在的一致性，而认知组合性词义观（CCMO）就是这种一致性的体现。

语言学界一般认为，划分词类的目的是讲语法，词类属于语法范畴，这种认识有其价值。但是我们认为，把词类限定在语法范畴，为了讲语法而划分词类，这样的目的过于简单，这样的思维过于狭隘和保守。这样做的后果是人为割裂了语法和语义的关系，画地为牢，不能充分发挥词类在语言系统和认知系统中的应有作用。我们应该把词类划分和认知实践联系起来，把词类划分和语义范畴联系起来，因为词类和认知实践、语义计算都具有密切的关系。我们知道，词是人类认知实践的基础性承载单位，认知又和语义关系密切，而语义又是语言的核心，语义对语法具有制约和决定作用，所以词类的划分应该考虑认知、语义、语法等因素，方能发挥词类划分应有的作用，也才能体现语言系统和认知系统的内在一致性。我们根据词义球结构理论（SSWM）和认知组合性词义观（CCMO），把词分为"对象词、属性词、属性值词"三类，并且对不同的词进行了详细的词义球结构描写。这种三分法的词类划分，吸收了古汉语中实词和虚词二分的合理因素，也吸收了现代汉语中名词、动词、形容词、数词、量词、代词、副词、介词、助词、连词、拟声词、叹词等细分的合理因素，同时考虑了笔者着力为认知结构、词义结构、信息结构、句法结构等提供统一的结构单位的目的。对象词、属性词、属性值词这三类词可以互相组合构成多种具有内在一致性的结构，可以表达认知结构、词义结构、信息结构、句法结构等多领域、多范畴的结构类别，也体现了认知、词义、信息和句法之间的界面关系。换句话说，我们的词类三分法，目的多样，功能强大，系统性强，术语简单，能够对认知结构、词义结构、信息结构、句法结构做出统一解释。

词义球结构理论（SSWM）是面向句法 – 语义界面的词义理论，它强调了词义在语言系统中具有基础性的地位和作用。该理论的突出特点是把词义看成最精密的语法，深度挖掘词义蕴含的句法特征，认为词义对句法的影响是基础性的，并且说明了词义影响句法的具体机制。词义球结构的扩展导致句法结构的生成，或者说，一个句法结构的生成，是词义球结构要素赋值扩展的结果。简言之，词义球结构要素的赋值扩展就是句子生成的机制。词义球结构可以右向扩展，句子也就可以右向生成；词义球结构可以左向扩展，句子也就可以左向生成。

词义球结构理论（SSWM）不仅对词义的表达与理解有指导作用，而且对词义的新生也具有较强的解释力。

首先，词义的表达与理解是词义的使用问题，词义球结构理论（SSWM）对如何使用词义具有较好的指导作用。一般而言，人们使用一个词，核心的问题是使用这个词的词义，词义球结构理论（SSWM）给人们使用词义提供了一个可以操作的路径和方法。这个路径和方法就是根据一个词义球结构要素，去寻找与之匹配的另外两个词义球结构要素，寻找的驱动力来源于认知结构完整性的内在要求。寻找所得的结果需要展现，展现的方式就是词义球结构要素的匹配组合，这种匹配组合是词义球结构要素具体赋值以后的词和词之间的组合。所谓词义球结构要素的具体赋值，实质上就是词义球结构要素（对象义、属性义、属性值义）的词汇化，就是用一个词来表示词义球结构的某个要素。由此可见，词义的使用跟词和词的语义匹配组合关系密切，跟词和词的句法组合关系也很密切。在词义球结构理论（SSWM）指导下，词义的使用可以依靠显性的句法组合形式，词义使用的可操作性较强。

其次，词义的新生是词义发展演变的问题。词义的新生现象，主要是指词的意义由单义发展为多义这一现象，也包括通常所说的词义的扩大、缩小、转移等现象。词义球结构理论（SSWM）可以较好地解释词义新生的认知动因、路径和机制。词义新生（同义，反义，词义的扩大、缩小、转移）的最主要原因是认知对象的属性义以及与之相匹配的属性值义都具有多样性，人们可以从不同的属性出发去表达和接受认知对象，从而得到与不同的属性义相匹配的不同的属性值义，甚至得到与同一个属性义相匹配的不同的属性值义。此外，词义的新生也受制于获取属性义与属性值义时的多种制约因素，比如时代特征、文化背景、思维能力、生产力水平、个人喜好等因素都可能影响人们获得属性义与属性值义。但不管怎么样，词义球结构理论（SSWM）以及认知组合性词义观（CCMO），给人们理解和把握词义新生现象提供了系统的理论指导，使得词义新生现象得到了新的、较好的解释。

除了上述对词义新生现象的解释以外，词义球结构理论（SSWM）的实践性应用还体现在句法结构的生成和属性义知识本体的构建方面。我们尝试用词义球结构理论（SSWM）解释了句法结构生成的机制，邱庆山（2014c）解释了句法结构的歧义和多义问题，阐释了词的蕴涵义对句法的影响，概括了句法－语义界面的基本对接原则。在词义球结构理论（SSWM）和认知组合性词义观（CCMO）指导下，我们通过大规模语料库，基于具体用法，描写构建了事物名词的属性义知识本体和动词的属性义知识本体。这说明，词义球结构理论（SSWM）和认知组合性词义观（CCMO），在词义（语义）知识教学、属性义知识词典编纂、大规模语义知识资源建设等方面都具有应用价值。

　　词义球结构理论（SSWM）是词义理论，也是语义理论，有其区别于其他词义理论的特征。邱庆山（2014c：90～95）曾把词义球结构的基本特性概括为8种，分别是基础性、抽象性、动态性、模糊性、多样性、递归性、简约性、显隐性。这些特性不仅说明了词义球结构理论（SSWM）本身的特性，也说明了词义球结构理论（SSWM）跟其他词义理论的不同之处。在美国语言学家Jackendoff看来，一种词义理论或者语义理论，至少应该具备充分性、普遍性、组合性、解释性的特征。比照Jackendoff的论述，我们认为，作为一种词义（语义）理论，词义球结构理论（SSWM）也具有这些特性。

　　第一，充分性，是指一种词义（语义）理论能够区分各种不同的语义。词义球结构理论（SSWM）把已有的词义知识进行了全新的概括，区分了三种性质的词义，分别是对象义（对象指示义、对象蕴涵义）、属性义（属性指示义、属性蕴涵义）、属性值义（属性值指示义、属性值蕴涵义）。已有的被普遍接受的词义知识很多，比如词义分为概念意义（理性意义）和附属意义的知识，利奇（Leech）把词义分为概念（理性）意义、联想意义（内涵意义、社会意义、情感意义、反映意义、搭配意义）、主题意义的知识，等等，经过词义球结构理论（SSWM）的新概括，从新的角度构建了一种词义理论。

　　第二，普遍性，是指一种词义（语义）理论能够体现不同语言的语义结构共性。词义球结构理论（SSWM）基于认知和信息结构，把词义结构看作认知结构向语言符号投射的结构，认知结构、词义结构、信息结构三者具有内在的一致性，这种一致性导致了词义球结构理论（SSWM）具有普遍性特征。同时，对象、属性、属性值这三要素可以匹配组合构成认知结构、词义结构、信息结构，这种匹配组合的机制在不同的民族和语言中也具有普遍性。美国数学家、信息论之父香农（Shannon）认为，信息就是用来消除不确定的东西。我们寻找一个词的属性义以及与之相匹配的属性值义，实质上也是消除对象的不确定性，对象的不确定性消除，词义信息也就产生了。

　　第三，组合性，是指一种词义（语义）理论能够说明词义组合成句子意义的原则。词义球结构理论（SSWM）坚持词义组合成句的原则，认为词义球结构要素的赋值扩展可以导致句法结构的生成，句法结构生成是词义球结构扩展的结果。而且词义球结构理论（SSWM）也是在认知组合性词义观（CCMO）的指导下诞生的。此外，词义球结构理论（SSWM）也是解决句法－语义界面问题的一种词义（语义）理论，旨在说明词义是如何影响句法、词义的哪一部分影响句法、词义为什么可以被看作最精密的语法。总之，词义球结构理论（SSWM）具有强组合性特征。

　　第四，解释性，是指一种词义（语义）理论能够对同义、反义等语义特性做出解释。词义球结构理论（SSWM）不仅能够从新的视角解释同义、反义、词义演变、词义新生等词义现象，而且能够从新的视角对语法以及语法和语义之间的界面关系做出解释。在词义球结构理论（SSWM）看来，同义、反义等语义特性，实质上是词义的属性义。比如当我们考察"美丽"的词义时，"同义词"就可以成为"美丽"的一个属性义，与该属性义相匹配的属性值义就有很多，例如"漂亮、靓丽、娇美"等，都可以是"美丽"的同义词。同理，当我们考察"美丽"的反义词时，"反义词"就是"美丽"的一个属性义，与该属性义相匹配的属性值义也有很多，例如"丑恶、丑陋、难看"等，都可以是"美丽"的"反义词"。总之，词义球结构理论（SSWM）具有较强的解释性特征。

　　第五，认知性。除了上述四个特性以外，我们认为词义球结构理论（SSWM）还具有鲜明的认知特性。一方面，与词义球结构相比，认知结构是更加内化于人脑的基础性结构，词义球结构可以看作认知结构向语言符号（词）投射的结果，具有鲜明的认知特性；另一方面，词义球结构理论（SSWM）有助于词义的认知与获取，可以指导人们去获取词义（语义）信息，去更深刻更全面地掌握词义（语义），认知机制和词义的生成与理解机制具有内在的一致性。

　　总之，我们在已有相关研究的基础上，结合新的思考，系统阐述了词义球结构理论（SSWM）和认知组合性词义观（CCMO）的内涵，概括出了词义球结构理论的 13 种特征（基础性、抽象性、动态性、模糊性、多样性、递归性、简约性、显隐性、充分性、普遍性、组合性、解释性、认知性)，初步构建了词类三分的新体系，全面描写了不同词类的词义球结构模型，详细说明了词义球结构扩展与句子生成机制之间的关系。简而言之，词义球就像一个鸡蛋，有蛋壳、蛋清和蛋黄，只要遇到合适的温度，就能孵出小鸡来。鸡蛋的蛋壳、蛋清和蛋黄，喻指词义球的对象义、属性义、属性值义；外在的蛋壳喻指词义球结构的指示义层，内在的蛋清和蛋黄则喻指词义球结构的蕴涵义层；鸡蛋遇到合适的温度，喻指词义球结构三要素获得合适的语义赋值；鸡蛋能孵出小鸡来，喻指词义球结构三要素赋值扩展以后能生出句子来。此外，本书也对词义球结构理论（SSWM）的相关实践性问题进行了探索。

9.2 研究展望

尽管词义（语义）研究具有挑战性，但是很有意思。本书在词义观、词义结构理论以及相关实践方面进行了探索。为了进一步完善词义球结构理论（SSWM），充分发挥词义球结构在理论和实践上的价值，以下四个方面的问题值得我们继续研究。

第一，词义球结构理论（SSWM）可以有效地解释句法结构形式本身的组合生成机制问题，句法结构中词和词的邻现组合实际上可以看作词义球结构的赋值扩展。这是句子本身的构建问题。但是，一个句子能否顺利进入语言运用，进而展现其交际功能，除了句法结构本身的因素以外，还必须考虑句法结构本体之外的一些因素，比如句子交际运用时的背景、句子表达的情感、句子的言外之意等，这些因素都制约着句子的生成活力和运用是否合法、合理、合情。这些因素跟词义球结构之间的关系如何？或者说，词义球结构理论（SSWM）发挥作用的边界在哪？词义球结构理论（SSWM）对句法结构本体之外的一些因素是否有效？这些问题也是我们今后继续思考的方向。

第二，词义球结构理论（SSWM）与汉语词类新体系的构建，也是我们今后继续思考的方向。本书中，我们按照词义球结构的三要素，初步三分汉语词类为对象词、属性词、属性值词。这是一个初步的尝试，诸多细节、理据和价值都需要进一步阐释。

第三，大规模同类词语的属性义知识本体构建，也是我们今后进一步研究的方向。本书示范性地描写构建了部分名词和动词的属性义知识本体，案例数量偏少，未来我们将扩大范围，改进属性义的抽取方法，深化完善属性义知识本体建设，为自然语言信息处理提供更多的词义（语义）知识资源。

第四，尝试编纂积极的属性义知识词典。属性义知识词典属于积极的语义词典，编纂的指导思想就是以"大词库、小语法"为特征的词汇主义语言学。所谓"大词库、小语法"指的就是"以词汇中包含的信息作为语法信息的来源"（冯志伟，1994：57）。我们知道，20世纪90年代，乔姆斯基的转换生成语法发展到最简方案，"大词库、小语法"的语言学思想获得了语言学界的普遍认可。在这一语言学思想的指引下，词汇主义语言学理论迅猛发展，语言描写以句法规则为中心转向以词汇描写为中心，一度也出现了强词汇主义思想。笔者也认为，词汇（词义）在语言中居于基础性的核心地位，我们应该以词汇（词义）为抓手，以语言要素的界面理论为指导思想，深入推进语言学及相关学科的研究。在现代语言学研究中，词汇（词义）的价值应该被充分肯定，因为词汇（词义）携带了大量的语言信息，是最精密的语法。语法能力是重要的基础性语言能力，从词汇语义中获取语法信息，从而提高语法能力和语言能力，这也是现代语言学中词汇主义语言学所着力追求的路径和方法。词汇、词义、词库的地位越来越重要了。我们知道，对语言单位的分类和释义描写是理论语言学研究的重要特征，这其中最核心的单位就是词，以词为核心产生了一系列的概念，比如"聚合体""语法范畴""词汇意义""语义场""搭配""句法功能"等都跟"词"关联起来。自20世纪50年代以后，语言学中"词"的概念内涵明显扩大了。除了词汇意义外，词的搭配、交际功能和语用因素等都被纳入词义学（语义学）的研究范围之中。编纂属性义知识词典，应该立足于句法-语义界面理论，挖掘词义蕴涵的句法信息和句法个性特征，给予人们提高语言运用能力所需的本体知识。换句话说，我们编纂的属性义知识词典，应该属于"积极词典"的范畴。我们知道，历史上的词典一般都是作为答疑解惑的指南而产生的，属于"消极词典"，因为那时的词典结构是从语法形式到表达内容，词典主要解释语法形式的意义，其功能是帮助人们理解文本的意义，是静态的语义知识的传递。而"积极词典"的结构则是从表达内容到语法形式，即从需要表达的意义到表达该意义的可能手段，传递的是语言能力和语言运用的相关知识。总之，我们尝试编纂的属性义知识词典，从面向自然语言处理来说，是形式化的计算机可共享的语义知识词典（词库）；从面向一般读者来说，其功能和目的就是教会人们"说"和"写"，提高人们语言结构形式的构建和运用能力。

参考文献

曹炜，1994，《汉语词义的显性理据和潜性理据》，《沈阳师范学院学报》（社会科学版）第 2 期。

曹炜，2001，《现代汉语词义学》，学林出版社。

岑运强，1994，《语义场和义素分析再探》，《福建外语》第 C_2 期。

陈昌来，1998，《汉语语义结构中工具成分的性质》，《世界汉语教学》第 2 期。

陈昌来，2003，《现代汉语语义平面问题研究》，学林出版社。

陈承泽，1922/1982，《国文法草创》，商务印书馆。

陈宁萍，1987，《现代汉语名词类的扩大——现代汉语动词和名词分界线的考察》，《中国语文》第 5 期。

陈群秀，1998，《一个在线义类词库：词网 WordNet》，《语言文字应用》第 2 期。

陈群秀，2000，《现代汉语名词槽关系系统研究初步进展》，《语言文字应用》第 1 期。

程琪龙，2006，《概念框架和认知》，上海外语教育出版社。

储泽祥，2000，《名词及其相关结构研究》，湖南人民出版社。

储泽祥，2002，《汉语联合短语研究》，湖南大学出版社。

〔比〕德克·吉拉兹，2013，《欧美词汇语义学理论》，李葆嘉等译，世界图书出版公司。

丁声树等，1961，《现代汉语语法讲话》，商务印书馆。

董为光，2004，《汉语词义发展基本类型》，华中科技大学出版社。

董振东，1998，《语义关系的表达和知识系统的建造》，《语言文字应用》第
　　3 期。

〔美〕Eve E. Sweetser，1990/2002，《从语源学到语用学：语义结构的隐喻
　　和文化内涵》（英文版），北京大学出版社。

范晓，1996，《三个平面的语法观》，北京语言学院出版社。

范晓，2003，《说语义成分》，《汉语学习》第 2 期。

方立、吴平，2003，《中心语驱动短语结构语法评介》，《语言教学与研究》
　　第 5 期。

方绪军，2000，《现代汉语实词》，华东师范大学出版社。

〔美〕菲尔墨，1968/1979，《"格"辨》，胡明扬译，商务印书馆。

〔美〕菲尔墨，1982/2003，《框架语义学》，詹卫东译，《语言学论丛》（第 27
　　辑），商务印书馆。

冯奇，2007，《核心句的词语搭配研究》，复旦大学出版社。

冯文贺、姬东鸿，2010，《命题库：分析与展望》，《外语电化教学》第 136 期。

冯志伟，1994，《自然语言机器翻译新论》，语文出版社。

冯志伟，1996，《自然语言的计算机处理》，上海外语教育出版社。

冯志伟，2006，《从格语法到框架网络》，《解放军外国语学院学报》第
　　3 期。

〔美〕弗罗姆金、〔美〕罗德曼，《语言导论》，1994，沈家煊译，北京语
　　言学院出版社。

符淮青，1988，《构成成分分析和词的释义》，《辞书研究》第 1 期。

符淮青，1996，《词义的分析和描写》，语文出版社。

符淮青，1998，《词义单位的划分》，《汉语学习》第 4 期。

傅爱平，2004，《黏合式名词短语结构关系的考察和分析》，《中国语文》
　　第 6 期。

高名凯，1957，《汉语语法论》（修订本），科学出版社。

高明乐，2004，《题元角色的句法实现》，中国社会科学出版社。

葛本仪主编，2003，《汉语词汇学》，山东大学出版社。

顾阳，1994，《论元结构理论介绍》，《国外语言学》第 1 期。

顾阳、沈阳，2001，《汉语合成复合词的构造过程》，《中国语文》第 1 期。

郭锐，1993，《汉语动词的过程结构》，《中国语文》第 6 期。

郭锐，2002，《现代汉语词类研究》，商务印书馆。

郭先珍，2002，《现代汉语量词用法词典》，语文出版社。

〔英〕哈特曼、斯托克，1981，《语言与语言学词典》，黄长著等译，上海
　　辞书出版社。

何英玉编，2005，《语义学》，上海外语教育出版社。

贺阳，1996，《性质形容词作状语情况的考察》，《语文研究》第 1 期。

洪成玉，1996，《词的义层》，《首都师范大学学报》（社会科学版）第 1 期。

洪嘉馡、黄居仁，2012，《以汉字知识本体为出发的汉字教学系统》，《第
　　十三届汉语词汇语义学研讨会论文集》，武汉大学计算机学院语言与
　　信息研究中心。

胡附，1984，《数词和量词》，上海教育出版社。

胡明扬，1994，《语义语法范畴》，《汉语学习》第 1 期。

胡明扬，1995，《现代汉语词类问题考察》，《中国语文》第 5 期。

胡明扬主编，1996，《词类问题考察》，北京语言文化大学出版社。

胡明扬主编，2004，《词类问题考察续集》，北京语言文化大学出版社。

黄伯荣、廖序东主编，2007，《现代汉语》，高等教育出版社。

黄锦章，1997，《汉语格系统研究——从功能主义的角度看》，上海财经大
　　学出版社。

黄居仁、李逸薇，2013，《知识的系统与知识系统的建构：知识本体语言
　　科学整合研究》，《当代语言学》第 3 期。

黄居仁等，2013，《汉字所表达的知识系统：意符为基本概念导向的事件
　　结构》，《当代语言学》第 3 期。

黄曾阳，1998，《HNC（概念层次网络）理论——计算机理解语言研究的
　　新思路》，清华大学出版社。

〔德〕J. G. 赫尔德著，1772/1998，《论语言的起源》，姚小平译，商务印
　　书馆。

贾彦德，1997，《对现代汉语语义格的认识与划分》，《语文研究》第 3 期。

贾彦德，1999，《汉语语义学》（修订版），北京大学出版社。

蒋本蓉，2008，《"意思—文本"模式的词库理论与词库建设》，博士学位论文，黑龙江大学。

〔英〕杰弗里·利奇，1987，《语义学》，李瑞华等译，上海外语教育出版社。

黎锦熙，1924/1992，《新著国语文法》，商务印书馆。

李葆嘉，2007，《语义语法学导论：基于汉语个性和语言共性的建构》，中华书局。

李葆嘉，2008，《中国转型语法学：基于欧美模板与汉语类型的沉思》，南京师范大学出版社。

李福印，2006，《语义学概论》，北京大学出版社。

李晋霞，2002，《现代汉语定中"V 双 + N 双"结构研究》，博士学位论文，中国社会科学院研究生院。

李临定，1990，《现代汉语动词》，中国社会科学出版社。

李宇明，1996，《非谓形容词的词类地位》，《中国语文》第 1 期。

李宇明，2000，《汉语量范畴研究》，华中师范大学出版社。

李裕德，1990，《词语搭配是相应义素的协同》，《语文建设》第 4 期。

林榕，2001，《认知、语境与词语内涵意义》，《外语与外语教学》第 11 期。

林杏光，1999，《词汇语义与计算语言学》，语文出版社。

林杏光、鲁川，1997，《汉语句子语义平面的主客观信息研究》，《汉语学习》第 3 期。

刘春卉，2008，《现代汉语属性范畴研究》，巴蜀书社。

刘海涛，2009，《依存语法的理论与实践》，科学出版社。

刘继超，1996，《试论词义的客观性和主观性》，《西北师范大学学报》（社会科学版）第 3 期。

刘叔新，1993，《语义学和词汇学新探》，天津人民出版社。

刘顺，2003，《现代汉语名词的多视角研究》，学林出版社。

刘顺，2005，《句模结构中的强制性语义角色》，《南京社会科学》第 6 期。

刘晓林，2004，《也谈不及物动词带宾语的问题》，《外国语》第 1 期。

卢植编著，2006，《认知与语言——认知语言学引论》，上海外语教育出版社。

鲁川，1992，《谓词框架说略》，《汉语学习》第 4 期。

鲁川，2000，《语义的先决性·句法的强制性·语用的选定性》，《汉语学习》第 3 期。

鲁川，2001，《汉语语法的意合网络》，商务印书馆。

陆俭明，2001，《陆俭明选集》，东北师范大学出版社。

陆俭明，2004，《词的具体意义对句子意思理解的影响》，《汉语学习》第 2 期。

陆俭明，2006，《句法语义接口问题》，《外国语》第 3 期。

陆俭明，2009，《构式与意象图式》，《北京大学学报》（哲学社会科学版）第 3 期。

吕叔湘，1979，《汉语语法分析问题》，商务印书馆。

吕叔湘，1980，《语文常谈》，生活·读书·新知三联书店。

吕叔湘，1986，《汉语句法的灵活性》，《中国语文》第 1 期。

吕叔湘，1942/2002，《中国文法要略》，辽宁教育出版社。

吕叔湘、饶长溶，1981，《试论非谓形容词》，《中国语文》第 2 期。

吕叔湘等著，马庆株编，2003，《语法研究入门》，商务印书馆。

马建忠，1898/1983，《马氏文通》，商务印书馆。

马清华，2006，《语义的多维研究》，语文出版社。

马庆株，1988，《自主动词和非自主动词》，《中国语言学报》第 3 期。

马庆株，1990，《数词、量词的语义成分和数量结构的语法功能》，《中国语文》第 3 期。

马庆株，1991，《顺序义对体词语法功能的影响》，《中国语言学报》第 4 期。

马庆株，1998a，《汉语语义语法范畴问题》，北京语言文化大学出版社。

马庆株，1998b，《结构、语义、表达研究琐议——从相对义、绝对义谈起》，《中国语文》第 3 期。

马庆株，2002，《著名中年语言学家自选集·马庆株卷》，安徽教育出版社。

马真、陆俭明，1996，《"名词＋动词"词语串浅析》，《中国语文》第
　　3 期。

梅家驹、高蕴琦，1990，《语义形式化的研究》，《外国语》第 5 期。

梅家驹等编，1996，《同义词词林》，上海辞书出版社。

宁春岩，2000，《关于意义内在论》，《外语教学与研究》（外国语文双月
　　刊）第 4 期。

牛宝义主编，2007，《认知语言学理论与实践》，河南大学出版社。

〔英〕P. H. Matthews，2006，《牛津英汉双解语言学词典》，杨信彰译，上
　　海外语教育出版社。

彭玉海，2008，《理论语义学研究》，黑龙江人民出版社。

齐沪扬，1990，《论区别词的范围》，《华东师范大学学报》（哲学社会科学
　　版）第 2 期。

齐沪扬等，2004，《与名词动词相关的短语研究》，北京语言大学出版社。

〔美〕乔姆斯基，1986，《句法理论的若干问题》，黄长著等译，中国社会
　　科学出版社。

邱庆山，2010，《基于句法－语义界面的现代汉语词义研究》，博士学位论
　　文，武汉大学。

邱庆山，2012，《汉语词义的接受模式初探》，《湖北大学学报》（哲学社会
　　科学版）第 6 期。

邱庆山，2014a，《基于 CCMO 的现代汉语介词词义结构描写》，《计算机工
　　程与应用》第 6 期。

邱庆山，2014b，《汉语性范畴在词义结构中的地位及其对句法的影响》，
　　《湖北师范学院学报》（哲学社会科学版）第 5 期。

邱庆山，2014c，《基于句法—词义界面的现代汉语实词词义研究》，中国
　　社会科学出版社。

邱庆山，2015，《"裸"类同素词语的意义生成与接受模式研究》，《语言科
　　学》第 3 期。

〔波兰〕沙夫，1979，《语义学引论》，罗兰、周易译，商务印书馆。

邵敬敏，1996，《"语义价""句法向"及其相互关系》，《汉语学习》第

4 期。

邵敬敏，1997，《从"才"看语义与句法的相互制约关系》，《汉语学习》第 3 期。

邵敬敏，1998，《句法结构中的语义研究》，北京语言文化大学出版社。

邵敬敏，2000，《汉语语法的立体研究》，商务印书馆。

沈园，2007，《句法－语义界面研究》，上海教育出版社。

石安石，1993，《语义论》，商务印书馆。

石安石，1994，《语义研究》，语文出版社。

石定栩，2002，《乔姆斯基的形式句法——历史进程与最新理论》，北京语言文化大学出版社。

石毓智，2000，《语法的认知语义基础》，江西教育出版社。

石毓智，2001a，《肯定和否定的对称与不对称》，北京语言文化大学出版社。

石毓智，2001b，《表物体形状的量词的认知基础》，《语言教学与研究》第 1 期。

石毓智，2006，《语法的概念基础》，上海外语教育出版社。

束定芳编著，2008，《认知语义学》，上海外语教育出版社。

宋春阳，2005，《面向信息处理的现代汉语"名＋名"逻辑语义研究》，学林出版社。

宋作艳，2011，《生成词库理论的最新发展》，《语言学论丛》第 44 期。

苏新春，1997，《汉语词义学》，广东教育出版社。

孙即祥等，2002，《现代模式识别》，国防科技大学出版社。

孙良明，1982，《词义和释义》，湖北人民出版社。

〔瑞士〕索绪尔，1982，《普通语言学教程》，高名凯译，商务印书馆。

〔美〕Sweetser, Eve. E, 1990/2002，《从语源学到语用学：语义结构的隐喻和文化内涵》（英文版），北京大学出版社。

〔美〕Shalom Lappin 主编，2001, *The Handbook of Contemporary Semantic Theory*. 外语教学与研究出版社。

唐超群，1990，《动宾式合成词研究》，《华中师范大学学报》（人文社会科学版）第 2 期。

陶红印，2000，《从"吃"看动词论元结构的动态特征》，《语言研究》第 3 期。

〔英〕托马斯·霍布斯，1975，《论物体》，北京大学哲学系外国哲学史教研室编译，商务印书馆。

王冬梅，2001，《现代汉语动名互转的认知研究》，博士学位论文，中国社会科学院研究生院。

王红斌，2004，《语义图式、语义空位、语义提取》，《南开语言学刊》第 1 期。

王惠，2004，《现代汉语名词词义组合分析》，北京大学出版社。

王珏，2001，《现代汉语名词研究》，华东师范大学出版社。

王力，1943/1985，《中国现代语法》，商务印书馆。

王力，1957，《汉语语法纲要》，上海新知识出版社。

王玲玲，1994，《格语法及其在汉语研究中的应用——"信息处理用语言理论讲话"第三讲》，《语言文字应用》第 4 期。

王淑华、凌飞，2010，《动词的内涵意义与外延意义——兼论汉语语法中的"名物化"与"名动词"》，《武汉理工大学学报》（社会科学版）第 5 期。

王希杰，1995，《关于词义的层次性问题的思索》，《汉语学习》第 3 期。

王希杰，2003a，《词语和论域》，《扬州大学学报》（人文社会科学版）第 5 期。

王希杰，2003b，《词语和视点》，《语言教学与研究》第 2 期。

王霞，2011，《汉语是如何表达序数范畴的》，博士学位论文，华中师范大学。

王寅编著，2006，《认知语法概论》，上海外语教育出版社。

卫乃兴，2001，《词语搭配的界定与研究体系》，上海交通大学出版社。

温宾利编著，2002，《当代句法学导论》，外语教学与研究出版社。

文炼，1982，《词语之间的搭配》，《中国语文》第 2 期。

文贞惠，1999，《"N1（的）N2"偏正结构中 N1 与 N2 之间语义关系的鉴定》，《语文研究》第 3 期。

吴平，2002，《计算语言学中语义表达的基本问题》，《外语与外语教学》第 6 期。

伍谦光，1991，《语义学导论》（第 2 版），湖南教育出版社。

伍铁平，1994，《论词义、词的客观所指和构词理据——语义学中命名理据的一章》，《现代外语》第 1 期。

肖平，1993，《论语义分析的心理模型理论》，《东北师大学报》（哲学社会科学版）第 6 期。

邢福义、汪国胜主编，2003，《现代汉语》，华中师范大学出版社。

邢福义，1986，《语法问题探讨集》，湖北教育出版社。

邢福义，1995，《语法问题思索集》，北京语言学院出版社。

邢福义，1996，《汉语语法学》，东北师范大学出版社。

邢福义、汪国胜，2003，《现代汉语》，华中师范大学出版社。

邢公畹，1978，《词语搭配问题是不是语法问题?》，《安徽师范大学学报》（哲学社会科学版）第 4 期。

熊焰，2005，《"裸捐"语义的迅速变更》，《修辞学习》第 2 期。

徐烈炯，1988，《生成语法理论》，上海外语教育出版社。

徐烈炯，1995，《语义学》（修订本），语文出版社。

徐烈炯，1996，《汉语语义研究的空白地带》，《中国语文》第 4 期。

徐烈炯，2009，《生成语法理论：标准理论到最简方案》，上海教育出版社。

徐烈炯、沈阳，1998，《题元理论与汉语配价问题》，《当代语言学》第 3 期。

徐盛桓，1993，《论词义的包含关系》，《华南师范大学学报》（社会科学版）第 3 期。

徐通锵，1994，《"字"和汉语的句法结构》，《世界汉语教学》第 2 期。

徐通锵，1997，《有定性范畴和语言的语法研究——语义句法再议》，《语言研究》第 1 期。

徐通锵，1998，《中西语言学的结合应以"字"的研究为基础》，《语言文字应用》第 1 期。

徐通锵，1999，《"字"和汉语语义句法的生成机制》，《语言文字应用》第 1 期。

徐通锵，2001，《"字"和汉语语义句法的基本结构原理》，《语言文字应用》第 1 期。

徐文红，2001，《"吃"＋N 的特征分析》，《东南大学学报》（哲学社会科学版）第 3 期。

徐志民，2008，《欧美语义学导论》，复旦大学出版社。

薛恩奎，2006，《词汇语义量化研究》，黑龙江人民出版社。

薛玲，1988，《词语意义超常实现的制约》，《安徽师范大学学报》（人文社会科学版）第 4 期。

〔古希腊〕亚里士多德，1959，《范畴篇》，方书春译，商务印书馆。

杨树达，1930/1984，《高等国文法》，商务印书馆。

姚振武，2000，《指称与陈述的兼容性与引申问题》，《中国语文》第 6 期。

叶侨健，1995，《系统哲学探源——亚里士多德"四因说"新透视》，《中山大学学报》（社会科学版）第 4 期。

于水源、杜利民，2002，《GL 理论与汉语词意网络》，《黑龙江大学自然科学学报》第 4 期。

俞士汶等，2003，《现代汉语语法信息词典详解》（第二版），清华大学出版社。

袁毓林，1992，《现代汉语名词的配价研究》，《中国社会科学》第 3 期。

袁毓林，1994，《一价名词的认知研究》，《中国语文》第 4 期。

袁毓林，1995，《词类范畴的家族相似性》，《中国社会科学》第 1 期。

袁毓林，1998a，《汉语动词的配价研究》，江西教育出版社。

袁毓林，1998b，《语言的认知研究与计算分析》，北京大学出版社。

袁毓林，2002，《论元角色的层级关系和语义特征》，《世界汉语教学》第 3 期。

袁毓林，2004，《论元结构和句式结构互动的动因、机制和条件——表达精细化对动词配价和句式构造的影响》，《语言研究》第 4 期。

袁毓林，2008，《基于认知的汉语计算语言学研究》，北京大学出版社。

袁毓林，2013，《基于生成词库论和论元结构理论的语义知识体系研究》，《中文信息学报》第 6 期。

袁毓林，2014，《汉语名词物性结构的描写体系和运用案例》，《当代语言学》第 1 期。

詹人凤，1997，《现代汉语语义学》，商务印书馆。

詹卫东，2004，《论元结构与句式变换》，《中国语文》第 3 期。

张爱朴，2011，《"配价语法"等于"依存语法"吗?》，《中国科技语》第 6 期。

张伯江，1993，《"N 的 V"结构的构成》，《中国语文》第 4 期。

张伯江，1994，《领属结构的语义构成》，《语言教学与研究》第 2 期。

张国宪，1994，《有关汉语配价的几个理论问题》，《汉语学习》第 4 期。

张国宪，1997，《"V 双 + N 双"短语的理解因素》，《中国语文》第 3 期。

张建理，2000，《词义场·语义场·语义框架》，《浙江大学学报》（人文社会科学版）第 3 期。

张今，1997，《思想模块假说——我的语言生成观》，河南大学出版社。

张黎，1994，《文化的深层选择——汉语意合语法论》，吉林教育出版社。

张敏，1998，《认知语言学与汉语名词短语》，中国社会科学出版社。

张庆旭，1996，《汉语述语动词框架分类及其语义限制》，《汉语学习》第 3 期。

张寿康、林杏光主编，1996，《现代汉语实词搭配词典》，商务印书馆。

张维鼎，2007，《意义与认知范畴化》，四川大学出版社。

张卫国，1996，《三种定语、三类意义及三个槽位》，《中国人民大学学报》第 4 期。

张秀松、张爱玲，2009，《生成词库论简介》，《当代语言学》第 3 期。

张亚军，1999，《语义配价及其认知基础》，《扬州大学学报》（人文社会科学版）第 1 期。

张亚军，2002，《副词与限定描状功能》，安徽教育出版社。

张谊生，2000，《现代汉语副词研究》，学林出版社。

张谊生，2004，《现代汉语副词探索》，学林出版社。

张志毅、张庆云，2001，《词汇语义学》，商务印书馆。

章士钊，1907，《中等国文典》，商务印书馆。

赵翠莲、李绍山，2006，《多义词心理表征之争——各派分歧、理论背景及实验支持》，《外国语》第 6 期。

赵世举，2005，《汉语研究管见录》，湖北人民出版社。

赵世举主编，2006，《词汇学理论与应用》（第 3 辑），商务印书馆。

赵世举，2007，《对外汉语教学词汇主导法刍议》，《长江学术》第 3 期。

赵世举，2008，《试论词汇语义对语法的决定作用》，《武汉大学学报》（人文科学版）第 2 期。

赵世举，2012，《关于词义的再认识——基于语义 - 语法接口的词义观》，《中国语言学报》第 15 辑，商务印书馆。

郑定欧，1999，《词汇语法理论与汉语句法研究》，北京语言文化大学出版社。

郑红明，1997，《论词义的倾偏性》，《扬州大学学报》（人文社会科学版）第 4 期。

中国社会科学院语言研究所现代汉语研究室编，1987，《句型和动词》，语文出版社。

周光庆，2003，《词义的召唤性与训诂的创造性》，《华中师范大学学报》（人文社会科学版）第 4 期。

周国光，1990，《关系集合名词及其判断句》，《语言教学与研究》第 2 期。

周国光，2002，《现代汉语的语义属性系统》，《世界汉语教学》第 2 期。

周国光，2004，《现代汉语词汇学导论》，广东教育出版社。

周启强、谢晓明，2009，《认知词汇语义学的主要理论及其运用》，《外语学刊》第 3 期。

朱德熙，1982，《语法讲义》，商务印书馆。

朱景松，1992，《与工具成分有关的几种句法格式：兼谈加工制作义动词"价"的分析》，《安徽师大学报》（人文社会科学版）第 3 期。

朱景松，2002，《形容词能动意义的确定和提取》，《语言教学与研究》第 3 期。

朱晓亚、范晓，1999，《二价动作动词形成的基干句模》，《语言教学与研究》第 1 期。

Beth Levin and Malka Rappaport Hovav. 1998. "Morphology and Lexical Semantics," In Spencer, A. and Zwicky, A. (eds.), *The Handbook of Morphology*. Oxford: Blackwell.

Beth Levin. 1993. *English Verb Classes and Alternations: A Preliminary Investigation*. University of Chicago Press.

Beth Levin. and Malka Rappaport Hovav. 1995. *Unaccusativity: At the Syntax-Lexical Semantic Interface*. Cambridge, MA: the MIT Press.

Burgess, C. and Lund, K. 1997. "Modelling Parsing Constraints with High-dimensional Context Space." *Language and Cognitive Processes*, 12.

Burgess, C. and Lund, K. 1999. "The Dynamics of Meaning in Memory." In E. Dietrich and A. Markman, eds., *Cognitive Dynamics: Conceptual and Representational Change in Humans and Machines*. Mahwah, NJ: Erlbaum.

Carter, R. 1976. *Some Linking Regularities in English*. Paris: University de Vincennes.

Croft, W. 1991. *Syntactic Categories and Grammatical Relations*. Chicago, IL: University of Chicago Press.

Croft, W. 1998. "Event Structure in Argument Linking." In Butt, M. and Geuder, W. (eds.), *The Projection of Arguments*. Stanford, CA: CSLI.

Fellbaum, C. 1997. "A review: The Generative Lexicon by James Pustejovsky." *Language* 73, 3.

Fillmore, C. J. 1968. "The case for case." In Bach, E. and Harms, R. T. (eds.), *Universals in Linguistic Theory*. New York: Holt, Rinehart and Winston.

Fillmore, C. J. 1970. "The Grammar of Hitting and Breaking." In Jacobs, R. and Rosenbaum, P. (eds.), *Readings in English Transformational Grammar*. Washington, D. C.: Georgetown University Press.

Grimshaw, J. 1993/2005. "Semantic Structure and Semantic Content in Lexical Representation." In Grimshaw, J. (ed.), *Words and Structure. Stanford*, CA: CSLI Publications.

Gruber, J. 1965. *Studies in Lexical Relations*. Doctoral Dissertation. Cambridge,

MA: the MIT Press.

J. R. Firth. 1957. "A Synopsis of Linguistics Theory 1930 – 1955," In *Studies in Linguistic Analysis*, *Philogyical Society*, Oxford.

Lakoff, G. & M. Johnson. 1980. *Metaphors We Live By*, Chicago and London: University of Chicago Press.

Levin, B. and Rappaport, M. H. 1996. " Lexical Semantics and Syntactic Structure. " In Lappin, S. (ed.), *The Handbook of Contemporary Semantic Theory*. Oxford: Blackwell.

M. A. K. Halliday. 1961. *Categories of the Theory of Grammar*, Word, 17 (2), 241 – 292.

Neches R, Fikes RE, Gruber TR, etal. 1991. "Enabling Technology for knowledge Sharing. " *AI Magazine*, 12 (3).

Pesetsky, D. 1995. *Zero syntax: Experiencers and Cascades*. Cambridge, MA: the MIT Press.

Pinker, S. 1989. *Learnability and Cognition: the Acquisition of Argument Structure*. Cambridge, MA: the MIT Press.

Pustejovsky, J. 1995. *The Generative Lexicon*. Cambridge, MA: the MIT Press.

Pustejovsky, J. 2006. "Type Theory and Lexical Decomposition. " *Journal of Cognitive Science* 6.

Ray S. Jackendoff. 1976. "Toward an Explanatory Semantic Representation. " *Linguistic Inquiry* 7.

Ray S. Jackendoff. 1983. *Semantics and Cognition*. Cambridge, MA: the MIT Press.

Ray S. Jackendoff. 1990. *Semantic Structures*. Cambridge, MA: the MIT Press.

Ronald Langacker. 1999. *Grammar and Conceptualization*. Berlin: Mouton de Gruyter.

Rozwadowska, B. 1988. "Thematic Restrictions on Derived Nominals. " In Wilkins, W. (eds.), *Syntax and Semantics* 21: *Thematic Relations*. San Diego, CA: Academic Press.

R. Studer, V. R. Benjiamins, D. Fensel. 1998. "Knowledge Engineering: Principle and Methods. " *IEEE Transactions on Data and Knowledge Engineering* 25.

Shalon Lappin. 1996. ed. *The Handbook of Contemporary Semantic Theory*. Oxford: Blackwell.

Talmy, L. 2000. *Toward a Cognitive Semantics*. Cambridge: the MIT Press.

T. R. Gruber. 1993. "A Translation Approach to Portable Ontologies. " *Knowledge Acquisition*. 5 (2).

Vendler, Z. 1957, "Verbs and times. " *The Philosophical Review* 46.

Wasow, T. 1985, *Postscript to Lectures on Contemporary Syntactic Theories: an Introduction to Government-Binding Theory, Generalized Phrase Structure Grammar, and Lexical-Functional Grammar*. Stanford, CA: CSLI.

后 记

　　1961 年，英国语言学家韩礼德（M. A. K. Halliday）提出 Lexis as most delicate grammar（词汇是最精密的语法）的观点，并称其为"the grammarian's dream"（语法家之梦）。"词汇是最精密的语法"实质上可以转换表述为"词义是最精密的语法"，因为词义是词的基础性的核心要素，词义结构本身蕴涵着最精密的语法。我们知道，语言学界一直都存在两种不同性质的词义观。一种词义观认为，词义与语法代表两种不同的形式模型，二者不仅有量的差别，而且还有质的不同。另一种词义观认为，词义和语法之间并无明显的分界点，是同一连续统的两端，是不同视角中的同一种现象，二者有量的差别但无质的不同，词义是最精密的语法。这两种词义观，都有很多学者在坚持，我是赞同后者的，后者也体现了韩礼德"语法家之梦"的基本内涵。在某种意义上说，拙著详细阐述的认知组合性词义观和词义球结构理论，也可以看作对"词义是最精密的语法"这个观点的一种解读和论证。

　　2012 年，我以本人的博士学位论文《基于句法－语义界面的现代汉语词义研究》为题申报了国家社科基金青年项目，有幸获准立项。立项之后，我就想着对博士学位论文进行修订，然后以修订的版本结项。但是在研究和修订博士学位论文的过程中，随着阅读思考的广度和深度增大和加深，一些新的想法和新的实践逐渐增多，再加上我当年撰写博士学位论文时被暂时放下的一些想法，以及论文答辩会上答辩专家苏宝荣教授、苏新春教授、刘宝俊教授、卢烈红教授、萧红教授等对我未来进一步研究的期许，使我深深感觉到仅凭单纯的学位论文修订，已经无法较好地合一处理这些新问题、新想法、新实践。因为我发现，就挖掘词义蕴涵的句法信息和句法特征这个研究工作来说，句法－语义界面理论只是其中的一个背景理论，其他像生成词库理论、框架语义学、认知语义学、依存语法、形式句法理论等语言学思想都对挖掘词义蕴涵的句法信息和句法特征有很大的帮助，也必然成为我立论的理论基础和理论背景。因此，对博士学位论文的修订就要考虑更加深广的理论背景，而不仅仅只是句法－语义界面这一个理论。此外，我的博士学位论文只考察了实词中的动词、名词（属性名词、非属性名词）、形容词、数量词等词类，但是在后续的研究过程中，我发现虚词和其他实词的词义也同样影响句法，而且虚词对句法的建构和影响是更高层次的句法行为，虚词对句法结构的控制力比实词更强大。显然，虚词和其他实词词义蕴涵的句法信息和句法特征也应该引起我们足够的关注。因此，对博士学位论文的修订也要考虑更大范围的词类的词义球结构描写问题。再者，我的博士学位论文在词义球结构理论的实践上，只考察了词的梯级范畴、领属范畴、数范畴和性范畴等蕴涵义对句法的影响，理论的实践范围偏小。因此，对博士学位论文的修订也要考虑词义球结构理论在更大范围和更深层次的实践拓展和加深问题。有鉴于此，我决定在保留博士学位论文原貌的基础上适当修改并更名为《基于句法－词义界面的现代汉语实词词义研究》先行出版，而把新的理论思考和新的实践探索，以一种更加完善的结构体系，形成具有总结和提高性质的终期成果。本书《词义球结构的理论与实践》就是 2012 年度国家社会科学基金项目（12CYY057）的最终成果，也是我十多年专注于新词义观和词义结构描写的阶段性成果。和我的博士学位论文相比，本书有五点较大的突破。第一点，明确了不仅实词有词义球结构，虚词也可以有词义球结构，虚词的词义球结构也可以按照实词的词义球结构模型进行描写与建构。第二点，基于传统的词类体系，我提出了由三种词类"对象词、属性词、属性值词"重新建构词类体系的初步设想。同时，把传统的"词类虚实二分"的理念应用到词义结构描写中去，得到了词义结构虚实二分为"蕴涵义"和"指示义"的观点。第三点，不仅全面深入阐释了词义球结构理论，我还提出并系统阐述了认知组合性词义观，认为二者是一体两面的关系。第四点，明确并简要阐释了词义球结构理论具有模式识别的特征。第五点，在实践上，论证了词义球结构扩展与词义活力和语法结构生成的关系，描写构建了部分实词的属性义知识本体，初步阐释了认知组合性词义观和词义球结构理论与知识本体构建的关系，说明了认知组合性词义观、词义球结构理论、词的属性义知识本体等都有助于提升个人的基础语言能力。

2009 年 7 月我的博士学位论文正式开题，至今已经十年多。这十年多来，我一直在不断地思考词汇语义学问题：词义是什么；词义蕴涵着怎样的句法信息；如何表征蕴涵句法信息的词义；如何描写与解决句法－语义界面问题；如何阐释词汇语义在语言系统中的基础性地位；如何阐释词汇语义学与知识本体建构的关系，等等。这本书可以说是我十多年从事词汇语义学研究的一个总结，现在拿出来示人，既有些喜悦又很惶恐。记得唐代"苦吟诗人"贾岛曾写有著名的《剑客》诗："十年磨一剑，霜刃未曾试。今日把示君，谁有不平事？"而拙著这把"剑"的出世，也算是正式"把示"读者诸君了。但是，这把"剑"难道能解决词汇语义学领域的不平之事吗？我不知道，但是我知道这是一个反问句。若把此诗的最后一句"谁有不平事"改为"锋利能几时"，那么就很适合我现在既喜悦又惶恐的心情了。如果拙著能促进解决词汇语义学万千问题之一，喜悦莫大焉！如果拙著这把"剑"根本就不锋利，出世即废，惶恐莫大焉！所以，集喜悦和惶恐于一句的"锋利能几时？"最能代表我这个"剑客"此时的复杂心情。

如今这书稿终于即将付梓了，也意味着这把"剑"要真正面世了！此情此景，感慨良多。回望过往，一路走来，多受教于大方之家，感激之情，充满内心。感谢我的博士导师赵世举先生，感谢赵老师当年启迪引领我进入这个充满挑战与乐趣的学术领域，并为拙著赐序赐教。赵老师求真拓新的治学精神、言传身教的诲人方式等都让我受益终生。感谢我的硕士导师刘宝俊先生，感谢刘老师引导我进入语言研究的大门并充实走过最初几年的研习之路，坚定了我从事语言研究的兴趣。感谢厦门大学苏新春教授，苏老师不仅在我的博士学位论文答辩会上给予我中肯的意见建议和热情鼓励，还在学术会议期间真诚回复我的求教，而且欣然同意为拙著赐序，奖掖后学，提携晚进。感谢湖北大学石锓教授，感谢石老师给予我的诸多关心、教诲和信任，我能有幸加盟石老师的团队一起研究学术，虽绠短汲深而诚惶诚恐，但的确受益匪浅。感谢学术会议期间不吝赐教于我的诸多前辈学者和同道学友。2012～2019年，我总共参加了16次国（境）内外的学术会议，其间就项目研究的相关问题请教了很多专家、学者、朋友，他们的热情指教和坦诚交流，让我受益无穷。感谢湖北大学文学院的领导、同事、同人多年来给予我的诸多关照和无私帮助。感谢社会科学文献出版社人文分社总编辑李建廷博士和编辑张金木老师为拙著出版付出的辛劳。感谢湖北大学文学院中国语言文学省级"双一流"学科建设基金对本书出版的资助。

　　我要感谢我的妻子，促使我不断成长。我还要感谢我的父亲母亲以及他们生活的那座小山村，他们几乎翻遍了那里的每一寸土地，为了这个家。如今，我寄居在城市写作，父亲留守在故乡劳作。记得每次回老家，我都劝父亲不要再做农活了，但是他仍然在不停地劳作、不让自己闲下来。现在我想，那是父亲在用艰辛的劳作驱赶孤独吧！如果不劳作，那他一个老人在小山村怎么度日呢？从我记事开始，我的父亲、母亲就都是家乡那座山村最勤劳的人。生命不息，勤劳不止。2017年10月13日我的母亲沈正华因为收割稻谷奔忙摔倒而后去世。现在，我八十多岁的父亲邱安民每天还一如既往地劳作着，并且多次跟我说起，他还想做一些"大事情"，比如"种几大亩果树、养一大池塘鱼、秧满坡的花生"等，我猜的，也许还有其他。面对此情此景，我没有反对，只是沉默。在我的记忆里，我从来没有口头感谢过我的父亲、母亲，也没有当面表达过对他们的爱，每到动情处，只是默然。2020年1月13日，我再一次放假回到农村老家，恰逢新冠病毒（COVID－19）肆虐，禁足老家三个月。这期间，是父亲耕种、喂养收获的稻谷、玉米、花生、豆子、油菜、菠菜、芫荽（香菜）、腊菜、鸡、鸡蛋等物质食粮，让我们度过了这段难忘的岁月。这期间，勤劳的父亲还搭建了鸡窝，让抱窝的母鸡顺利孵出了十几只小鸡！值此拙著出版之际，谨此感谢我深爱的父亲、母亲！你们勤劳、善良、淳朴的品格以及面对艰辛生活时的坚韧与积极态度，你们对我幼年的劝勉和教诲，已经融入我的生命，成为我不断前行的不竭而内在的动力，也让我深深地理解了你们以勤劳守护那片山村、那个家的伟大！

　　说实话，拙著的最终出版一如父亲耕种而丰收一样，是令人喜悦的。但是，语言学是"大海"，神秘丰厚，茫茫无涯，笔者才庸识浅，相关研究难免疏漏错谬，恳请读者批评指正！语言学更是"群山"，置身语言学的"群山"之中，能够切实体悟到宋代诗人杨诚斋《过松源晨炊漆公店》的深邃意境和深刻哲理："莫言下岭便无难，赚得行人错喜欢。正入万山圈子里，一山放出一山拦。"诚哉斯言，谨为后记。

邱庆山

2019 年 9 月 28 日于人文楼 B3008

2020 年 4 月 26 日补记于武汉

图书在版编目(CIP)数据

词义球结构的理论与实践 / 邱庆山著. -- 北京：
社会科学文献出版社，2021.5
ISBN 978 - 7 - 5201 - 7787 - 0

Ⅰ.①词… Ⅱ.①邱… Ⅲ.①词义 - 研究 Ⅳ.
①H03

中国版本图书馆 CIP 数据核字（2021）第 016563 号

词义球结构的理论与实践

著　　者／邱庆山

出　版　人／王利民
责任编辑／李建廷
文稿编辑／张金木

出　　　版／社会科学文献出版社（010）59367215
　　　　　　地址：北京市北三环中路甲 29 号院华龙大厦　邮编：100029
　　　　　　网址：www. ssap. com. cn
发　　　行／市场营销中心（010）59367081　59367083
印　　　装／三河市龙林印务有限公司

规　　　格／开　本：787mm × 1092mm　1/16
　　　　　　印　张：20　字　数：305 千字
版　　　次／2021 年 5 月第 1 版　2021 年 5 月第 1 次印刷
书　　　号／ISBN 978 - 7 - 5201 - 7787 - 0
定　　　价／128.00 元

本书如有印装质量问题，请与读者服务中心（010 - 59367028）联系